L'ART ET LE GOUT
EN FRANCE

DU MÊME AUTEUR

Essai sur le comte de Caylus. L'homme, l'artiste, l'antiquaire. In-8°, Hachette et Cⁱᵉ, 1889. (Épuisé.)
(Couronné par l'Académie française.)

De M. Fabio Quintiliano L. Annæi Senecæ judice. Brochure in-8°, Hachette et Cⁱᵉ, 1890 (thèse).

Joseph de Maistre. Étude, 1892. Nouvelle édition, Librairie Istra, Strasbourg.
(Étude couronnée par l'Académie française.)

Les Cochin, graveurs du xviiiᵉ siècle. Librairie de l'Art, 1893, illustré. (Épuisé.)
(Couronné par l'Académie des Beaux-Arts.)

Lettres de George Sand à Musset et à Sainte-Beuve, précédées d'une *Introduction.* In-12, Calmann-Lévy, 8ᵉ édition.

George Sand et sa fille, d'après des documents inédits. In-12, Calmann-Lévy, 3ᵉ édition.
(Couronné par l'Académie française.)

Agrippa d'Aubigné, dans la Collection "Les Grands Écrivains français". In-16, Hachette et Cⁱᵉ.
(Couronné par l'Académie française.)

La vie d'un héros : Agrippa d'Aubigné. In-16, Hachette et Cⁱᵉ, 2ᵉ édition.

J.-J. Henner. Édition de la *Revue alsacienne illustrée.* In-4°, illustré. (Épuisé.)

Jean-Baptiste Pigalle : sa vie et son œuvre. Gr. in-4°, 40 illustrations hors texte, Librairie Émile Lévy.

A la Librairie Armand Colin :

Pages choisies de *J.-J. Rousseau.* Un vol. in-18, broché . . . . »
relié toile. . . . . »

Pages choisies de *Mᵐᵉ de Staël,* de *Chateaubriand,* de *George Sand.* Chaque vol. in-18, broché . . .
relié toile. . . . .

S. ROCHEBLAVE
Professeur à la Faculté des Lettres de Strasbourg.

L'ART ET LE GOUT EN FRANCE

— DE 1600 A 1900 —

Ouvrage couronné par l'Académie française
(Prix Charles Blanc.)

Avec seize planches hors texte.

Nouvelle édition

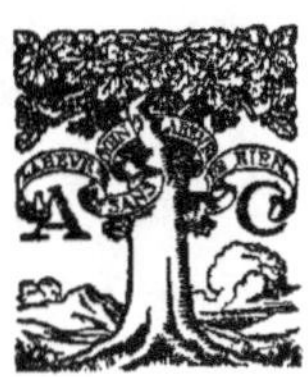

LIBRAIRIE ARMAND COLIN
103, Boulevard Saint-Michel, PARIS

1923

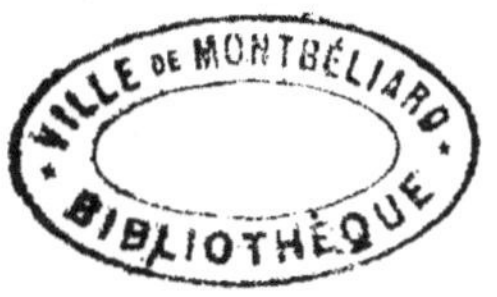

L'ART ET LE GOUT
EN FRANCE

— *De 1600 à 1900.* —

AVANT-PROPOS

Le livre qui se présente pour la seconde fois
au public, — sous un titre légèrement modifié
pour plus de clarté [1], — bien qu'il forme un
tout par lui-même, n'en est pas moins, dans
la pensée de l'auteur, comme un chapitre détaché d'un ouvrage plus étendu, que diverses cir-
constances l'ont empêché d'exécuter dans son
ensemble, et qui n'eût été rien de moins qu'une
histoire générale du goût français. Ce terme de
goût aurait été pris dans son acception la plus
riche, qui admet non seulement les choses de
l'art, mais celles de la littérature, celles de la
langue, et, dans le domaine de la sensibilité et
de l'imagination, tout ce qui, aux yeux d'un

1. Titre de l'édition précédente : LE GOÛT EN FRANCE, *les
arts et les lettres de 1600 à 1900* (Paris, Librairie Armand
Colin).

observateur averti et d'un psychologue un peu
pénétrant, dénote les fluctuations, les ondulations
et les langages expressifs de l'âme d'un peuple,
sous les espèces, diverses mais non pas différentes, de tous les beaux-arts à la fois, liés entre
eux par des correspondances secrètes qui nous
conduisent jusqu'au plus intime et au plus profond de la race.

Mais tracer un tel programme, c'est le reconnaître au-dessus de ses forces, quand on ne
peut consacrer une vie entière à son exécution.
Le définir, c'est y renoncer. Et pourtant, les
temps sont proches, semble-t-il, où, par-dessus
l'échafaudage des « documentations » qui se
dressent dans tous les champs de l'histoire, et
par delà les « spécialités » qui désagrègent la
matière connaissable et réduisent en subtile
poussière son unité, quelque esprit recon-
structeur, aussi épris de synthèse que nous le
sommes aujourd'hui d'analyse, embrassera l'harmonie vivante de ces pièces anatomiques, et,
reconstituant l'être moral entier que fut le goût,
notre goût de France dans les diverses séries de
l'esprit à travers les siècles, établira la communion fondamentale qu'offrent entre eux, notamment, les arts et les lettres, et en suivra les déve-
loppements parallèles, les conduisant à pleines
guides, depuis les débuts des chansons de geste
et de l'art gothique jusqu'au point où nous en

sommes, sans arrêt, sans interruptions autres
que celles des bouleversements nationaux qui
sont aussi bouleversements d'arts, et par là
même harmonies artistiques, aux mêmes titres
que les autres harmonies nationales.

Ce jour-là se fera une présentation de l'art,
en fonction de l'esprit public, et une présentation de la littérature, en fonction de l'art, qui ne
s'est pas encore écrite, et dont la venue semble
dès maintenant indispensable pour éclairer soit
les origines, soit la marche, soit le but où tend
non pas tel ou tel art français, mais la somme
de nos forces instinctives, mais la totalité de
notre génie actif, en tant qu'il s'applique à ce
qui n'est pas la science pure. Notre *goût*, en
effet, c'est tout cela à la fois. Et, pour peu que
l'on applique l'attention à cette idée, on pressen-
tirait quelle perspective différente présenterait
l'histoire de l'art étudiée face à la littérature,
l'histoire de la littérature étudiée face à l'art,
chacune éclairée à la lumière de l'autre, chacune
empruntant à l'autre un tel complément de vie
et de clarté, qu'à vrai dire elles en seraient
toutes les deux renouvelées. Qui sait même si
le sort (en un sens) de la critique d'art et celui
de la critique littéraire, qui toutes deux traversent
une redoutable crise de technicité, n'en serait
pas très amélioré, par l'élargissement humain
d'une telle base et le couronnement moins uni-

latéral de leurs nouvelles conclusions? En tout
cas, rien ne sentirait moins qu'une telle conception l'esprit de système, d'école ou de doctrine,
et il semble qu'une telle conciliation dût donner
plus de satisfaction à des esprits cultivés et
curieux, que des doctrines prétendues scientifiques là où la science n'est pas de mise, ou des
verdicts trop individuels pour pouvoir se promettre un lendemain.

On ne se flatte point, certes, d'avoir pu
inaugurer une aussi vaste méthode dans un si
modeste essai. A tout le moins aura-t-on tenté
de montrer, dans un exemple très rapproché de
nous et facilement vérifiable, à quel point les
pénétrations sont nombreuses, profondes, dans
les trois siècles qui viennent de s'écouler, entre
les arts français et les lettres françaises. Encore
s'est-on borné aux arts plastiques, et l'on s'en
excuse, car la musique aussi a, naturellement, sa
part dans cette symphonie des beaux-arts, et
peut-être se demandera-t-on pourquoi elle est
ici exclue. En réalité, c'est moins une exclusion
qu'un respect. La musique a aujourd'hui, — depuis hier seulement, au reste, — de si excellents
et si ingénieux critiques, qu'on a éprouvé quelque pudeur à aller sur leurs brisées, dans le
double danger ou de dire moins bien qu'eux, ou
de les piller. Et puis, on ne s'est point piqué
d'être ici complet, même dans un exemple. On

se contente d'avoir voulu figurer, sur quelques
points choisis et coordonnés, le parti qui se
pourrait tirer d'un aspect double et un des choses,
vues sous des angles alternatifs. Si l'on osait
ainsi s'exprimer, il faudrait voir ici un peu plus
qu'une esquisse, un peu moins qu'un tableau.

Enfin, si l'on demandait compte de cette date
de 1600 comme point de départ, nous avouons
non seulement qu'elle est discutable, mais que
tout ce qui se développe après 1600 est en germe
dans le demi-siècle qui précède cette date. Mais,
à remonter de cause en cause, c'est jusqu'à des
siècles qu'il eût fallu remonter, en assumant
ainsi justement le fardeau devant lequel les forces
s'avouaient vaincues d'avance. Et d'ailleurs, s'il
faut tout confesser, nous avions caressé l'espoir
d'un second chapitre, — dans l'ordre chrono-
logique le premier, — qui eût montré cette
admirable et confuse élaboration du goût français entre Ronsard et Malherbe, entre Clouet et
Vouet. Ce serait encore tout un livre, et non
moins démonstratif, à coup sûr : mais ce projet
n'a pu, jusqu'ici du moins, être poursuivi. Nous
croyons cependant que sa composition n'est pas
indispensable à la demi-peinture que nous avons
ébauchée, et que celle-ci, bonne ou non, peut se
suffire dans le cadre où nous l'avons enfermée.

S. R.

PREMIÈRE PARTIE

LE DIX-SEPTIÈME SIÈCLE

PREMIÈRE PARTIE

LE DIX-SEPTIÈME SIÈCLE

Plan de l'ouvrage.

On se propose d'établir, dans ces pages, les contacts continus, les ressemblances souvent frappantes, qui ont marqué l'art et la littérature en France au cours des trois derniers siècles, et de tracer ainsi, sous un angle spécial, un grand chapitre de l'histoire générale de notre goût. Les pénétrations de la littérature et de l'art, toujours réciproques, en tout temps et chez toute grande nation, surtout aux grandes époques de l'histoire, se sont accusées de façon particulière chez nous dans le siècle de Corneille et de Poussin, dans celui de Diderot et de Greuze, dans celui de Victor Hugo et de Delacroix. Non seulement il y a eu de ces cas particuliers où peintres et écrivains semblent avoir été les « doubles » les uns des autres; mais mille courants d'idées, de préjugés même, de modes, de mœurs, d'élégance ou de doctrine ont tenu alors les arts et les lettres dans un rapprochement qui va grandissant à mesure qu'on approche de l'époque présente. Aujourd'hui c'est la fusion ou la communion des arts; jadis, c'était, en principe, leur séparation soigneuse. Et cependant, ils communiquaient déjà par le goût, même ceux qui paraissent les plus éloignés en principe. Rappeler cette communication, la dépouiller des légers masques derrière lesquels elle se déguise parfois et risque de se moins apercevoir, tel est l'objet de ce livre.

Dans le double tableau parallèle auquel se réfèreront sans cesse ces rapprochements, celui de la littérature d'une part, celui de l'art de l'autre, il fallait faire choix d'un point d'optique, rien n'étant plus impossible que de les tracer à la fois l'un et l'autre et de les juger l'un au travers de l'autre. Il fût résulté de ce procédé une extrême confusion. Aussi, pour plus de clarté, avons-nous pris le parti le plus simple : nous supposons la littérature connue, et nous prenons pour base de notre étude l'art, non pas étudié en soi et en détail, mais ramené à ses généraux caractères, et massé dans ses manifestations les plus marquantes, les plus « historiques », les plus porteuses aussi de signification et d'interprétation littéraire. Ce sommaire de l'art français sera constamment rabattu sur la littérature supposée connue, et l'un s'éclairera à la lumière de l'autre. Telle est notre méthode, ou, si l'on veut, notre manière de « composer » ce vaste sujet. Et nous l'appliquons sans plus de préambule.

C'est un premier fait significatif que la peinture ait trouvé sa voie tout au début du xviie siècle, après que la poésie avait assuré la sienne, et que la vogue commençante de Simon Vouet, le maître de Le Brun, soit contemporaine des dernières années de Malherbe. Entre le peintre et le poète il n'y avait du reste aucun rapport.

Mais l'œuvre de l'un comme de l'autre était bien, pour des raisons analogues, le résultat d'une longue période de préparation, de tâtonnements, et chacune marquait le point de départ d'un grand développement rectiligne. Depuis le manifeste de la Pléiade d'une part, et l'établissement d'artistes italiens à Fontainebleau de l'autre, il n'avait pas fallu moins de cinquante à soixante-quinze années pour que l'esprit français dégageât de ses nouveaux modèles le type d'art qui satisfît à ses aspirations confuses. Ainsi la Renaissance provoquait chez nous une révolution totale de l'esprit et même du sentiment national : ici une influence intellectuelle, là une influence artistique. Pénétrés d'une même vénération pour l'antiquité ou pour tout ce qui se réclamait d'elle, les peintres et les sculpteurs, à

l'envi des poètes, se cherchaient des ancêtres ;
et, croyant voir fleurir en Italie la pure tradition
et le grand goût de l'antiquité, c'est Bologne,
c'est Rome qu'ils adoptèrent pour leur nouvelle
patrie. Florence, la ville de Léonard et de Michel-Ange, ne les attira pas un seul instant ; la
magie du Titien ne dirigea pas non plus un seul
de leurs regards vers Venise. Rome même, la
Rome qu'ils recherchaient, était à peine celle de
Raphaël : c'était plutôt celle de Jules Romain.
Bologne seule, la Bologne des Carrache, des
Académies et de l'éclectisme, résumait réellement
pour nos artistes l'idéal du grand art et la perfection de l'enseignement. Double raison qui fixa
leur choix. Pendant ce temps les écrivains de-
mandaient leurs modèles à Homère, à Euripide,
à Virgile, à Tite-Live, à Cicéron.

Telle fut l'erreur initiale du xviie siècle artis-
tisque, et l'on peut ajouter celle des siècles sui-
vants ; car il n'y a pas longtemps qu'une critique
plus clairvoyante nous a enfin dessillé les yeux.
Tandis que l'antiquité littéraire étalait aux écrivains français le trésor de ses plus authentiques
chefs-d'œuvre, l'antiquité artistique, ignorée pour
toutes sortes de raisons majeures, ou connue
seulement par des spécimens de sculpture dont
aucun n'est exempt de quelque défaut de décadence, ne se révélait aux yeux mal ouverts de
nos artistes que sous les espèces d'un art factice,

ni antique ni moderne, qui mariait à dose habile
la science et la convention. Tel fut, autour de
1600, le point de départ. Pendant que nos poètes
puisaient à la véritable antiquité, nos peintres
et nos sculpteurs puisaient à la fausse. Et cette
méprise eut toutes les conséquences qu'elle pouvait comporter. Il en fut de cet art comme d'une
littérature qui se serait modelée uniquement sur
Lucain, Sénèque le Tragique et sur les impro-
visateurs-déclamateurs de l'école d'Isée.

Cette erreur ne fut d'ailleurs pas seulement
française, elle fut italienne aussi, ce qui n'est pas
fait pour surprendre; elle fut non moins flamande
et allemande, bref, elle fut européenne. C'est le
grand fait artistique des temps modernes, en
effet, que l'invasion universelle d'un art *antico-
italianisant*, en Europe, au lendemain de la Renaissance, et des défauts de cet art bien plus que de
ses qualités. Le bon est resté dans la péninsule ;
le mauvais surtout s'en est diversement exporté.

La contagion a même frappé certaines nations
dans toute la prospérité de leur développement
normal qui s'en est trouvé ralenti, entravé, dé-
naturé, telle l'Allemagne. D'autres nations plus
vivaces ont lutté longuement et, après une assimilation momentanée et glorieuse, se sont peu à
peu débarrassées. D'autres enfin, plus liées à
l'Italie par des affinités d'esprit et de race, rap-
prochées d'elle par une culture commune, et

préservées de certains dangers capitaux par la
solidité même de cette culture comme par l'irréductible force du tempérament national, ont
emprunté à ce faux éclat de leurs modèles un art
qui est un peu un artifice, mais dont le demi-
mensonge a su cependant revêtir le costume du
temps présent, en refléter les idées favorites ; un
art qui garde, malgré une sorte de travestisse-
ment artistique et sous ce qu'on pourrait appeler son costume d'emprunt, une haute signification historique et psychologique. Tel est l'art
français du xviie siècle.

On va voir comment cet art, quoique le plus
souvent inférieur pour la pureté aux chefs-d'œuvre
littéraires dont il est le contemporain, se place
cependant à côté de ces chefs-d'œuvre pour la
traduction claire et transposée qu'il offre de
certains états d'esprit exprimés par la littérature.
On s'apercevra peut-être que, tout imité qu'il
soit, il ne laisse pourtant pas d'être lui-même,
et que certaines parties en sont malgré tout restées originales ; bref, qu'il est demeuré français
sous l'occupation italienne.

Enfin, ce que nous nous attacherons surtout à
démontrer, et ce qui nous semble être la marque particulière de cet art, c'est qu'il a tendu
de toutes ses forces à être une organisation, et
à se régir en vertu d'une doctrine. Sa marche a
été celle de la littérature, celle des institutions,

celle du gouvernement, celle de la France entière.

L'aspiration à la règle et à l'unité, — si rare et même si étrange en art, — a été coup sur coup ressentie, réalisée, imposée, avec une sûreté dont la perfection a quelque chose de mécanique. C'est peu de dire que l'esprit classique a aussi dominé dans cet art, surtout vers sa fin : il y a triomphé, il s'y est étalé avec la sécurité que donne l'absence d'adversaire. Toutefois il faut distinguer soigneusement les temps. En art comme en littérature, s'il est excessif d'opposer ce qui a suivi 1660 à ce qui a précédé (car rien ne s'est développé après 1660 qui ne fût en germe avant cette date), il faut cependant établir une démarcation très nette entre la génération qui s'est formée avant le gouvernement personnel de Louis XIV, et celle qui s'est formée après[1]. Cela fait déjà, dans la même époque, deux moments très distincts. Même, on peut en remarquer trois, qui se succéderont ainsi dans notre étude :

L'art sans doctrine, ou l'art avant la fondation de l'Académie Royale (de 1600 à 1648); l'Académie Royale et l'élaboration de la doctrine (de 1648 à 1660 environ) — et enfin les résultats de la doctrine ou le triomphe de l'unité dans le dernier tiers du siècle.

1. Voir Henry Lemonnier, *L'Art français au temps de Richelieu et de Mazarin.*

S. ROCHEBLAVE. *L'art et le goût en France.* 2

I. — L'art français avant la fondation de l'Académie Royale (1600-1648).

L'ACTIVITÉ ARTISTIQUE
AU DÉBUT DU XVIIe SIÈCLE.

Rien n'est plus significatif que le réveil soudain de l'activité artistique dès le début du xviie siècle. Malherbe avait sonné le départ des lettres en quelques odes retentissantes. Dès 1600 il avait chanté à sa manière la Marseillaise de la paix :

> Peuples, qu'on mette sur la tête
> Tout ce que la terre a de fleurs.

Les arts suivirent l'élan général. Une ère nouvelle ne semblait-elle pas s'ouvrir ? La victoire au dehors, la paix au dedans garantie par la tolérance religieuse, allaient permettre à tous les arts de refleurir.

Muses ou Nymphes, toutes les « belles fugitives » qu'avaient chassées la guerre civile ou étrangère, « revenaient » d'elles-mêmes.

De l'artisan et du bourgeois jusqu'au prince,

tous songeaient à la pacifique revanche de la Ligue et de ses maux. L'activité artistique, suspendue depuis les derniers et raffinés Valois, allait reprendre avec un caractère un peu différent, plus conforme aux goûts, aux tendances actuelles de la nation. L'enthousiasme de la génération nouvelle était d'ailleurs tempéré de gravité, de sérieux. On venait de payer cher une leçon de sagesse. Le nouveau roi était homme d'action et d'entreprise, mais d'esprit pratique avant tout, et trop fin pour donner dans la chimère. Il se mit à l'œuvre avec ses artistes ; l'ouvrage ne manquait pas. Il fallait restaurer des ruines, poursuivre la construction des palais inachevés, loger dignement la royauté, embellir la capitale.

Henri IV était bâtisseur. Soit instinct dynastique, soit vanité, il aimait la construction, ce signe extérieur du pouvoir, cette preuve de la possession légitime. Si le Béarnais était toujours pauvre pour les poètes (au fait Malherbe ne déclarait-il pas lui-même que le poète n'est pas plus utile à l'État qu'un joueur de quilles ?) il ne lésinait pas avec les architectes qui sculptaient en relief son nom à la suite du nom des Valois, sur les bossages du Louvre. Il logea en ce palais les artistes qu'il lui fallait avoir sous la main. L'impulsion était donnée. Le branle se communiqua aux arts de proche en proche.

De l'apprenti au « maître » et des corporations
aux « peintres du roi » aux « architectes du
roi » domiciliés en son Louvre, la vie artistique
se transmettait sans interruption, circulant
comme une sève déjà modifiée dans ses ramifi-
cations supérieures par la greffe étrangère, mais
assez nationale encore pour supporter un mé-
lange qui ne l'altérait pas jusqu'en ses profon-
deurs.

Le roi mort, l'activité poursuit sa marche.
Elle la poursuit, d'ailleurs, à la gloire du roi.
Tantôt c'est le monument que la nation recon-
naissante élève à sa mémoire par les soins de
Francheville et de Jean de Bologne, première
grande œuvre artistique où le sentiment dynastique s'affirme avec solennité. Tantôt c'est la
Place Royale, son œuvre, qu'on inaugure avec
un luxe de fêtes dont le bruit se répand jusqu'à
l'étranger. Puis c'est la vie de cour, sous la régence d'une Italienne, en attendant les fiançailles
d'un roi enfant, qui fourniront aux artistes cent
motifs touchants ou gracieux. Pendant ce temps
l'opulente bourgeoisie, éprise de confort, plante
pignon sur rue, appelle à soi architectes, sculpteurs et décorateurs ; elle a maison de ville et
maison de campagne. Son luxe, qui n'était que
cossu, tend à se faire artistique, élégant. Les
paroisses, à leur tour, puisent largement à leur
bourse qu'une recrudescente piété enfle toujours

davantage ; et de riches corporations, comme celle des orfèvres, font à des artistes en renom des largesses inusitées.

Vienne le moment où, sous un roi majeur, un grand ministre dirige souverainement, comme le montre une curieuse estampe de Van Passe[1], le Vaisseau de l'État ; vienne surtout celui où le génie de nos écrivains paraîtra « comme un soleil levant par-dessus l'horizon », et l'art, désormais, tiré de son élaboration tâtonnante, prenant conscience de lui-même et de son temps, deviendra plus riche de sens, plus clair d'intentions, et traduira avec plus de bonheur, avec les ressources qui lui sont propres, les aspirations à la fois variées et précises de ce qu'on appelle l'esprit public.

L'esprit public
et les directions générales de l'art.

Où va cet esprit, entre 1625 et 1640 ? Quelles directions suit-il durant ces années si pleines, où les faits capitaux se pressent : réduction de

---

1. Estampe de la collection Hennin (XXV, 30). *Louis XIII et Richelieu dans une barque.* La légende porte :

Va, navire, ne crains : ton pilote est un Dieu.
Jamais ancre ne fut en un plus Riche Lieu.

La Rochelle, lutte contre l'Espagnol, création
de palais quasi-royaux, construction de couvents
et d'églises, érection d'un tribunal littéraire,
apparition du premier chef-d'œuvre de la poésie
dramatique, et du premier chef-d'œuvre de la
prose philosophique ?

Il va tout d'abord au grand, à l'héroïque ;
c'est là le courant le plus fort. La génération de
Corneille se trahit à ce signe. Le *Cid* fait époque
chez elle parce qu'elle s'y reconnaît. Cette
grandeur au reste, à force de « sortir de l'ordre
commun », sort parfois de la nature.

Elle n'exclut ni l'emphase, ni l'excès du raisonnement, ni l'excès du sentiment. L'abstraction psychologique, la métaphysique amoureuse,
la rhétorique pour la rhétorique, la sentimentalité tantôt froide, tantôt douceâtre, sont souvent
les accompagnements obligés de cette grandeur,
laquelle se présente rarement d'une façon simplement grande. Si c'est le règne du *Cid,* c'est
non moins celui de l'*Astrée,* des romans, de
l'hôtel de Rambouillet, de la littérature des
ruelles, de l'italianisme enfin avec tous ses raffinements. Est-ce à dire que le sérieux et le grave
fasse défaut à l'esprit public ? Il éclate au contraire dans la profondeur du sentiment religieux et dans les variétés harmonieuses de ce
sentiment, qui, sans hostilité contre lui-même,
se déploie librement de Saint-Cyran à saint

François de Sales. Il n'éclate pas moins dans cet amour de l'ordre, de la déduction, de la clarté philosophique qui dicte au plus religieux des esprits rationalistes ce traité gros de contradictions fécondes, le *Discours de la Méthode.*

Mais ce n'est pas tout. Sur ces traits fortement marqués plus d'un accident vient jeter sa bigarrure.

Cette génération semble avoir plusieurs masques pour un seul visage. Le réalisme, la fantaisie, le picaresque, le gaulois, le bouffon, poussent encore dru à travers l'héroïsme, l'abstraction et le raisonnement.

Le *Berger Extravagant* semble faire la nique à l'*Astrée,* et Cyrano à Descartes. Verve de vieille France, turlupinade d'outre-monts, esprit de fronde avant la Fronde, tout cela s'épanouit dans la littérature indépendante et « grotesque », pour aboutir soit au réalisme littéraire soit au « libertinage ». Rien de plus bariolé, et, au fond, de plus national que ces contrastes.

L'art du même temps en offre-t-il de pareils ? Des contrastes aussi forts, évidemment non. Les écarts de la littérature sont toujours plus intrépides que ceux de l'art, pour ce que l'une ne parle qu'à l'esprit, tandis que l'autre parle aux yeux, bien plus faciles à offenser. On ne conçoit guère, par exemple, une sculpture « burlesque », et une architecture « libertine ». Mais, si l'on tient compte de la sagesse relative à laquelle sont tenus les arts de la forme, et si l'on prend garde surtout à leur signification, on ne fera nulle difficulté de reconnaître à l'art français sous Louis XIII une souplesse analogue à celle de la littérature, et une identité commune dans ses principales directions. L'esprit classique est déjà là en puissance, mais il n'est pas encore fixé.

L'art tend à une sorte d'ordre et d'unité ; il n'y est point parvenu encore. De là la variété, l'imprévu, la saveur, conséquences de la liberté.

L'ARCHITECTURE LOUIS XIII.

L'architecture en offre une première preuve. Louis XIII, en effet, ne fut pas moins bâtisseur que son père. Son règne fut dès le début, nous dit Félibien, « un temps de fécondité monastique ». Paris se couvrit alors d'hôtels particuliers, de couvents et d'églises. Ainsi s'affirmait la puissance de la haute bourgeoisie et celle du clergé, régénéré par le Concile de Trente. Le pouvoir royal ne marquait pas moins sa force, par tant de constructions dues soit au monarque soit à son ministre : le Palais du Luxembourg, le pavillon des Cariatides au Louvre, le Palais Cardinal, la Sorbonne, les châteaux de Richelieu et de

Rueil, le premier Versailles, sans parler des
embellissements de Paris, places, portes, quais
et promenades. Toutes ces œuvres, palais, hôtels.
églises, furent exécutées par une légion d'architectes, parmi lesquels on peut distinguer en
quelque sorte deux générations : l'une qui par
Salomon de Brosse (né vers 1565) et par les
Métézeau donne la main aux architectes de la
Renaissance française et à l'école de Philibert
de l'Orme : l'autre qui par François Mansard
(†1666), Le Mercier (†1654) et Le Vau (†1690)
donne la main aux constructeurs de l'époque
Louis XIV. Le Mercier, l'architecte attitré de
Louis XIII et du cardinal, l'auteur du pavillon
des Cariatides (au Louvre), du château de Richelieu, du Palais-Cardinal (futur Palais-Royal), et
du premier Versailles, peut représenter soit par
les dates soit par la nature de son talent, comme
une transition, ou une fusion entre plusieurs
styles.

C'est qu'en effet entre 1625 et 1640 environ
il y a lutte de tendances. D'une part c'est l'ordonnance classique, les « ordres », isolés ou
superposés, et couronnés par l'inévitable fronton, dont la pensée s'impose à l'artiste pour
toute construction « de style », grâce aux ouvrages théoriques de plus en plus en autorité de
Palladio, de Scamozzi, de Vignole et de leurs
disciples. De l'autre, c'est la coupole récemment

importée d'Italie et dont la mode va faire fureur ;
sans parler de la construction en bossage et des
colonnes rénflées et annelées (en attendant les
colonnes torses), d'une origine analogue. A côté
de ces deux courants, qui tendent à se rejoindre
et se rejoindront en effet, un troisième apparaît,
très fort au début, et qui paralyse momentanément les deux autres : la construction française,
l'hôtel français à la bourgeoise, conçu non pour
la façade, mais pour l'usage et les commodités
de la vie. Tels sont l'hôtel dit de Sully, l'hôtel
de Bretonvilliers, l'hôtel Lambert, demeures de
financiers ou de parlementaires, d'un extérieur
parfois massif et peu engageant, d'un luxe intérieur solide et sévère, d'un aménagement qui
disait à la fois le présent et le passé. Les modi-
fications du bâtiment s'y réglaient pas à pas sur
les exigences des mœurs. Si la « chambre bleue »
d'Arthénice, avec la nouveauté de son alcôve,
annonçait la littérature des ruelles, la création
de la « galerie », indépendante de « l'apparte-
ment » proprement dit, annonçait une nouvelle
vie sociale, celle des réceptions et des causeries
debout, terminées par une légère collation. Tel
est l'hôtel purement français. Au dehors, rien
pour l'apparat. Une porte cochère encadrée de
deux colonnes ou de pilastres surmontés d'armes
exprimées en pierre ; pas de balustrade italienne,
ni balcons, ni loggias ; le mur nu, où s'accusent

aux étages les accents de la construction, où la
pierre blanche encadre souvent de ses lignes
robustes la brique rougeâtre ; des toits très
hauts, fortement inclinés et revêtus d'ardoise,
comme il sied en nos climats. La Place Royale
offre encore un excellent spécimen de cette
architecture, et il fallait qu'elle fût bien chère à
nos artistes pour que Le Mercier y revînt quand
il bâtit le Versailles de Louis XIII (il est vrai
que ce Versailles ne devait être au début qu'un
pavillon de chasse, un pavillon royal, s'entend).
Quand on a jeté les yeux sur le curieux tableau
qui représente le Versailles conforme au plan
primitif, tel qu'il était encore en 1664[1], on sent
tout ce qu'il y a d'homogène et d'indigène dans
le style encore simple du « château français
Louis XIII », et l'on mesure toute la distance
qui le sépare du Versailles fastueux de Louis XIV
et d'Hardouin-Mansart.

Si l'architecture civile résista, malgré tout,
à l'invasion pseudo-classique et italienne, il n'en
fut pas de même pour l'architecture religieuse.
Et s'il y eut là un essai de lutte, il fut court.
Deux tentatives, l'une volontaire, l'autre plutôt
instinctive, sont pourtant à signaler, fort intéressantes l'une comme l'autre : la première à Saint-

---

1. *Le château de Versailles vers 1664*, peinture du musée de
Versailles, n° 765.

Eustache, où le langage des « ordres » s'applique
à traduire une conception gothique ; la seconde
à Saint-Étienne-du-Mont, où l'on surprend la
modification graduelle des formes suivant pas à
pas celle de l'esprit public, et donnant en fin de
compte un tout composite et harmonieux. De
telles exceptions, par malheur, sont rares. Nul
architecte ne veut plus être « gothique ». Ce
terme est tombé en décri. Pendant les guerres
de religion, la pratique d'un art trop savant et
minutieux s'est d'ailleurs perdue. La vue des
églises italiennes a fait le reste. Et c'est à qui
maintenant donnera dans la mode nouvelle, surtout lorsque le père Martellange[1] aura mis à la
portée de tous le style en faveur, le « style jésuite ».

Ce ne seront plus désormais que portails à
« ordonnances », plus ou moins décorés de
niches, de statues, ou de pyramides à l'étage
supérieur, et plaqués sur un vaisseau parfois
encore gothique (comme à Saint-Gervais), jamais
étroitement lié, en tout cas, à cette façade pompeuse et froide. Le fronton païen encadre des
sculptures chrétiennes. A l'intérieur, l'élévation
médiocre des voûtes, le triomphe de la plate-
bande, le règne fréquent de corniches intérieures
dépourvues d'utilité constructive, et placées là
comme des superstitions de style ; la froide ou-

1. Étienne Martellange (1569-1641).

verture des baies qu'aucun véritable vitrail ne
colore de son mystère; l'étalage d'un luxe nouveau d'autels, de tableaux et de sculptures à
effet : tout enfin, dans l'architecture qui part
de l'église de l'Oratoire (1630) et de Saint-
Paul-Saint-Louis (1641) pour aboutir au Val-de-
Grâce (1668) et à la dernière chapelle de Versailles (1699-1710), annonce une imitation, une
importation directe, en même temps qu'un changement notable dans la manifestation de l'esprit
religieux et dans l'extérieur du culte. Pour
quelques-unes de ces églises, qui sont d'aspect
grave et qui invitent au recueillement (comme
Saint-Paul-Saint-Louis) il en est trop qui semblent
calculées en vue d'une cérémonie officielle. On
ne prend point part au culte, on y *assiste* : on
y est en « représentation ». Tout est calculé pour
qu'on y soit vu, et qu'on y tienne sa place.

L'édifice n'étant pas immense et n'abritant
pas une foule en ses recoins obscurs, l'église est
beaucoup moins que jadis la maison du peuple.
Elle est bien plutôt le rendez-vous d'une classe
riche qui aime ses aises, et les apporte jusque
dans son hommage à Dieu. Comparée enfin à
l'ancien vaisseau gothique, elle est comme une
sorte de salon religieux. Et sans doute ceci est
d'une grande signification : ce qui se réintègre
là, dans un décor nouveau, c'est le sentiment de
la valeur sociale de l'Église et de sa fonction

dans une monarchie de droit divin. Mais les
rangs y semblent trop hiérarchiquement marqués ; les « classes dirigeantes », comme nous
disons, s'y sont réservé presque toutes les places.
Plus de raisonnement que d'élan, plus de « cérémonie » que de dévotion véritable ; voilà ce
que semble avoir abrité cette architecture toute
de calcul et de décence. Le clergé d'alors, si
grave, si sincère, paraît bien avoir rallié à sa foi
la qualité des esprits, ou les esprits de qualité,
plutôt que la quantité des âmes. La foule, l'immense foule, semble être demeurée hors de ses
prises. Et quant à ces autres âmes ou trop roides
ou trop molles, également difficiles à satisfaire à
cause du trop d'ascétisme ou du trop d'amour,
les unes voulant se guinder en Dieu et les autres
s'y fondre, il n'y a qu'à jeter un coup d'œil sur
la parure mondaine du Val-de-Grâce pour voir
comment elles ont dû lui échapper aussi, pour
se réfugier les unes dans l'obscurité d'une cel-
lule, les autres dans la sauvage limpidité d'un
paysage de Port-Royal des Champs.

La sculpture.

Moins uniforme en son développement que
l'architecture religieuse, la sculpture, dans la
première moitié du siècle, est intéressante par

une variété qui approche du contraste. Les sculpteurs peuvent en effet se ranger en deux groupes. D'une part, ceux qui, formés en Italie ou subissant chez nous l'influence des œuvres italianisantes de Fontainebleau, y acclimatent la sculpture soi-disant classique, ou allégorique, ou décorative (tout cela ne fait guère qu'un à cette date) qui prévaudra dans l'autre moitié du siècle à l'exclusion de toute autre ; d'autre part, les artistes de tradition française qui, soutenus par l'exemple des modèles flamands ou par les vieilles pratiques de notre art provincial, n'ont eu d'autre idéal que le culte du vrai, et n'ont voulu voir, observer et rendre que ce que la nature montrait vivant à leurs yeux. Placés côte à côte dans les salles du Louvre réorganisées par le regretté Louis Courajod, les spécimens de ces deux sculptures nous saisissent par leur éloquente antithèse. Ici c'est Pierre Francheville, de Cambrai, — Francheville italianisa jusqu'à son nom, Francavilla, — qui représente la mode nouvelle par un *Orphée* déhanché, un *David* théâtral et bellâtre. A côté, François Anguier, meilleur sculpteur assurément, n'en inaugure pas moins le mauvais mélodrame classique avec son tombeau de Jacques de Souvré, où le héros, penché comme le *Gaulois blessé*, expire sans cause apparente, malgré la structure herculéenne d'un corps découvert jusqu'au bas-ventre.

Rien de plus opposé à cette manière que les statues tombales, bustes ou personnages en prière, exécutés par les artistes de tradition française. Beaucoup sont anonymes. Qu'importe ? Le sculpteur qui a taillé dans le marbre ce Charles Lejay, maître des requêtes au Parlement de Paris, avec ses gros yeux en saillie, son regard de myope, sa barbiche à la Vouet et son cou de taureau ; l'auteur de *Guillaume du Vair*, un magistrat de vieille roche à la barbe tombante sur un grand col, aux lèvres minces et serrées ; celui de *Thomas Briçonnet*, ce visage gras de vieillard qui fait la lippe, et qui écarquille des yeux qui furent jadis perçants ; ces auteurs, quels qu'ils soient, étaient bien les descendants de nos vieux « imagiers », observateurs de l'homme et psychologues du ciseau, aimant leur temps et studieux d'en éterniser l'âme. Et de même, l'auteur anonyme de cette *Duchesse de Retz*, agenouillée, en cornette, col tuyauté, mains jointes, un chapelet à la ceinture, la robe bouffant à gros plis sous le corsage en pointe, quel accent de vérité n'a-t-il pas imprimé sur ce visage flétri ! On en pourrait énumérer beaucoup d'autres où la simplicité de l'attitude, la force du sentiment, la sûreté de l'exécution sont autant de sujets d'admiration et d'étonnement. Des « fondeurs » illustres, un Guillaume Dupré avec ses médaillons de bronze, un Jean Warin, avec

son buste de *Louis XIII* si précis et si parlant
dans sa sécheresse exquise, ne procèdent pas
d'un autre esprit.

Enfin nous aurons montré jusqu'à quelle hauteur historique et représentative pouvait s'élever
cette sculpture, tout en demeurant réaliste avec
scrupule, quand nous aurons encore cité les fa-
meuses statues de bronze qui décoraient le Pont
au Change, le *Louis XIII*, le *Louis XIV enfant*
et l'*Anne d'Autriche* de Simon Guillain. L'exécution de ces trois incomparables morceaux se
place entre 1639 et 1647. Simon Guillain, qui
dans d'autres œuvres sacrifia parfois au « style »,
a montré par celle-ci de quel caractère aurait pu
être empreinte notre sculpture française, si,
moins défiante d'elle-même, elle ne s'était pas
obstinée à chercher le « grand » ailleurs que
dans la nature observée et sentie. Mais, à l'heure
même où l'on coulait les bronzes de Guillain,
l'entraînement hors des voies nationales devenait
général. Des Saints, des Apôtres, des Anges
selon la formule d'outre-monts peuplaient les
autels, les portiques, les coupoles. Les Hercules
et les Mars se nichaient dans les tombeaux d'architecture classique, et y faisaient pendant à des
Religion et à des Piété[1]. Et non seulement les
Anguier, artistes toujours un peu hybrides,

1. Tombeau du duc de Montmorency, à Moulins.

tournaient à l'art nouveau ; mais des talents plus
sûrs d'eux-mêmes, comme un Sarrazin, ou d'anciens réalistes, comme Gilles Guérin et Jean
Warin, se laissaient séduire à leur tour, et les
œuvres de leur maturité allaient démentir celles
de leur jeunesse.

La peinture : Simon Vouet.

La peinture, de son côté, offre, sinon des contrastes aussi marqués que la sculpture, du moins
des divergences nombreuses et attachantes. Non
pas qu'elle ait essayé beaucoup de résister à la
séduction italienne : mais du moins fit-elle des
façons avant de verser uniformément dans le
« grand style ». Le tempérament fut, chez la première génération de nos peintres, plus fort que la
pédagogie naissante. Il y eut même des dissidences
méritoires. Au début, c'est le Carrache français,
Simon Vouet, qui mène tout le chœur. Vouet,
acclamé maître par les Italiens eux-mêmes, créé
« Prince de l'Académie de Saint-Luc », ne re-
vient de la péninsule après quatorze ans de succès et de triomphe, que pour recevoir, en 1627,
le titre de premier peintre du roi, avec la mission de régénérer notre École, c'est-à-dire de la
boloniser.

Vingt ans il règne sur la peinture, produisant

avec une incroyable fécondité des tableaux de
tout genre, donnant l'exemple de l'allégorie
avec son *Louis XIII protégeant la France et la
Navarre*, ralliant à ce genre bâtard et facile ceux
que la turbulente fougue de Rubens avait effarés
quelques années auparavant, peignant du même
pinceau coulant, clair et froid, des sujets religieux, historiques, décoratifs, noyant l'émotion
sous l'improvisation, et la vérité dans la recette.

Il connut d'abord tous les succès, car il venait
à son heure. Une cour à moitié italienne s'en-
gouait de sa peinture au même titre que des
poètes italiens, dont elle faisait ses délices. Elle
retrouvait en Vouet, croyait-elle, le « gran
gusto » qu'elle admirait dans l'Arioste et le Tasse,
pendant qu'elle applaudissait aux concetti français de nos Voiture. La vogue de la grande
peinture égala celle des petits vers. Le roi, en-
clin aux arts[1], prit de Simon Vouet des leçons

---

1. Dans un curieux paysage du *Prince*, Balzac loue à la fois
l'art nouveau et les goûts de Louis XIII. Il rappelle la colère
du pape Adrien VI, qui voulait faire jeter le *Laocoon* dans le
four à chaux, et il ajoute :

« En ces mépris incivils et injurieux à l'antiquité, il y a ou
une ignorance grossière et brutale, ou une sévérité présomp-
tueuse et farouche ; et, à moins que d'être Scythe, on ne peut
blâmer le roi d'avoir les sens qui ont le plus de commerce avec
l'esprit naturellement très purs, et de s'en être acquis la dernière perfection par l'art et la discipline. On ne le peut blâmer
de voir et d'ouïr avec science, d'avoir les mains adroites et

de pastel, et fit le portrait de son maître. Toute la cour à son exemple alla s'instruire, soit chez le premier peintre, soit chez sa femme Virginia, une italienne de Velletri. La « manière » de Vouet semblait devoir s'imposer à toute la peinture française.

Le Sueur, Poussin, Ph. de Champagne

Et pourtant, parmi les élèves sortis de l'atelier de Vouet on compte Le Sueur, on compte Poussin, on compte Le Brun. Le Brun ne peut passer pour avoir renié son maître, quoiqu'à vrai dire Vouet ait plutôt préparé que véritablement formé son talent. Nous dirons ci-après comment il devint ce qu'il fut. Quant aux deux autres, ils offrent sous leur vêtement d'emprunt, des traits si exclusivement français, qu'on ne peut les méconnaître pour des contemporains de saint François de Sales, de Descartes et de Corneille. Comment le peintre du *saint Bruno*

ingénieuses, et de pouvoir figurer sur une toile un combat ou un siège qu'il viendra de faire. Il importe seulement que le monde sache qu'il connaît quantité de choses auxquelles il ne s'occupe pas ; qu'il sait juger sainement de la profession des autres et s'acquitter parfaitement de la sienne ; et qu'il ne hait point les muses et leurs exercices honnêtes, mais que la guerre et les affaires ne lui laissent pas la liberté de s'y adonner. » (*Le Prince*, chap. xii).

ne ferait-il point songer à l'auteur de *l'Introduction à la vie dévote?* n'a-t-il pas introduit dans l'art cette tendresse religieuse qui s'exprimait alors dans la littérature avec la fraîche ingénuité d'un sentiment tout neuf? Ce rayon d'un christianisme doux sans être mou, et suave sans être alangui, Le Sueur l'a fixé sur quelques toiles exquises ; et il se trouve avoir fixé en même temps pour les historiens du sentiment religieux en France un instant fugitif et précieux, celui où, suivant une expression de Pascal, Dieu fut « sensible au cœur ». La piété que respire la partie religieuse de son œuvre ne ressemble pas à l'extase espagnole, aux ravissements presque amoureux d'un Murillo ; elle ne ressemble pas davantage à l'ascétisme sublime de Port-Royal, qui est un stoïcisme de ce côté-ci de la croix ; encore plus, est-il besoin de le dire, s'éloigne-t-elle de la religiosité déjà régnante, et des « agenouillements » dont l'élégance exclut si fort l'idée de contrition.

Ni l'élan des sens charmés, ni la tension hautaine du ressort intellectuel, ni le tact des convenances sociales ou des étalages mondains n'ont inspiré ces tableaux d'une si particulière onction. La communion de l'âme avec son Dieu, une félicité tempérée d'humilité et une foi dont la joie rayonnante se voile de larmes très douces, voilà ce que dit l'art simple et profond d'un Le

Sueur. Et voilà ce que Vouet surtout était inca-
pable de lui apprendre.

Si Le Sueur tient quelque chose de son
maitre, c'est une certaine science de la composition, dans les tableaux à figures nombreuses,
comme le *Saint Paul à Éphèse,* qui du reste
n'est pas de son meilleur pinceau. Quant au
reste, il ne pouvait le tenir que de lui-même. Sa
peinture, comme peinture, eût-elle mieux valu
s'il avait vu l'Italie, dont sa destinée sut le pré-
server ? on n'oserait l'affirmer. Quant à sa pensée, elle ne pouvait que perdre à s'approcher
trop de la pensée des plus grands, sans en
excepter Raphaël lui-même.

Poussin par contre, l'artiste au pinceau cor-
nélien, n'apportait rien en Italie qui ne dût s'y
développer conformément à son secret génie.
Quand ce Normand vit Rome, il y reconnut sa
patrie ; il ne la quitta un instant que sur l'ordre
de son roi, pour la retrouver avec délices, s'y
confiner, y mourir, y être enseveli.

Il n'était pourtant rien moins qu'italien.
C'était par l'esprit un pur Français de France;
mais par l'âme c'était un contemporain des
Romains de Corneille, quelque chose comme le
légataire universel de ces sentiments antiques
que nos écrivains se transmettaient depuis deux
générations, de du Bellay à Montaigne, de Montaigne à Balzac, et de Balzac à l'auteur de *Cinna,*

d'*Horace* et de *Pompée*. L'âme de Poussin, c'est
la plus belle création classique du xviie siècle
français. Et cela non seulement par le goût de
Poussin pour les cadres, les êtres et les formes
antiques, par le sens de leur auguste grandeur
comme de leur beauté sereine : mais encore par
son goût de la pensée, par l'amour de l'analyse
qui préside à toute son œuvre, enfin par tout ce
qu'il y a de psychologie dans sa peinture. Ce
sont partout des opérations de l'esprit qui ont
conduit les opérations de la main.

Envisagés sous ce rapport, tous les grands
tableaux de Poussin sont autant d'affirmations
d'une puissante doctrine. Toute sa vie il a justi-
fié un credo artistique qu'on pourrait ainsi formuler : *Cogitavi, ergo pinxi.* On a maintes fois
fait remarquer comment l'idée principale, toujours fortement exprimée vers le centre de ses
tableaux, se décompose jusqu'aux deux extré-
mités en détails précis qui la complètent en la
nuançant. Les compagnes de Rebecca suggèrent
une dissertation sur les variétés de l'attention[1],
les degrés de la curiosité : quiconque a bien
regardé le tableau sent venir la page au bout de
sa plume. *Le Testament d'Eudamidas, les Bergers d'Arcadie,* sont des « leçons » admirable-
ment parlantes. Sujets d'histoire et de mytho-

1. Voir Charles Blanc, École française, t. I. *Poussin.*

logie, Bacchanales ou scènes de la Bible, la marque française de Poussin est dans cet appel incessant adressé à la faculté pensante du spectateur par un art qui d'ordinaire se contente de produire l'illusion.

Il a pourtant son charme aussi, mais un charme grave, celui des lointaines évocations. C'est un charme auquel chaque génération écoulée ajoute quelque chose, comme elle fait aux chefs-d'œuvre de la littérature qui ne sont pas assez localisés dans le temps pour qu'on ne puisse les attirer à soi, ou les reculer de soi, dans la perspective mouvante des idées générales. Tel est précisément le cas de Poussin, qui demeure le type du classique par le caractère à la fois très personnel et très impersonnel de sa peinture. Est-elle antique ? est-elle moderne ? Elle est hors du temps, *subducta temporis arbitrio*. Ce qui contribue à cet effet et en augmentera toujours la puissance, c'est la nature de ses modèles. Ces modèles sont des statues. Cette peinture s'est inspirée de l'art précis et « arrêté » par excellence, celui qui n'a qu'un geste et une silhouette générale pour traduire un sentiment. Mais Corneille aussi a mis des statues au théâtre. Et il n'est pas sûr que le grand philosophe qui faisait de l'animal un automate, n'ait pas fait de l'homme non pas précisément une statue, mais un beau mécanisme, une sorte de machine à penser. Ainsi, par ce culte de l'idée pure, du *pensé* du général, et aussi (ce qui est un peu l'inverse, mais rien n'est plus logique que certaines contradictions) par l'amour du précis, du géométrique, et du définitif dans l'abstrait, Poussin, comme esprit, fraternise avec les plus grands esprits de son temps. Comme artiste, il n'est l'élève d'aucun maître : et il est lui-même, il devait être forcément un maître sans élèves. Son vrai nom, en France comme sur le Monte-Pincio, est le Solitaire.

C'est encore un solitaire que ce Flamand francisé qui, après avoir décoré des châteaux royaux, devint le peintre de la foi janséniste, et fut inscrit par la Mère Angélique sur le nécrologe de Port-Royal. Philippe de Champagne[1], compatriote et disciple de Jansénius, s'était lié en France avec Poussin dès 1623; il florissait sous Louis XIII en même temps que Le Sueur; il peignait son fameux *Cardinal de Richelieu* l'année même où Poussin, rappelé malgré lui de Rome, faisait, au Louvre, sa preuve d'inaptitude aux ouvrages de commande[2]. Moment unique dans l'histoire de notre peinture que celui où trois grands artistes reflétaient, dans leurs toiles convaincues, les aspects les plus

1. Né en 1602 à Bruxelles, mort en 1674, à Paris.
2. Fin de 1640, et début de 1641.

sérieux de l'âme française ! Ce sont trois rayons divergents partis d'un même foyer. Ici, c'est la foi candide ; là c'est la pensée philosophique ou plutôt païenne (car les saints de Poussin sont des « héros » antiques, et son Jésus-Christ est de la famille de Jupiter) ; là enfin c'est la ferveur secrète et contenue de l'ascète, c'est cette victoire sur la chair qui brille dans le regard radieux de *Catherine de Sainte-Suzanne.*

Mais ces maîtres avaient ouvert à leur art des voies trop austères pour n'être pas seuls à les parcourir. La foule, à la suite de Vouet, s'engagea dans les sentiers battus et faciles. Ce fut un double malheur. Car, non seulement la pensée de ces maîtres était infiniment plus haute que celle des artistes contemporains, mais leur art était plus varié. Il est remarquable que tous trois, en peignant de préférence des sentiments ou des pensées, n'aient point négligé la nature inanimée. Et ce point leur serait à lui seul une originalité. Le Sueur n'est pas seulement le peintre de *Saint Bruno* ; il est encore celui des paysages de la Grande Chartreuse largement sentis, largement rendus. Champagne, à qui Lallemant, son maître de Nancy, reprochait une étude trop exacte de la nature, a été un admirable paysagiste[1], et a su placer ses *Pères*

1. Voir Gazier, *Philippe et J.-Baptiste de Champagne*, dans la collection des *Artistes célèbres* (Librairie de l'Art, 1893).

du Désert dans une nature assortie à leurs sentiments. Poussin enfin, l'inventeur de cette grande et noble chose, le « paysage héroïque », a su monter ou abaisser le ton de ses bois, de ses vallées et de ses architectures suivant le « mode » dans lequel il peignait ses personnages ; si l'ensemble tenait du rêve, le détail tenait de la réalité : « Je le voyais fréquemment, raconte Vigneul-Marville, au milieu des ruines de l'ancienne Rome, dans la campagne ou sur les bords du Tibre, esquissant un paysage qui lui plaisait ; et l'ai rencontré avec un mouchoir rempli de pierres, de mousse ou de fleurs qu'il portait chez lui pour peindre d'après nature[1]. »

L'art français et la nature.

On ne tirera ici aucun argument du fait que Claude Gelée, le peintre de la lumière, et le Guaspre, le continuateur de Poussin dans le paysage historique, sont, l'un compatriote de Callot, l'autre fils d'un Français domicilié à Rome ; car ils furent sans influence en France. Ce sont des Français d'Italie, comme Champagne est un Flamand de France. Il n'est pas inutile pourtant de signaler au passage l'impression

1. Vigneul-Marville, *Mélanges d'histoire et de littérature.*

profonde que nos artistes étaient alors capables
de ressentir en face de la nature. L'art n'est pas
encore confiné dans l'atelier. Il a ses prome-
neurs, ses voyageurs, ses rêveurs. L'histoire
d'un Lorrain qui, saisi par les jeux que font la
lumière et l'ombre dans un paysage magique,
plante à proximité sa tente et y passe sa vie,
est digne d'être retenue.

En France, d'ailleurs, la nature est encore
aimée dans la première partie du siècle. Les
citadins vivent plus près d'elle qu'ils ne feront
après. La « maison de campagne » n'est pas
méprisée pour la maison de ville; on y passe
une partie de l'année. Ce n'est pas encore le
temps où, pour exiler un sujet français, on l'envoie dans « ses terres ».

Les romans portent la marque de ce goût
dans mainte description dont la sincérité, la
fraîcheur parfois, relève d'une note agreste les
fadeurs d'une allégorie interminable. Il se trouve
encore des gens, quand ce ne serait que ce fou
de Cyrano, pour écouter les bruits de la végétation et pour déclarer que « le bouleau ne parle
pas comme l'érable, ni le hêtre comme le ceri-
sier[1] ». La sympathie humaine ne s'adressait pas
à l'homme seulement. On pouvait encore s'intéresser sans déchoir à ses « aumailles » et à son

---

1. *Histoire comique des États et Empire du Soleil.*

« haras » ; on pouvait prendre plaisir, suivant
les vers charmants d'un vieux poète, Vauquelin
de la Fresnaye [1],

> A voir les bœufs, ayant achevé leur journée,
> Ramener la charrue à l'envers retournée.

Les paysans, ces paysans, qui seront pour La
Bruyère l'objet d'une découverte pathétique, les
villageois, les artisans, les gueux même, n'étaient
pas encore ces « magots » qu'un art aristocrate
a rayés de ses papiers. La preuve en est dans
les tableaux des frères Le Nain, ces peintres
attitrés des petites gens, dont sans doute ils sor-
taient eux-mêmes. *Le Vieux joueur de fifre, le
Forgeron, l'École champêtre,* et les autres scènes
exécutées par les trois frères dans un touchant
esprit de communauté qui les rend aujourd'hui
presque indiscernables, ont une saveur de ter-
roir qui classe très haut ces « bambochades »,
comme on les appelait alors. Et la preuve que
de telles œuvres étaient goûtées, c'est que
l'Académie Royale à peine fondée appelait à elle
et recevait le même jour, tous les trois à la fois,
les frères Le Nain, si pauvres et si modestes
qu'ils fussent, tant était grande leur réputation [2].
L'époque de Versailles est encore loin de nous.

1. Mort en 1607.
2. Antoine, Louis et Mathieu Le Nain furent reçus le 1er

La gravure. — Callot et Bosse.

Enfin, il était encore un art populaire, en qui
revivait le vieil esprit de France, et où la classe
moyenne aimait à retrouver son portrait en raccourci, je veux dire la gravure. L'estampe, dès
le début du règne de Louis XIII, prend une originalité et une valeur de document considéra-
bles. Elle reflète en miniature, en traits souvent
gauches, mais d'une précision singulière, toutes les directions et les variations de cet esprit
public dont les grandes œuvres de l'art n'accusent que les plus générales. C'est merveille de
voir les transformations que subissent les faits
ou les idées en traversant les instantanés de
l'eau-forte. Car les graveurs d'alors ne sont pas
de simples copistes. Rarement gravent-ils d'a-
près un tableau, un portrait. Le plus souvent ils
burinent ce qu'ils ont dessiné eux-mêmes ; leurs
planches sont des compositions originales. La
victoire d'hier, le fait divers d'aujourd'hui, les

mars 1648. — Les deux premiers mouraient aussitôt, Louis le
23 mars, et Antoine le 31 mars 1648. Mathieu, beaucoup
plus jeune, devait vivre jusqu'en 1677. Mais il était si peu
fortuné, qu'au mois d'octobre 1649 il devait encore « les deux
pistoles de sa lettre de réception, et un restant de pistole qu'il
s'était engagé de contribuer pour les besoins communs ».

scènes de la rue, les « cris de Paris », les métiers, les costumes, les chevauchées du roi, et
aussi les allégories d'almanach, les mois, les sai-
sons, puis les fêtes consacrées, les scènes de
piété, les saints que chôme l'artisan, tout est bon
au graveur d'estampes, tout sert également son
goût d'actualité, ainsi que la curiosité toujours
en éveil de son public. Il est un nouvelliste à sa
façon; il fait de la gazette au cuivre. Et soit
qu'il arrondisse ses gestes, qu'il « stylise », et
qu'il héroïse sa composition, soit qu'il s'aban-
donne à une verve pittoresque et gouailleuse,
on peut être sûr qu'il a le public pour complice.
Car il reçoit de lui presque tout ce qu'il lui
donne, et le succès est à ce prix. Combien sont-
ils à tenir ainsi, dans un art prodigieusement
varié, tout l'entre-deux qui sépare la caricature
de la grande composition? Ils foisonnent. Beaucoup sont anonymes; une vingtaine ont des
noms, deux sont des esprits originaux, Callot et
Bosse.

Le premier est un maître dans son art; le second un robuste talent. Et quels peintres de
mœurs!

En feuilletant l'œuvre énorme de Jacques Callot et d'Abraham Bosse, on assiste à la résurrection d'une société que ni la peinture, ni la sculpture ne nous rendent, et que la littérature
romanesque et grotesque ne nous figure qu'en

partie. Chez l'un, avec ces seigneurs prompts à se camper sur un pied, à faire « arser » leur épée, comme le personnage de Régnier ou l'inénarrable baron de Fœneste, avec ces dames à masques et à manteaux, ces bouffons de comédie italienne, ces gueux aux loques épiques, ces bataillons aux lances fourmillantes, et ces arbres-potences ployant sous leur charge macabre, l'évocation est pittoresque, picaresque, fantastique et poétique au sens créateur du mot. Ce que Callot décrit, il l'a vu, mais il le décrit comme s'il l'avait rêvé. Rien qui donne moins l'impression de la réalité vraie que ses compositions les plus étudiées d'après nature. Voyez ses immenses planches sur le siège de l'Ile de Ré, sur la prise de La Rochelle : c'est un vent d'épopée qui enfle les voiles des galères royales ; le moindre soldat se cambre comme un maître d'armes : un irréel charmant plane sur toute cette précision voulue d'ingénieur. Il y a déjà chez Callot, serait-on tenté de dire, du Watteau mousquetaire.

C'est un graveur de cape et d'épée, plus représentatif à lui seul de l'esprit héroïque et fantaisiste de son temps, que tout le clan de littérateurs irréguliers pris ensemble.

Bosse, par contre, c'est l'observateur réfléchi, posé ; c'est l'artiste bourgeois qui grave au miroir.

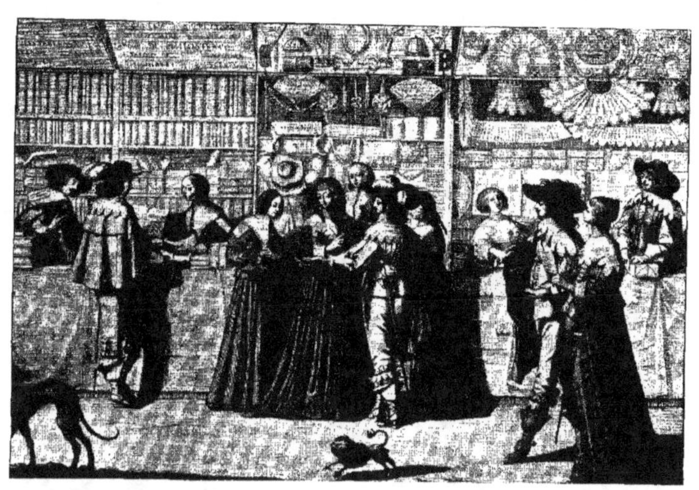

LA GALERIE DU PALAIS

Gravure d'Abraham Bosse (*Bibliothèque Nationale, Cabinet des Estampes*).

L'art et le goût en France.

En ses planches respire une prose saine, un peu lourde parfois et volontiers doctorale (comme celle d'un Balzac), mais substantielle et juste comme l'idée qu'elle exprime. On ne peut comprendre la bourgeoisie sérieuse et enthousiaste d'alors, cette bourgeoisie qui acclamait la merveille du *Cid*, quand on n'a point étudié ces planches graves et fortes où sa vie est résumée : le mariage à la ville, le contrat, le retour du baptême, l'école, l'atelier. C'est chez lui seul que l'on trouve la description exacte des lieux et des mœurs, ici le *Théâtre de Gaultier-Garguille*, là la *Galerie du Palais*. Ses satires sont encore des scènes réelles, dont le titre à lui seul trahit une intention de moraliser : telles *Les femmes à table en l'absence de leurs maris, les Vierges sages, les Vierges folles*. Rien de plus recueilli que son *Bénédicité*, où le laquais debout joint les mains, comme les enfants de tout âge assis autour de la large table.

L'allégorie même chez Bosse devient un tableau de mœurs. Que fera-t-il d'un sujet comme les *Quatre Éléments*? Deux demoiselles et deux jeunes seigneurs, vêtus à la dernière mode, qui tiendront la première un fruit, la seconde un oiseau, le troisième une coupe remplie à la fontaine, le quatrième une mèche d'artifice. Et pourtant, c'est ce même Abraham Bosse qui, renonçant à son style de tous les jours, si excel-

lent, s'avise, lui aussi, de nous donner un
« Louis XIII en Hercule » ! La contagion du
« style » gagnait jusqu'aux meilleurs.

Combien rapides furent ses progrès, et quelle
déformation graduelle nuança insensiblement
les allures de notre art, c'est encore ce que la
chronologie des estampes nous fait toucher du
doigt. Dès la mort d'Henri IV un essai d'idéali-
sation naïve fournit ce thème : le roi-héros ravi
au ciel, ses vertus symbolisées par des femmes,
son pouvoir par un costume antique. Le type du
Bourbon déguisé en empereur romain est désormais trouvé.

Que les poètes et les orateurs enrichissent
maintenant l'idée, que la tendresse populaire
s'éveille en faveur d'un jeune roi ; que ce roi,
dès sa majorité, ait à triompher de « l'hydre de
l'hérésie » et qu'il aille réduire Nîmes ou Casal,
Montauban ou La Rochelle ; que le patriotisme
ou le sentiment religieux, s'exaltant l'un par
l'autre, fournissent aux artistes apportant d'Italie un style « héroïque » tout prêt, une occasion
de se distinguer ; et voilà déjà créé en principe
un des procédés les plus caractéristiques du futur « grand style Louis XIV », c'est à savoir la
traduction en langage héroïque et pompeuse-
ment « romain » de tous les actes de la royauté.

Ce premier procédé en entraîne fatalement un
autre. De l'allégorie « héroïque » à l'allégorie

mythologique il n'y a qu'un pas. L'histoire et la fable, qui commencent à se mêler si communément dans la littérature, se mêleront de même dans la peinture. L'allégorie devenant une langue que romanciers, poètes et peintres parlent avec une facilité croissante, on ne s'arrêtera plus là. Les êtres réels, les modèles du peintre prendront plus d'élégance à revêtir dans l'art un déguisement : toutes les Catherines seront changées en Arthénices (jusqu'au jour où Molière en fera des Cathos). La fausseté n'est-elle pas ici vérité, depuis que dans une société polie il n'est de fête un peu distinguée sans grottes, sans Naïades, et sans Nymphes qui chantent des vers de Benserade et de Voiture ?

Enfin, comment un art qui se complaît non dans la traduction exacte, mais dans la transposition amplifiée de la réalité, comment un siècle qui a conscience de sa grandeur naissante et qui s'aime jusqu'à l'adoration, n'éprouveraient-ils pas le besoin d'agrandir, d'élargir toujours cette représentation qui les flatte ? Il faut des surfaces pour développer ces allégories, de hauts plafonds pour y faire siéger un Olympe. Ainsi l'échelle de l'œuvre d'art, si l'on peut ainsi parler, va s'accroissant toujours : hier crayon de Dumoustier, aujourd'hui portrait en pied, demain toile de Rigaud ; hier bataille gravée sur cuivre, simple plan de cadastre avec quelques personnages au premier plan, aujourd'hui *tableaux-plans* du château de Richelieu[1] en attendant les panoramas de Van der Meulen. Prestige du roi, importance de la cour, dimension et nombre des œuvres d'art, tout suit une progression croissante, logique, irrésistible. L'art de Louis XIV, si différent sous beaucoup de rapports de l'art de Louis XIII est, dès lors, presque tout entier en puissance dans l'art Louis XIII. Pour qu'il devienne tout ce qu'il tend à être, c'est-à-dire pour qu'il élimine les principes de liberté et de variété qu'il contient encore, un pas reste à franchir. Il faut qu'une pédagogie donne force de doctrine, et valeur d'idéal à ces formes d'art créées par la convention, la mode, les habitudes littéraires et les instincts généraux d'une certaine société. Il faut que l'art ait un centre en même temps qu'une doctrine, qu'il soit enfin un « pouvoir », organisé comme tous les pouvoirs de l'État.

Cette œuvre sera précisément celle de l'Académie Royale de Peinture et Sculpture, fondée d'abord dans un autre dessein, mais devenue bientôt, par la force des choses et par la volonté d'un homme, un instrument tout-puissant d'unité.

1. Voir, à Versailles, la salle des *Tableaux-plans* provenant du château de Richelieu. Ces cadres encore modestes, si vrais et piquants d'ailleurs dans leur maladresse, représentent l'art officiel intermédiaire entre la grande gravure de Callot et la grande peinture de Van der Meulen.

*II. — L'Académie Royale et l'élaboration de
la doctrine (1648 à 1670 environ).*

ACADÉMIE ET MAÎTRISE.

« Une académie en peinture? Pourquoi? »
Ainsi se serait exclamé, paraît-il, le Président
Molé, avant de sanctionner une rupture déci-
sive, et d'ailleurs peu légale, entre l'antique
« maîtrise » et la très moderne « Académie
Royale ». L'exclamation du vieux parlementaire
prouvait son bon sens ; elle prouvait aussi qu'il
ne connaissait ni son temps, ni l'esprit nouveau
des artistes de ce temps. Molé était un homme
d'autrefois.

L'heure n'était plus, en art, aux institutions
de l'ancienne France, à ces corporations souvent
étroites, jalouses, mais en somme libres et maî-
tresses chez elles, agissant dans l'exercice de
leur droit strict, et qui rachetaient quelques inconvénients par la cohésion salutaire qu'elles
maintenaient à tous les degrés, entre l'art et le
métier. Où finissait le métier, où commençait

l'art, chez les « maîtres » peintres et sculpteurs ?
Une telle question n'avait pas de sens, à une
époque ou le mot « artiste » n'était pas encore
chargé de faire antithèse au mot « artisan », et
n'était guère que synonyme d'industrieux, d'a-
droit. En réalité, art et métier se confondaient,
ou se continuaient harmonieusement, chacun des
deux étant indispensable à l'autre : et c'était
l'honneur de la maîtrise de pouvoir, aux jours
de fête, encadrer ses derniers apprentis, d'hommes qui comptaient encore dans ses rangs malgré leur réputation, d'un Vouet, d'un Guillain,
d'un Buyster, d'un Le Sueur, et de tant d'autres.
La faveur royale, cependant, établit bientôt une
première démarcation. Parmi tous ceux qui bri-
guaient le titre de « peintre du roi », de
« sculpteur du roi », il s'en trouva qui, loin de
faire honneur à la corporation de cette charge
flatteuse, en prirent occasion pour la renier et
se placer au-dessus d'elle. Ce mouvement s'ac-
centua très vite. Tout semblait convier les artistes à une indépendance, — illusoire d'ailleurs,
on le verra bientôt, — mais qui flattait leur
amour-propre. Appartenir au roi, loger en ses palais, toucher une pension sur le trésor, voilà qui
les relevait singulièrement aux yeux des confrères.

Ajoutez l'immunité des charges, des petites
exigences et menues vexations, que toute corporation exerce envers ses membres. Ajoutez en-

core cette attraction du pouvoir royal qui aspire tout à soi, et qui détermine par là même un courant universel de centralisation. Joignez enfin l'ambition légitime des artistes, l'idée de plus en plus relevée qu'ils se font de leur « mission », depuis que le pouvoir les comble de faveurs et de prévenances, depuis que ces grands noms d'Antiquité, de Renaissance, provoquent, à propos de leurs œuvres, les plus flatteuses comparaisons. Si les rois de France sont désormais des Alexandre, des Auguste, des Mécène ou des Médicis (et c'est là ce que chantent les poètes), pourquoi les artistes ne seraient-ils pas des Parrhasius, des Lysippe, des Raphaël, des Jules Romain, des Carrache, ou, pour parler comme le siècle, des « Jules » et des « Annibal » ? Encore quelques années, et Le Brun sera désigné couramment sous le nom d'Apelle, Girardon sous celui de Phidias ; tandis que Mignard recevra le surnom, plus surprenant encore, de Mignard « le Romain ».

Quoi d'étonnant si des artistes animés de cet esprit voulurent se soustraire à ce qu'ils appelaient les odieuses persécutions de la maîtrise ? Le peintre du roi portait l'épée au côté ; fallait-il qu'il se commît avec des ouvriers ? La maîtrise, il est vrai, n'était pas une cause d'ennui sérieux pour les artistes de quelque talent : au fond « elle les gênait moins qu'elle ne les diminuait ».

De là ce complot d'un petit groupe dont sans
doute Le Brun fut l'âme[1], cet appel des artistes
à la protection du pouvoir, et l'empressement
du pouvoir à « émanciper » l'art, — en le prenant sous sa tutelle. L'acte de fondation est du
20 janvier 1648.

Scission entre l'art et le métier.

De ce jour, l'art est devenu, en France, chose
de gouvernement. De ce jour, par le contrat
signé entre un roi de dix ans, et quelques artistes ambitieux de tenir une place relevée dans
l'État, prit fin la communication qui malgré tout
n'avait cessé de relier jusque-là les parties supérieures de l'art aux parties inférieures. Une hiérarchie allait s'ensuivre. Une distinction fondamentale s'imposait, dès l'abord, entre ce qui
dans l'art est réputé noble, et ce qui ne l'est pas.
La même distinction à la même heure, entre le
langage noble et le langage bas, s'imposait à la
littérature avec Vaugelas et lui fournissait comme
le point de départ d'une nouvelle manière de
s'exprimer et de juger. L'Académie Royale n'é-
tablit pas, dès le premier jour, aussi nettement

1. Voir H. Lemonnier, *op. cit.*, partie II, ch. ii et iii ; et
H. Jouin, *Charles Le Brun*, le chapitre sur l'Académie.

son principe. Il se résumait, pour l'instant, en un triomphant *nescio vos* jeté aux « maîtres ». Mais ce principe ne devait pas tarder à se montrer avec toutes ses conséquences.

Ainsi fut accompli l'acte capital qui domine depuis deux siècles et demi toute l'histoire de l'art français : acte qui, toujours diversement apprécié, surtout en ces dernières années, a passé tour à tour pour « une charte d'affranchissement », pour « l'acte le plus libéral et le plus glorieux du règne de Louis XIV », et pour « un guet-apens tendu à nos artistes par la royauté ». Entre ces opinions excessives, il y a place pour une autre, que représente un éminent artiste avec sa grande autorité. Il faut évidemment exclure toute idée de préméditation du pouvoir, puisque l'initiative vient des artistes. Mais l'affranchissement n'en était pas moins dangereux. « On eût fort étonné un maître de Sicyone, — écrivait pour des artistes un savant artiste, Eugène Guillaume, — et les grands maîtres florentins, en leur parlant de l'art et de l'industrie comme de deux choses séparées... Les fondations de Louis XIV, qui avaient pour but d'ennoblir les arts, eurent pour conséquence de créer dans les arts eux-mêmes et dans le personnel qui les cultivait une profonde scission[1]. »

---

1. Eug. Guillaume, *Théorie du Dessin*, p. 272 (Didier, 1895).

C'était justement cette scission dont s'applaudissait l'Académie naissante. Sa joie ne connut pas de bornes. Chacun de ses membres se vit déjà, grâce à la faveur royale, comme un grand seigneur de l'art. Aussi rien ne peut rendre la dévotion sincère, naïve, du nouveau corps à son nouveau maître. Les expressions les plus fortes paraissent faibles à sa reconnaissance. Les mots de docilité, de soumission, seraient faux ici, car ses désirs volèrent toujours au-devant de ceux du roi ; elle n'avait rien non plus de courtisan ni de servile : c'est bien un culte, un dévouement religieux qu'elle avait pour le monarque, son fondateur, son bienfaiteur, son protecteur. Lui seul avait tiré ces artistes de leur irrégularité sociale pour les placer au niveau des plus grands corps de l'État, pour les mettre de pair avec les Quarante de l'Académie française. Tant que vivra Louis XIV, les membres de l' « Académie royale » ne seront pas revenus de leur éblouissement.

On ne saurait trop y insister. De tels sentiments expliquent le caractère de l'art qui va suivre.

Comment des artistes aussi enthousiastes et aussi sincères n'auraient-ils pas consacré le meilleur de leur talent à exalter, par le pinceau et par le ciseau, les glorieuses actions du plus glorieux des rois ?

On sent de quoi ils étaient capables, à lire

de quel ton un des leurs, le peintre Henri Testelin, secrétaire, rappelle, longtemps après, les
débuts de l'Académie. « Les arts de peinture et
de sculpture ont toujours été en très grande
considération dans le monde, comme les plus
célèbres histoires le témoignent. Mais sans m'arrêter à représenter les honneurs dont ils ont été
favorisés chez toutes les nations les plus polies,
et par les princes les plus augustes de l'Europe,
je ne parlerai présentement que de l'établissement de l'Académie royale, que l'on a érigée
en leur faveur sous le règne de Louis XIV en
1648. Jusqu'alors la qualité de peintres et de
sculpteurs avait été comprise avec les barbouil-
leurs, les marbriers et polisseurs de marbre, en
une mécanique société, sous le fameux nom de
maîtrise, dont cet établissement a heureusement
fait la séparation. En effet, comme les arts de
peinture et de sculpture peuvent être considérés
en deux parties, la science et l'art, l'une noble
et spéculative, l'autre pratique, il a été très judicieux de les distinguer en deux corps, en l'un
ordonner des jurés pour l'examen et préparation
des matières qui s'y emploient, d'en régler la
disposition selon leurs bonnes ou mauvaises
qualités, qui est la fin pour laquelle la maîtrise
a été établie à Paris seulement. A l'égard de la
partie spéculative, il a aussi été convenable de
l'exercer librement et noblement, les génies ne

devant point être contraints dans la pratique des beaux-arts : c'est pourquoi ils sont nommés libéraux. Il a donc été très à propos, et c'est avec beaucoup de justice qu'on a formé ce collège académique, en y établissant comme des classes ou degrés avec des recteurs ou professeurs pour régenter sur l'éducation des étudiants, et les élever en la connaissance de la théorie et de la pratique de ces belles et honorables professions. Cette distinction étant bien observée, chacun se contenant dans les bornes de son talent particulier, l'exercice de ces arts se fera avec beaucoup d'honneur et de tranquillité. — Pour faire maintenant connaître les avantages et les utilités de cet établissement, il faut considérer ces deux choses : ce que le roi a fait en faveur de ces arts, et ce que ces illustres artisans font en reconnaissance, pour répondre aux intentions de Sa Majesté [1]... »

Ici Henri Testelin touche à une question importante, celle « des occupations » de l'Académie royale. Au xviie siècle, tout était aux « Académies »; il y en eut de toute sorte, jusqu'à des

---

1. *Sentiments des plus habiles peintres sur la pratique de la peinture et de la sculpture, mis en table de préceptes, avec plusieurs discours académiques ou conférences tenues sur l'Académie royale des dits arts en présence de M. Colbert,* etc , par Henri Testelin, professeur et secrétaire de l'Académie. — Paris, Mabre-Cramoisy, 1680, *Préface.*

Académies de danse et de spectacles. C'était
peu de les créer ; il fallait les occuper. Il fallait
que ces « occupations », tout en étant nobles
(et en cela la danse et les spectacles réglèrent
leur pas sur celui de la musique, de la peinture,
et de la littérature), leur fussent propres et particulières. Or, la logique française aidant ici le
goût classique, aucun de ces arts ne démêla son
bien dans l'ensemble, sans paraître par là même
définir son domaine, le circonscrire, le séparer
des autres, bref, sans établir entre les diverses
branches des arts, au lieu de la sympathique
communication qu'on pouvait attendre, des sépa-
rations et des barrières éminemment propres à
les classer les uns vis-à-vis des autres, ou à con-
stituer dans le même art une échelle de noblesse.
De là est née la hiérarchie des *genres*. L'Académie royale de peinture et de sculpture ne
pouvait donc, sans mentir à son titre, se refuser
des « occupations » indépendantes de la pratique
même de son art.

LES « OCCUPATIONS » DE L'ACADÉMIE. — SON
ORGANISATION. — L'ÉCOLE DE ROME.

Ces occupations, elle les entrevit dès le début,
mais ne put d'abord les pratiquer librement.
Entre 1648 et 1655, l'Académie fait déjà de

l'enseignement, elle tient école ; mais la maîtrise, qui s'est constituée de son côté en Académie de Saint-Luc, lui fait une rude concurrence et la tient en échec. La Fronde augmente le désarroi. Un instant on transige, les maîtres obtiennent une demi-victoire, suivie presque aussitôt d'une défaite complète. Dès lors, l'Académie royale, affermie sur ses premiers statuts, cherche un terrain de défense plus solide. Sur ces entrefaites Louis XIV prend le pouvoir. Tout change. Colbert devient le « protecteur » de l'Académie royale ; Le Brun, l'homme de Colbert, passe au premier plan. Il est nommé « premier peintre du roi » en 1662. En 1663, Colbert, sans avoir officiellement remplacé le surintendant des bâtiments dans sa charge (il n'y fut nommé qu'en 1664) a, de fait, supplanté M. de Ratabon. La même année Le Brun est nommé chancelier à vie. C'est cette année-là que les artistes appellent l'année de « la grande restauration ». De nouvelles lettres patentes confirment et élargissent celles de 1648, augmentent le nombre des membres, établissent une organisation strictement hiérarchique. Le roi « accorde à quarante de l'Académie de peinture et sculpture les mêmes privilèges qu'à ceux de l'Académie française[1] ». Il est institué un directeur, un chance-

1. H. Testelin, *id.*, *ibid.*

lier, quatre recteurs, douze professeurs, un secrétaire, un trésorier. D'autre part, l'Académie commence à « être attachée d'un certain collier ». Le protecteur et le vice-protecteur ont la haute main sur elle ; les intendants de Sa Majesté ont leurs entrées aux assemblées et droit de présidence. La reconnaissance de l'Académie redouble. Elle établit un « jour solennel dans l'année à l'honneur du roi, et afin de célébrer la mémoire de l'établissement de l'Académie, dans laquelle solennité chacun des Académiciens s'est obligé d'apporter de nouveaux et meilleurs morceaux de leurs ouvrages pour les exposer à la vue du public. Sa Majesté a trouvé ces exercices si agréables qu'elle en a autorisé l'usage, ordonnant des pensions pour les officiers de l'Académie et une somme considérable pour les prix proposés aux étudiants[1] ». On voit ici poindre l'idée des Salons avec leurs récompenses.

En même temps germe tout naturellement une autre idée, celle de l'École de Rome. Que faire de ces étudiants médaillés ? Les abandonner à eux-mêmes ? Ils sont trop jeunes pour être nommés « peintres du roi ». S'ils n'ont pas d'ouvrage et vivent misérablement, ils discréditeront l'Académie, ou la maîtrise les débauchera. Que faire, sinon appliquer logiquement le système

1. *Id., ibid.*

protecteur? Vaguement élaborée depuis 1664[1],
la question de l'École de Rome est résolue au
commencement de 1666. Le 11 février, les statuts sont publiés. Le 6 mars, Charles Errard,
nommé recteur de la nouvelle École, vient en
séance prendre congé de l'Académie royale, et
se présente escorté des douze pensionnaires qui
le suivent à Rome.

Les « Conférences ».

Les « occupations » de l'Académie sont dès
lors toutes tracées. Non seulement elle doit en-
seigner la pratique de l'art, mais elle doit
rechercher et formuler une doctrine qui main-
tienne cet art en son esprit, et qui en assure
la continuité. Elle veut *fixer* l'esthétique de
l'artiste, comme l'Académie française *fixe* la
langue, et comme Boileau va *fixer* la poésie. Tel
sera l'objet spécial d'une institution banale en
apparence, de très longue portée au fond, dont
Le Brun va jouer en doctrinaire de génie, les
Conférences. Un jour de réunion solennelle, la
distribution étant achevée, et toute la compagnie paraissant en un profond silence, le secré-

1. H. Jouin, *Ch. le Brun*, chapitre VI, *L'Académie de
France à Rome.*

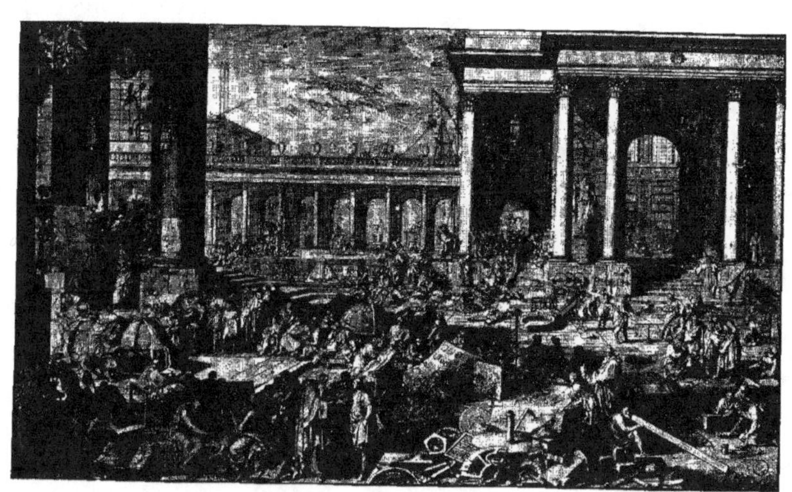

FONDATION DES ACADÉMIES PAR LOUIS XIV

Gravure de Sébastien Le Clerc.

L'art et le goût en France.

taire prit la parole ; et s'adressant à Colbert :
« Monseigneur, dit-il, l'Académie, se voyant
dans le calme que votre Grandeur lui a pro-
curé en affermissant son établissement et dissi-
pant les obstacles qu'on y avait voulu opposer,
elle juge ne pouvoir mieux employer la tranquillité de ses assemblées qu'à s'entretenir sur le
raisonnement de sa profession, pour tâcher
d'en bannir les erreurs, et d'élever les étudiants
par des règles assurées. Pour cet effet, elle a
résolu de reprendre l'exercice des conférences
que ces obstacles lui avaient fait discontinuer,
et, pour ne point perdre le temps à disposer
l'ordre des matières, elle trouve plus à propos
d'entrer d'abord dans l'examen des choses
mêmes par la considération de quelques ouvrages, ou par la lecture des auteurs qui en ont
écrit[1]. »

Entrons à notre tour dans l'examen de quelques-unes des idées exprimées au cours des *Conférences;* idées sanctionnées par l'approbation de
l'Académie, confiées ensuite à l'impression, et
depuis lors souvent reprises, relues ou rappe-
lées en séance, soit du vivant de leurs auteurs,
soit après leur mort, et cela jusque vers le milieu
du xviiiᵉ siècle.

---

1. H. Testelin, *op. cit.*

S. Rocheblave. *L'art et le goût en France.*   5

LA DOCTRINE DE L'ACADÉMIE. — L'ANTIQUITÉ.

Deux objets se sont imposés dès le début des Conférences (en 1667) à l'étude de l'Académie, pour en tirer les préceptes de la doctrine : l'antique et le Poussin. Ces deux objets priment évidemment les autres. Ce n'est pas qu'on ne disserte aussi sur Raphaël, Titien, Véronèse : mais les jugements qu'on en porte, tous « éclectiques » et conformes à l'esprit des maîtres de Bologne, fournissent moins de préceptes proprement dits que de considérations. Celui des trois qui prête le plus à la pédagogie, c'est Raphaël ; et encore sous ce rapport n'est-il guère envisagé autrement que Poussin ou l'antique. L'absence de conférences sur les Carrache peut étonner : elle s'explique par le fait que les orateurs devaient prendre pour texte un tableau du Cabinet du Roi, où sans doute les Carrache n'abondaient pas encore. Au reste, si ce n'est nulle part les œuvres elles-mêmes, c'est partout leur esprit. Et nous verrons tout à l'heure comment ils étaient hautement avoués pour maîtres. Ce qu'il faut retenir avant tout, c'est ce choix de l'antique pour la figure isolée, et du Poussin pour la composition à plusieurs figures.

Le chef-d'œuvre de la statuaire antique est,

pour l'Académie, le Laocoon, et, dans le Laocoon, la figure centrale, celle du père. Le sculpteur Van Obstal, un Flamand francisé[1], avait l'assentiment de tous ses confrères quand il déclarait, le samedi 27 juillet 1667, que « de toutes les statues qui sont restées jusqu'à présent, il n'y en a point qui égale celle de Laocoon[2] ».

Aujourd'hui que la connaissance de la vraie statuaire grecque nous a rendus plus difficiles, nous n'accepterions pas la définition. Et sans aller peut-être jusqu'aux sévérités de quelques-uns[3], nous penserions avec les meilleurs juges que cette sculpture trop expressive, qui fait crier la chair et n'exprime que la sensation, est déjà un art de décadence et constitue un modèle dangereux. Van Obstal, dira-t-on, n'en pouvait juger autrement que son siècle, autrement que l'âge précédent, autrement que ne fit encore l'âge suivant jusqu'au début du XIXᵉ siècle. L'erreur est donc vénielle en soi, il est vrai.

1. Né à Anvers entre 1594 et 1599, appelé à Paris par Sublet des Noyers, sur l'ordre de Richelieu. Y travailla et y fut comblé d'honneurs jusqu'à sa mort, survenue en 1668.

2. Le texte est de la rédaction de Félibien. Mais il a valeur officielle (Félibien était rédacteur attitré de l'Académie), et il reproduit exactement les idées exprimées par l'orateur.

3. Voir Max. Collignon, *Sculpture grecque*, t. II, p. 551, et le mot d'Olivier Rayet : « Le Laocoon est un acteur qui étudie son rôle, et cherche devant sa glace l'effet que produit la contraction de son visage. »

Mais l'erreur devient de conséquence si, de cette erreur, l'on prétend tirer une esthétique. Et Van Obstal la tire en effet. Simple artiste dans son atelier, il eût pu admirer fort le Laocoon sans trop de risque : professeur, conférencier, parlant devant une « Académie », il est tenu de raisonner son admiration, d'apporter ou de créer des principes à l'appui, bref, de faire œuvre de doctrine. Qui dit Académie, dit recherche des règles. Il en faut en art ; qui le nie ? Mais ceux-là seuls sont capables de les donner, qui possèdent le don de pensée avec le don de création ; rencontres rares et merveilleuses, qui d'ailleurs profitent plus à la culture humaine en général qu'à l'enseignement de l'art en particulier, si hautes, si fortes sont les vérités formulées par quelques artistes de génie. Mais la règle d'art tirée par le praticien d'une observation *même vraie* ; mais tout le calcul de « moyennes » qui s'ensuit, et toute la déduction symétrique qu'entraîne après soi le professorat, vers quel idéal cela peut-il bien conduire, à la suite d'un esprit médiocre ?

On le voit de reste en lisant les pages de Van Obstal, sur lesquelles nous aurions déjà passé, s'il ne s'agissait que de Van Obstal lui-même ; mais il s'agit du système d'enseignement alors adopté, et, au fond, de tout l'académisme. Il faut donc insister. Le Laocoon représente, pour

le xv11ᵉ siècle, « un homme de qualité... Sa
taille est belle, grande et noble. Sa tête a toutes
les qualités qui représentent une personne de condition... Si les mouvements que la douleur cause
sur tout son visage n'en avaient pas changé les
traits, on y verrait les marques les plus belles
et les plus naturelles d'un honnête homme...

« ... Et parce que les bras longs et robustes,
les coudes bien articulés sont les signes d'une
personne de probité, et que les jambes fermes
et nerveuses sont un témoignage d'un grand
cœur, l'ouvrier n'a pas manqué de lui donner
des caractères si convenables à celui qu'il a
voulu représenter[1] ».

L'orateur passe ainsi en revue les diverses
parties du corps, et jusque dans les « hanches
relevées, la poitrine large et les épaules hautes »
de Laocoon, il trouve « les marques d'un grand
courage et d'un homme de bien ».

Traitant ensuite du visage, et voulant en expliquer les contractions savantes, Van Obstal
parle du cerveau, « cette glande » qui agit sur
les nerfs « émus et échauffés » ; il parle « des
esprits logés en ce cerveau et dont le mouvement communique à la chair une vibration pas-

---

1. *Sur la figure principale du groupe de Laocoon*, conférence
de Gérard van Obstal, du 2 juillet 1667 (H. Jouin, *Conférences de l'Académie royale de peinture et de sculpture*, p. 19-26.
Paris, Quantin, in-8, 1883).

sionnée ». « Étant vraisemblable que l'horreur,
la crainte, la tristesse, la douleur et le désespoir se saisirent tout ensemble et dans le même
moment de l'esprit de Laocoon... toutes ces diverses passions doivent être exprimées dans
cette figure. » Or l'analyse des contractions du
nez, de la bouche, des sourcils, fournissant à
Van Obstal toute la gamme des émotions qu'il
s'agissait de représenter, il conclut que cette
tête est une merveille d'art. « Enfin, dit pour
lui Félibien dans une péroraison des plus cu-
rieuses, cette statue est si accomplie que tout le
monde demeura d'accord que c'est sur ce modèle que l'École de Rome... a puisé, comme
dans une source très pure, la plus grande partie
de ses belles connaissances. Et les peintres qui
travaillaient du temps de Raphaël et de Jules
Romain, ne se lassant jamais de considérer cet
ouvrage et d'en faire leur principale étude,
donnèrent lieu à Titien d'en faire une raillerie
lorsqu'il fut à Rome. Car étant, comme tous les
autres peintres de la Lombardie, plus amoureux
de la beauté du coloris que de la grandeur du
dessin[1], et se moquant de cette affection si particulière que les peintres de Rome témoignaient
avoir pour cette statue, il fit un dessin que l'on

1. On voit germer ici la fameuse question du dessin et de
la couleur, qui commence à s'agiter déjà sous Le Brun. Voir
plus loin.

voit gravé en bois, où, sous la figure d'un singe
avec ses deux petits, il représente l'image de
Laocoon. Voulant faire entendre par là que les
peintres qui s'attachaient si fort à cette statue
n'étaient que comme des singes, qui, au lieu de
produire quelque chose d'eux-mêmes, ne faisaient
qu'imiter ce que d'autres avaient fait avant eux. »

Une telle critique, venant d'un tel artiste,
eût fait réfléchir tout autre qu'un entêté d'École
romaine. Mais à cette date quelque chose de bon
peut-il venir de Lombardie? L'antique triomphe.

Non seulement, les peintres le copieront aussi
soigneusement que les sculpteurs, mais c'est
d'après lui qu'ils corrigeront la nature : « Il n'y
eut personne qui ne convînt que c'est sur ce
modèle qu'on peut apprendre à corriger même
les défauts qui se trouvent d'ordinaire dans le
naturel; car tout y paraît (dans le Laocoon)
dans un état de perfection et tel qu'il semble que
la nature ferait tous ses ouvrages, s'il ne se ren-
contrait des obstacles qui empêchent de leur
donner une forme parfaite[1]. »

Ainsi s'exprime Van Obstal. Sébastien Bourdon va renchérir encore et pousser à bout le
système. Dans une conférence *Sur l'étude de
l'antique,* prononcée à trois ans de là[2], il souhai-

---

1. Conférence de Van Obstal, déjà citée.
2. Le 5 juillet 1670 (Jouin, *op. cit.*).

tait qu'un étudiant, après avoir dessiné d'après
nature, fît de son dessin un second trait sur
papier à part. Pourquoi ? Pour « qu'en faisant
cette deuxième opération le jeune dessinateur
cherchât... à donner à sa figure le caractère de
quelque figure antique, de l'Hercule Commode
par exemple (nous voici déjà loin de Laocoon !)
ou bien de telle autre statue dont il se sentirait
plus particulièrement affecté et qui serait plus
fraîchement imprimée dans sa mémoire : qu'il
vérifiât ensuite, le compas à la main, si ce qu'il
avait dessiné d'après nature était dans les mesures que donnait l'antique, et, supposé qu'il
différât en quelque endroit, il exhortait l'élève
à se corriger et à s'assujettir à des mesures dont
on pouvait d'autant plus sûrement lui répondre,
qu'elles sont justes, et n'ont rien d'arbitraire
dans l'antique ».

Voilà donc la nature tenue de ressembler à
l'antique, et à vrai dire, exclue de l'art, puisque
toutes les différences qu'elle offre avec l'antique
sont proscrites de l'art comme autant d'erreurs.
Conclusion logique d'une pédagogie à outrance,
et aussi d'un culte plus superstitieux que rai-
sonné. Tout à l'heure le visage de Laocoon
était le dernier mot de l'expression antique ;
maintenant la loi des proportions, le « canon »,
est le tout de la sculpture. Après quoi il n'y a
plus qu'à imiter au lieu de produire, et à fabri-

quer au lieu de créer. Encore si l'on faisait un
choix ! Voir dans. la statuaire de Polyclète
l'œuvre d'un certain « canon », c'est voir juste ;
mais le canon de l'Hercule Commode ! mais
celui d'une antique prise au hasard ! Comme si
les vrais étalons de la sculpture grecque n'avaient
pas varié avec la sculpture elle-même, comme
si les proportions de Polyclète étaient celles de
Lysippe ! On ne connaissait alors, il est vrai, ni
l'un ni l'autre. Et, si les œuvres si haut prisées
risquaient davantage de se ressembler fort entre
elles, c'est qu'elles étaient œuvres de décadence,
œuvres de tradition déjà, d'imitation, et plus
souvent des répliques que des originaux. Erreur
ou convention, voilà ce que révèlent les principes invoqués par les fondateurs de la doctrine
à propos de l'antique.

Il faut bien l'avouer, Poussin lui-même, le
grand Poussin, malgré sa pensée inimitable et
son style souverain, n'avait pas peu contribué à
engager notre école dans cette voie. Il en avait
sauvé les inconvénients parce qu'il était Poussin ;
mais au fond, comme on l'a dit, « le système du
Poussin n'était supportable qu'avec le Poussin ».
De là vient que ce maître sans élèves égara plus
qu'il ne guida ceux qui voulurent, bon gré mal
gré, le proposer en exemple, quand eux-mêmes
se gardaient bien de le suivre. On tira alors de
sa doctrine tout ce qui pouvait la trahir. On eut

les procédés de Poussin sans son âme, et ses superstitions sans sa foi.

C'est de Poussin que vient le « compas » recommandé par Sébastien Bourdon. Ne vit-on pas, sur la fin de ses jours, le vieux maître guider le peintre Mosnier parmi les antiques, et mesurer avec un respect religieux, le compas à la main, les moindres restes de sa divine antiquité ? Il mourut un an trop tôt pour être, paraît-il, le premier directeur de l'école de Rome[1].

Sa haute pensée eût sans doute corrigé chez les élèves ce que certaines pratiques pouvaient amener de mécanique dans leur exécution. En tout cas il n'eût pas manqué de relever de son génie et de son exemple un enseignement qui, après lui, allait se donner en son nom à l'Académie ; et cela sous les auspices de Le Brun, le dernier homme capable de la continuer.

La pédagogie et Poussin.

Qu'admire-t-on en effet chez Poussin ? quelles parties de son art propose-t-on en exemple ? Le Brun le loue de ce que, dans un de ses plus fameux tableaux, les *Israëlites recueillant la manne dans le désert,* ses personnages rappellent,

1. Jouin, *Charles Le Brun,* chap. VI.

l'un le Laocoon, l'autre la Niobé, tel vieillard
Sénèque, tel jeune homme le Lantin, cet autre
l'un des Lutteurs Médicis, une jeune fille la Vénus
de Médicis, un homme l'Hercule Commode[1].

Voilà pour les formes. S'agit-il de détailler
l'idée du peintre, d'en développer les intentions
cachées ? Ce vieillard qui regarde en haut, et ce
jeune homme qui regarde en bas lui paraissent
offrir le résumé d'une psychologie. Voici mieux :
la jeune fille qui tend sa robe à la manne qui
tombe représente « la délicatesse et l'humeur
dédaigneuse du sexe qui croit que toutes choses
lui doivent arriver à souhait ». Quant à cette
vieille femme qui embrasse sa fille et lui met
la main sur l'épaule, « c'est bien une action des
vieilles gens qui embrassent avec force ce qu'ils
tiennent, craignant toujours qu'il ne leur
échappe ». Ainsi tout devenait matière à dé-
monstration et à « leçon » ; les intentions déjà
multiples du Poussin s'augmentent de celles
qu'on lui prête, et il en advient de ses tableaux
comme d'une belle page d'auteur ancien que
gâte par son commentaire un professeur de rhétorique trop zélé.

1. Conférence du samedi 5 novembre 1667 (Jouin, *Conférences*, p. 48-66). — Le 3 décembre 1667, dans les *Aveugles
de Jéricho*, de Poussin, Séb. Bourdon s'applaudira, de même,
de retrouver le Gladiateur, l'Apollon et la Vénus de Médicis.
Voilà une Vénus bien placée auprès du Christ.

Ce n'est pas que Le Brun n'ait parfaitement démêlé tout ce qu'a de littéraire l'art du Poussin. Construction de l'ensemble, ordonnance générale, distribution des groupes, clarté du langage, variété d'expression dans l'unité d'action, et mêmes péripéties dans une seule scène, Poussin a tout cela, en poète et en historien non moins qu'en peintre. Le rapprochement de la peinture à la Poussin avec l'histoire d'une part, avec la poésie dramatique de l'autre, est établi par Le Brun avec une grande sûreté : « Pour ce qui est d'avoir représenté des personnes dont les unes sont dans la misère pendant que les autres reçoivent du soulagement, c'est en quoi ce savant peintre a montré qu'il était un véritable poète, ayant composé son ouvrage dans les règles que l'art de la poésie veut que l'on observe aux pièces de théâtre ; car, pour représenter parfaitement l'histoire qu'il traite, il avait besoin des parties nécessaires à un poème, afin de passer de l'infortune au bonheur. C'est pourquoi l'on voit que ces groupes de figures qui font diverses actions, sont comme autant d'épisodes, qui servent à ce que l'on nomme péripéties, et de moyens pour faire connaître le changement arrivé aux Israélites quand ils sortent d'une extrême misère, et qu'ils rentrent dans un état des plus heureux. »

C'est déjà, comme on le voit, la célèbre ques-

tion *ut pictura poesis* qui se pose, c'est-à-dire
l'unité de principe momentanément imposée aux
arts les plus différents, en vertu d'un adage antique qui repose lui-même sur un contresens.
Ce contresens est d'ailleurs une création de
l'esprit classique, et l'on peut dire qu'il a fait
époque dans l'art[1].

Le Brun devait le formuler, puisqu'il a pu déjà
le lire sur les toiles de Poussin. Mais sa netteté
d'esprit allait encore ici desservir l'art, comme
tout à l'heure sa subtilité : car le moyen, en
adoptant pour point de départ une peinture aussi
exceptionnellement *parlante*, de ne point faire
trop raisonner l'art, et de ne point lui ravir tout
son charme en lui prescrivant à l'avance le détail
de ses effets ?

La théorie de « l'expression ».

Un pas de plus, et nous touchons aux consé-

1. On s'excuserait d'avoir à souligner ce contresens fameux,
si d'autre part il n'était encore accrédité aujourd'hui. Horace
n'a jamais dit que « la poésie est une peinture » (et quand
même il l'eût dit !). Il a dit que telle poésie, comme telle
peinture, demandait à être regardée de près, telle autre à
être regardée de loin. C'est une tout autre idée, et aussi juste
que la première est fausse :

> Ut pictura, poesis erit quae, si propius stes,
> Te capiat magis, et quaedam, si longius abstes.
> (De arte poet, v. 361-362.)

quences extrêmes de la doctrine. Car c'est le propre d'une pédagogie fondée sur des principes fixes de tirer les règles des règles, et de se multiplier en se subdivisant. On a statué déjà sur la forme et la proportion des figures, sur l'art de grouper, de composer, sur les attitudes, sur le vêtement, sur le degré de participation de chaque figure particulière à l'action générale. On a prononcé le mot de poésie, on a argué du poème dramatique, en attendant qu'un plus avisé que les autres découvre dans un tableau bien fait la règle des trois unités[1].

Ne pourrait-on maintenant trouver un principe qui réglât une fois pour toutes la traduction des passions par le jeu de la physionomie ? Le Brun avait mis l'Académie sur la voie en traitant de « l'expression » chez Poussin. Reste à systématiser ses observations, à les appuyer d'une part d'arguments empruntés à la médecine, d'autre part d'arguments empruntés à la philosophie, et la théorie de « l'expression générale et particulière » ne laissera rien à désirer.

---

1. Henri Testelin, *Conférences sur l'expression générale et particulière*... « un peintre se doit restreindre à ces trois unités, à savoir : ce qui arrive en un seul temps ; ce que la vue peut découvrir d'une seule œillade et ce qui se peut représenter dans l'espace d'un tableau où l'idée de l'exposition se doit rassembler à l'endroit du sujet, comme la perspective assujettit tout à un seul point » (Jouin, p. 154).

Henri Testelin s'en acquittera à merveille[1]. Et, tout comme le médecin explique les mouvements de la face par le jeu des muscles et des nerfs, tout comme le philosophe rapporte les émotions exprimées par le visage à deux passions générales, l'appétit concupiscible et l'appétit irascible, de même le peintre orateur déduira toute la théorie des « expressions » dans l'art d'un mouvement fondamental du visage, qui est musculaire par son mécanisme et philosophique par sa signification. De là ce qu'on pourrait appeler la « théorie du sourcil ».

Ce n'est point par gageure, c'est le plus sérieusement du monde qu'Henri Testelin nous explique d'abord (un peu à la façon des médecins de Molière) ce qu'est « une action du corps qui exprime les passions de l'âme ». C'est, dit-il, « le mouvement de quelque partie ; et ce mouvement ne se fait que par le changement des muscles, lesquels ne se meuvent que par l'entremise des nerfs qui les lient, et qui passent au travers d'eux ; les nerfs n'agissent que par les esprits qui sont contenus dans les cavités du cerveau, et le cerveau ne reçoit ces esprits que du sang, qui, passant continuellement par le cœur,

---

1. Voir note précédente. Cette conférence est un peu postérieure (6 juin 1675). Mais elle ne contient rien qui ne fût en germe dans les conférences de Le Brun antérieures à 1670.

fait qu'il se réchauffe et se raréfie de telle sorte,
que le plus subtil monte et porte au cerveau
certains petits airs ou vapeurs, lesquels passant
par une infinité de petits vaisseaux dont le cerveau est rempli, s'y spiritualisent ; d'où ils se
répandent aux autres parties par le moyen des
nerfs, qui sont comme autant de petits filets ou
tuyaux qui portent ces esprits dans les muscles
plus ou moins, selon qu'ils en ont besoin pour
faire l'action à laquelle ils sont appelés ; ainsi le
muscle qui agit le plus reçoit le plus d'esprit,
et par conséquent devient enflé plus que les
autres ».

Après cette définition, dont la concision égale
la clarté, Henri Testelin délibère sur le siège de
l'âme, que les uns placent dans la glande appelée
« pinéale », au centre du cerveau, et que les
autres placent au cœur. Il adopte une opinion
moyenne (toujours l'éclectisme !) d'après laquelle l'âme recevrait l'impression des passions
dans le cerveau, et en ressentirait les effets au
cœur.

Cette dernière opinion est appuyée sur les
mouvements extérieurs des sourcils. Car,
« comme il y a deux appétits dans la partie sen-
sitive de l'âme, il y a aussi deux sortes de mouvements qui y ont un parfait rapport, les uns
s'élèvent au cerveau, et les autres inclinent vers
le cœur. Le mouvement du sourcil qui s'élève au

cerveau exprime toutes les passions les plus
douces ; celui qui incline du côté du cœur repré-
-sente celles qui sont les plus farouches et les
plus cruelles ; mais à mesure que les passions
changent de nature, le mouvement des sourcils
change de forme ; car pour exprimer une passion simple, les mouvements sont simples ; si
elle est violente, ils le sont aussi. De plus [il y a]
deux sortes d'élévation du sourcil : quand il s'é-
lève par le milieu il marque des mouvements
agréables ; mais lorsqu'il élève sa pointe au
milieu du front, il représente de la tristesse et
de la douleur ».

C'est en ces termes que Testelin « établit le
principe » des mouvements expressifs en général. Il déduit ensuite, avec la plus grande facilité, les contractions de la bouche et du nez de
celles du sourcil. Passant ensuite aux exemples,
il nous apprend comment peut se représenter un
sentiment donné, l'admiration par exemple :
« L'admiration se peut représenter par le corps
droit, les bras serrés, les mains ouvertes, les
pieds proches l'un de l'autre et en même situa-
tion. »

Et l'estime ? comment traduire l'estime ?

L'art a-t-il des moyens sûrs d'exprimer un
sentiment aussi vague et abstrait ? Testelin verrait dans ce doute une injure. Voici le personnage qui représente l'estime : « Les sourcils

seront avancés sur les yeux et pressés du côté du nez, l'autre partie étant un peu élevée, l'œil fort ouvert et la prunelle élevée, les muscles et les veines du front un peu enflés et celles qui sont au bout des yeux, les narines serrées tirant vers la partie d'en bas ; les joues seront médiocrement enfoncées à l'endroit des mâchoires, la bouche entr'ouverte, les coins tirant en arrière, la tête avancée et un peu penchée sur l'objet. »

Ces deux exemples nous dispenseront de parler du rire, où « les sourcils s'élèvent vers le milieu de l'œil, pendant que les yeux se ferment » ; du désir, où « la langue paraîtra sur le bord des lèvres, le visage enflammé » ; de la colère, qui montre « les lèvres grosses et renversées, pressées l'une contre l'autre, celle de dessous plus avancée », etc. Dans ce catalogue des recettes sûres pour figurer les expressions et les sentiments, il ne manque rien, sinon l'expression et le sentiment. Est-ce en se reportant à une « table de préceptes » que Léonard a trouvé le sourire de sa Joconde, Michel-Ange la détresse de son Prisonnier, Raphaël le recueillement de ses Vierges, Albert Dürer le poignant mystère de sa Mélancolie ? Qu'eût dit Testelin de l'exclamation de Diderot : « Tu veux étudier les passions sur le vif ? Prends tes crayons, mêle-toi à la foule, observe, croque ! » Qu'eût-il pensé, le docte théoricien du sourcil, si on lui avait simplement montré ces planches d'un humoriste observateur de la nature, dessins profonds sans prétention à la profondeur, où Hogarth nous montre vingt personnes riant, vingt personnes pleurant, vingt personnes chantant, chacune avec son rire, son pleur, son chant, diversement exprimé, et toujours de façon à trahir le caractère !

Mais ce n'est point à Testelin qu'il faut s'en prendre : c'est à Le Brun, c'est à l'Académie, c'est à son temps enfin et à cet esprit de classicisme qui devenait invinciblement comme le moule même des choses, dont les plus fugaces n'échappaient point à l'étreinte de son cadre. C'est parce qu'on était épris du général, et du moral, et de l'abstrait en même temps que du clair et du réglé, qu'il a fallu en art trouver des principes qui parussent répondre à cette triple exigence. Et comme la nature, première institutrice du peintre, ne fournit jamais que du concret, de l'individuel et de l'accidentel, il a fallu opérer sur la représentation figurée de l'homme, le même travail qu'un architecte pour jardins allait opérer à Versailles sur les formes de la nature végétale. Partout, à l'Académie royale, nous voyons cette « nature choisie », qui en littérature fournira des merveilles, et cette « nature forcée » qui n'a produit de chefs-d'œuvre qu'en parterres. Une aspiration très haute, et même hautaine, guide les coryphées de cet art dans les régions supérieures qu'ils parcourent en triomphateurs ; les régions moyennes, celles de l'enseignement et de la tradition, sont rattachées aux premières par un réseau de préceptes où maille à maille tout s'enchaîne suivant une règle immuable : dans les régions inférieures, à l'usage des « étudiants », règnent les tableaux synoptiques de Testelin, qui sont les manuels du *fa bene* académique. Ce que Le Brun a tiré de Poussin, Sébastien Le Clerc le tirera de Le Brun[1]. L'art sera à son tour nanti de son dogme. Et, du haut en bas de l'échelle, jusqu'à la fin du siècle, il en ira de même dans l'art qu'ailleurs. C'est partout une étonnante, une effrayante certitude.

Les « arts poétiques » de l'art. — Dufresnoy et Molière.

Il ne faut pas s'étonner qu'un art si sûr de lui ait eu de très bonne heure son *art poétique*. Tandis qu'il faudra à la littérature quarante ans d'Académie française et un demi-siècle de critique pour qu'un Boileau, reprenant et complétant l'œuvre d'un Malherbe, assure désormais la

---

1. *Caractères des Passions, gravés sur les dessins de l'Illustre M. Le Brun, par S. Le Clerc (sans date). Album.*

législation du Parnasse, moins de vingt années
suffisent aux beaux-arts pour dégager et formuler leur doctrine.

L'*Art poétique* de Boileau est de 1674. La
« poétique » de l'Académie royale est déjà parfaitement fixée dès les années 1667-1668; et, si
l'on considère que la compagnie n'a d'existence
assurée que depuis 1655, que ses travaux actifs
ne commencent réellement qu'avec Colbert, et
spécialement avec la « grande restauration » de
1663, on conclura que sa pensée ne connut jamais le moindre doute. Elle n'eut guère qu'à
observer et à isoler, une à une, les règles
qu'elle appliquait jusque-là d'instinct, ou d'imitation, sans trop les raisonner, depuis que l'éducation des peintres se faisait en Italie. Elle ne
connut même pas cette lutte contre le « faux
goût » qui occupa toutes les premières années de
Boileau. Le Brun, certes, fut pour beaucoup dans
cet accouchement rapide d'une doctrine hier en_
core demeurée dans le vague : mais s'il en hâta
l'éclosion, il n'en modifia point la nature. La doctrine vivait d'une vie latente ; il ne lui restait
qu'à voir le jour.

A la rigueur, donc, les *conférences* sont comme
un art poétique en prose et diffus. Mais il ne
manqua pas même à l'art du xviie siècle un et
même plusieurs « arts poétiques » en vers, *qui
précédèrent celui de Boileau* et qui offrent avec

le sien des analogies où se trahit toute la force de l'esprit classique, Nous ne parlerons ici, et brièvement, que de deux, les seuls importants à nos yeux. L'un est d'un peintre, l'autre d'un écrivain; l'un est un poème en latin, et il a, chose digne de remarque, le peintre pour auteur. L'autre est le poème bien connu, et si contradictoirement apprécié, sur la *Gloire du Val-de-Grâce*, de Molière. L'auteur du premier, Dufresnoy, ne fit pas partie de l'Académie, mais seulement parce qu'il ne le voulut pas. Étroitement lié avec Mignard, qui demeura très longtemps l'homme de la maîtrise pour faire pièce à Le Brun, il refusa à Le Brun d'entrer dans « son » Académie, et mourut peu de temps après[1]. Il laissait à Mignard, qui venait d'achever la coupole du Val-de-Grâce un poème sur la peinture, *de arte graphica*, œuvre longtemps polie et caressée, qu'il n'avait pu se résoudre cependant à publier lui-même. Mignard s'en fit l'éditeur, de Piles le traducteur et le commentateur[2]. Presque aussitôt Molière, piqué sans doute comme ami et

---

1. Né en 1611, mort en 1655.

2. « *Caroli Alfonsi du Fresnoy, pictoris, de Arte grafica liber...* Lutetiæ Parisiorum, apud Claudium Barbin..., MDCLXVIII », in-12 de 36 p. (Le privilège est de 1667). La traduction du peintre Roger de Piles est aussi de 1668 : « *L'art de la Peinture de Charles Alphonse du Fresnoy, traduit en français avec des remarques nécessaires et très simples* » (Paris, in-8, Nicolas l'Anglois).

admirateur de Mignard, des éloges outrés que
Charles Perrault accordait à Le Brun dans son
emphatique poème sur la Peinture[1], écrivait à
son tour la *Gloire du Val-de-Grâce*, poème qui
contient, il est vrai, dans sa deuxième partie, une
description exacte du procédé de la fresque, et
un éloge enthousiaste de Mignard, mais, dont la
première partie est en réalité, Charles Blanc l'a
bien vu, un véritable traité de peinture. Les
idées générales de ce court traité (v. 35-242)
sortent directement du poème de Dufresnoy ; un
grand nombre d'expressions, des tirades presque entières en sont traduites. Or qui dit Dufresnoy dit Mignard, qui l'aima jusqu'à le faire col-
laborer à ses œuvres ; et qui dit Dufresnoy, dit
encore Poussin, dont Dufresnoy s'inspira longuement durant les nombreuses années qu'il
passa à Rome presque aux côtés et sous l'inspiration du maître. On ne saurait donc séparer
Dufresnoy de Molière, dans l'histoire du « poème
didactique d'art » en France, pas plus qu'il ne
faut isoler ceux-ci du Poussin et de l'Académie,
qu'ils interprètent et prolongent à leur manière.

Dufresnoy, peintre presque inconnu en France
à cause de la rareté de ses œuvres, latiniste
savoureux et concis, — parfois même obscur, —

1. *La Peinture, poème*, à Paris, chez Frédéric Léonard.
MDCLXVIII, in-4.

mériterait une petite étude[1]. Quant au poème
du Val-de-Grâce, quelques réserves qu'on puisse
faire sur sa doctrine, il étincelle de beautés
poétiques et neuves, justement dans cette première partie, qui a été si contestée. Si la langue
en a paru à quelques-uns pénible et peu claire ;
si Boileau lui-même, tout en déclarant ce poème
le plus régulier et le mieux versifié de Molière,
trouve qu'il sent plutôt l'huile que la fresque[2],
c'est faute d'avoir suffisamment entendu le langage particulier de l'art sous les termes dont
Molière se sert pour en dépeindre les effets. Si
d'une part on a sous les yeux le poème de Dufresnoy, si de l'autre on a quelque idée nette des
caractères du grand art au XVIIe siècle, toute
obscurité disparaît : la plénitude du sens, l'heureuse trouvaille de l'expression frappent partout,

1. Notre vœu a été réalisé, depuis la première rédaction de
ces pages. M. Paul Vitry, conservateur au musée du Louvre,
a pris Dufresnoy comme sujet de sa thèse latine pour le grade
de Docteur en Sorbonne ; Michel Colombe était le sujet de sa
thèse française.

2. (Au dire de Brossette). Voir le *Molière* des *Grands Écrivains*, t. IX, p. 530, et toute la *Notice*, qui est excellente.
Les éditeurs ont eu notamment le mérite de supposer un rapport entre la publication successive de ces divers poèmes, et
surtout entre les deux derniers. Ils auraient même pu affirmer,
ce que nous ne craignons pas de faire, que le poème de Molière est une véritable riposte à Perrault, et une éclatante
défense de Mignard, en réponse à certaines insinuations, bien
accueillies en haut lieu. Mignard, du reste, avait donné à
Le Brun les meilleures raisons de le haïr cordialement.

et, quelque redevable que soit évidemment Molière à l'original latin ou à un conseiller tel que Mignard, son lecteur n'en demeure pas moins saisi de tout ce qu'il y a de génial dans cette langue nouvelle que Molière crée comme en se jouant.

LES PRÉCEPTES GÉNÉRAUX.

Les deux poèmes procèdent du même esprit. Toutes les règles du peintre, toute son esthétique, sont tirées de celles que présentent à ses yeux l'antiquité, ou, plus exactement, la double antiquité dont le xviie siècle a le culte : l'antiquité gréco-romaine, et cette antiquité plus moderne qui est l'art italien issu de la Renaissance. Ce double idéal, — également faux, il est inutile de le rappeler, — se fond, non sans harmonie, dans une doctrine parfaitement rigoureuse quoique vague, et dont les analogies avec les doctrines littéraires sont d'une surprenante précision. Qui croirait que, pour toute la pédagogie générale, un poème sur la Peinture sortît presque textuellement de l'*Épitre aux Pisons*?

Le premier vers pose le principe *ut pictura poesis erit*, et le développe[1]. Entre ces deux arts

1. *De arte graphica :*
   « Ut pictura poesis erit : similisque poesi
   Sit pictura : refert par aemula quaeque sororem,
   Alternantque vices et nomina : muta poesis
   Dicitur haec, pictura loquens solet illa vocari » (v. 1-4).

ce sera une émulation fraternelle, si bien que tout ce que la poésie juge indigne d'elle, la peinture devra se l'interdire :

Quaeque poetarum numeris indigna fuere,
Non eadem pictorum operam studiumque merentur [1].

Quel sera le sujet? Toujours conforme à un texte ancien (c'est-à-dire sans doute conforme à l'une des **deux** antiquités énoncées ci-dessus); il sera *noble* avant tout, et, autant que possible, contiendra quelque chose de piquant et d'instructif, « *retegens aliquid salis et documenti* [2] ». Pour les personnages, il faut qu'à l'exemple des néologismes d'Horace, ils soient adroitement dérivés d'un modèle grec :

... Membrificatio graeco
Deformata modo...

et l'ouvrage entier offrira les beautés du poème tragique, « *tragicæ... lege sororis* ». Mais la nature, qu'en fait-on? On nous dit bien de consulter son enseignement magistral (*scrutati summa magistræ Dogmata naturæ* [3]), mais cette pompeuse formule n'est ici que pour la bienséance, rien ne venant l'éclairer, et tout concourant à la contredire.

1. (v. 7-8).
2. (v. 81, 82, 69, 72).
3. (v. 102-3, 85, 52-3).

Molière, de son côté, nous apprend, dans la première moitié de son poème, quelles sont «les trois nobles parties » de l'art de peindre. Ces parties, qui répondent à l'Invention, la Disposition et l'Élocution dans l'art d'écrire, sont l'Invention, le Dessin et le Coloris. La coupe (coupole) du Val-de-Grâce en offre naturellement le modèle. Molière, par un artifice délicat, a déduit de l'œuvre d'un ami toute la théorie de son art. Il faut, comme Mignard, savoir composer un tout

> Assaisonné du sel de nos grâces antiques.

Il faut que le dessin soit

> Dans la manière grecque et dans le goût romain ;

qu'il prenne d'un sujet « la brillante beauté » seulement, pour en « séparer la *faible* vérité »,

> Et, formant de plusieurs une beauté parfaite,
> Nous corrige par l'art la nature qu'on traite.

On voit assez que, sans avoir assisté aux leçons de Van Obstal et de Sébastien Bourdon, Dufresnoy et Molière s'entendent assez avec eux sur les *dogmata naturæ magistræ*.

On n'est pas moins frappé des analogies qu'offre « l'imitation de la nature » ainsi enten-

---

1. *La gloire du Val-de-Grâce*, 83, 105-111.

due avec celle que pratiquent, sur des modèles
autrement naturels et « choisis », un Boileau,
un Racine, un La Fontaine et enfin un Molière.

LE GRAND ART. — L'IDÉAL ROMAIN.

Il en sera de même pour ce qui est du « grand
art », auquel Molière consacre les plus remarquables passages de son poème. Sans doute Molière parle peinture et n'entend que parler peinture quand il nous explique

> L'union de la grâce et des proportions,

et qu'il détaille en véritable artiste les effets de
cet accord :

> Les contrastes savants des membres agroupés,
> Grands, nobles, étendus et bien développés,
> Balancés sur leur centre en beauté d'attitude,
> Tous formés l'un pour l'autre avec exactitude,
> Et n'offrant point aux yeux ces galimatias
> Où la tête n'est point de la jambe, ou du bras...

C'est encore au peintre seul qu'il s'adresse,
quand il recommande

> Les nobles airs de tête amplement variés,
> Et tous au caractère avec choix mariés...

C'est un effet de « peinture » qu'il poursuit en
voulant voir partout

> ... Ces belles draperies
> De grands plis bien jetés suffisamment nourries...

et aussi quand il prescrit, tout comme un Le
Brun et un Testelin, de rendre sensibles et dis-
tinctes à l'œil « toutes les passions », de traduire

> Les mouvements du cœur peints d'une adresse ex-
> [trême
> Par des gestes puisés dans la passion même,
> Bien marqués pour parler, appuyés, forts et nets,
> Imitant en vigueur les gestes des muets...[1]

Cependant on pourrait disputer si Molière nous
expose là une théorie artistique ou une théorie
littéraire, et s'il n'a pas voulu dégager dans ces
vers l'esprit de la grande littérature, que dis-je,
l'esprit même de son temps, partout reflété dans
les œuvres de tout ordre. Cette loi des proportions, des savants contrastes, et des compositions habilement soutenues, logiquement déve-
loppées, est-elle particulière à la peinture, et
n'est-elle pas la loi commune de toutes les productions de l'esprit? Ces « nobles airs de tête »
rappellent-ils plus à nos yeux les portraits de
Rigaud, et de Mignard, qu'ils n'évoquent dans
notre imagination la silhouette d'un Louis XIV,
des héros de la tragédie racinienne, et des per-

---

1. *La gloire du Val-de-Grâce,* 114 à 150, *passim.*

sonnages qui animent sans les agiter les romans
de Mme de La Fayette? Cette « beauté des contours observés avec soin »

Point durement traités, amples, tirés de loin.

n'est-elle pas encore plus dans la manière de nos
écrivains que de nos artistes? Ces belles drape-
ries, aux grands plis bien jetés, ne flottent-elles
pas plus majestueusement encore sur la prose
d'un Bossuet que sur l'Alexandre triomphant
d'un Le Brun? et tous « ces mouvements du cœur »
qui doivent être marqués par des gestes, « ap-
puyés, forts, nets », comme ceux des « muets »,
n'appartiennent-ils pas à cette mimique un peu,
beaucoup convenue, mais claire, précise, raisonnée, arrangée pour exprimer l'inexprimable, qui
de l'épopée à la tragédie, et de la tragédie au roman, et de toute la littérature à toute la peinture,
poursuit, par des voies analogues, un but commun, c'est à savoir l'analyse et la traduction
d'impressions morales par une savante adaptation de l'extérieur et des attitudes? N'y recon-
naît-on point, par avance, cette « sensible peinture » qui sera, pour aller au cœur, « la route la
plus sûre »? Nous parle-t-on ici esthétique, ou
psychologie? S'agit-il de coupole et de grand
art, ou de convenance que doivent réaliser la
haute comédie, la tragédie, l'épopée, le lyrisme,
tous les « grands genres » littéraires en un mot?

A ces rapprochements généraux on pourrait joindre beaucoup de rapprochements particuliers, dont au surplus la foule ne servirait ici que d'embarras. Qu'importe en effet? On voit déjà nettement pourquoi, avant Boileau, Dufresnoy et Molière parlent comme Boileau, parfois jusqu'à faire croire que Boileau les a imités.

C'est que leur modèle est à la fois artistique et littéraire. C'est qu'ils appliquent à une antiquité de convention, et inconsciemment rapprochée de la littérature classique régnante, des principes qui font merveille dans cette littérature. C'est, enfin que, ce qu'ils n'empruntent pas à Horace, ils le tiennent du goût de leur temps, et que l'un comme l'autre devait servir à Boileau pour formuler, sur une matière voisine de la leur, des principes d'une étroite parenté avec leurs principes.

Enfin, littérateurs et artistes n'ont pas seulement un culte commun ; ils ont aussi une aversion commune : celle du moyen âge. L'ignorance et l'injustice de Boileau, à ce sujet, l'avaient amené jusqu'à la méconnaissance du grand œuvre littéraire du xvie siècle. Cette orgueilleuse littérature ne voulait se connaître d'ancêtres que dans l'antiquité, et prétendait dater d'elle-même. Ainsi des arts. Tout ce qui est gothique, c'est-à-dire tout ce qui fut français, est tombé dans le plus profond mépris. Nos artistes rou-

gissent de leurs devanciers. L'art gothique, chez
les plus modérés, n'a le choix qu'entre deux
épithètes : grossier ou déraisonnable. Les plus
fins et les plus « artistes » de nos écrivains, sur
la fin du siècle encore, La Bruyère et Fénelon,
n'en jugeront pas autrement[1]; Dufresnoy n'y
voit que barbarie[2]; Molière parle avec un suprême
dédain

... Du fade goût des ornements gothiques,
Ces monstres odieux des siècles ignorants,
Que de la barbarie ont produits les torrents,
Quand leur cours, inondant presque toute la terre,
Fit à la politesse une mortelle guerre[3].

D'un commun accord, c'est, en art, la rupture complète avec le passé. Fait regrettable,
et gros d'incalculables conséquences. La patrie
intellectuelle des artistes français n'est plus en
France, elle est hors de France, en Italie, à
Bologne ou à Rome, suivant les tempéraments.

1. « On a dû faire du style ce qu'on a fait de l'architecture : on a entièrement abandonné l'ordre gothique, que la
barbarie avait introduit pour les palais et pour les temples ;
on a rappelé le dorique, l'ionique et le corinthien. Ce qu'on
ne voyait plus que dans les ruines de l'ancienne Rome et la
vieille Grèce, devenu moderne, éclate dans nos portiques et
dans nos péristyles ». (La Bruyère, *Des ouvrages de l'esprit*). (Cf.
Fénelon, *Dialogues sur l'éloquence*, et *Lettre sur les occupations
de l'Acad.*, chap. x, etc).
2. *De arte graphica*, v. 238 et 199.
3. *Val-de-Grâce*, v. 84-88.

C'est bien Bologne qui guide réellement les
artistes ; mais c'est Rome, à cause de son grand
nom, qui inspire les poètes. En elle se résume
un triple idéal, antique, artistique et religieux.
L'influence naissante de l'ultramontanisme, dont
l'histoire est désormais liée à l'histoire morale
de notre pays, n'a encore revêtu que les espèces
artistique et littéraire. C'est la patrie de Jules
Romain que Molière, si peu ultramontain d'ailleurs, apostrophe en ces termes :

Et toi, qui fus jadis la maîtresse du monde,
Docte et fameuse École, en raretés féconde,
Où les arts déterrés ont, par leur digne effort,
Réparé les dégâts des Barbares du Nord,
Source des beaux débris des siècles mémorables,
O Rome, qu'à tes soins nous sommes redevables
De nous avoir rendu, façonné de ta main,
Ce grand homme (Mignard) chez toi devenu tout
[Romain [1] !

Pour qu'un écrivain si français de goût et
d'esprit fût monté à ce diapason, il fallait que
l'entraînement vers l'art nouveau fût irrésis-

1. *Val-de-Grâce*, v. 227-234. Plus bas, sont loués *Jules*
(Romain), *Annibal* (Carrache), Raphaël, Michel-Ange, « ces
Mignards de leur siècle ! » (276-277). Mêmes modèles chez
Dufresnoy, avec la supériorité donnée à *Annibal* :

Romani, Veneti, Parmenses atque Bononi...
... quos sedulus Annibal omnes
In propriam mentem atque modum, mira arte, coegit.
(503, 520-521.)

S. Rocheblave. *L'art et le goût en France.*   7

tible. Il l'était en effet. Le grand fleuve du classicisme épandait partout sa majesté sans obstacle. Et désormais, en art comme en littérature, en politique comme en religion, nous n'aurons plus, trente années durant, qu'à voir se dérouler le flot après le flot, et nous assisterons à un spectacle sans second dans l'histoire, le triomphe de l'universelle unité.

III. — *L'unité dans l'art.*

(Dernier tiers du siècle.)

Louis XIV, Colbert et Le Brun.

« *Lex una sub uno* », dit une petite composition de Sébastien Le Clerc, où l'on voit un soleil à son zénith illuminer la plaine. La devise artistique du dernier tiers du siècle semble avoir été : *Ars una sub uno.*

Ce chef unique, quel est-il ? C'est évidemment Le Brun. Durant vingt-six années, de 1664 à 1690, il est le seul maître du chœur. Mais qui dit Le Brun dit Colbert, et qui dit Colbert dit le roi. Non qu'il n'y eût entre le roi et son ministre de légères divergences d'opinion sur le choix de certains travaux. Toutefois, si Colbert soutenait justement les intérêts du Louvre contre ceux de Versailles, il n'y eut jamais désaccord entre le serviteur et son maître, sur le caractère de l'art qui convenait à la maison de France, et sur l'opulente grandeur qu'elle devait étaler partout. Dès qu'il fallait rehausser de luxe la majesté de la personne royale, répandre par le luxe l'éclat de son nom, éblouir par ce même luxe les visiteurs étrangers qui confondaient dans leur admiration le roi et la France, l'économe Colbert était prêt à tous les sacrifices. Rien ne lui coûtait plus, certain qu'il était de répondre aux vœux secrets de Louis XIV. Or, rien n'ayant été plus marqué que les goûts fastueux du prince, et cela dès les premiers jours de son gouvernement personnel, rien d'autre part n'étant plus ambitieux que l'emblème qui semble avoir plané sur son éducation entière[1], avant qu'il l'arborât plus tard pour y conformer toutes ses actions, on voit comment, en dernière analyse, ni le goût du temps, ni l'action de Le Brun, ni le contrôle incessant de Colbert ne suffisent à expliquer entièrement le caractère de l'art qu'on a si exactement dénommé « l'art Louis XIV ». Pour en découvrir l'essence première, il faut remon-

1. Je trouve l'emblème du soleil appliqué à la famille royale, longtemps avant que Douvrier le popularisât, dans le livre curieux d'éducation composé par Gomberville pour le roi, et richement illustré par Pierre Daret, paru en 1646 : « DOCTRINE DES MŒURS *tirée de la philosophie des Stoïques, représentée en cent tableaux et expliquée en cent discours pour l'instruction de la jeunesse.* — AU ROI ». — A Paris, pour Pierre Daret..... De l'Imprimerie de Lovys Sevestre, M.DC.XLVI (in-f°). — L'achevé d'imprimer est du 14 mai 646.

ter jusqu'à la personne du roi. Ailleurs, sur les
lettres par exemple, son action personnelle,
quoique assez sensible, est loin d'avoir été aussi
directe, et surtout aussi universelle. En art au
contraire, à partir d'une certaine date, tout
converge vers le roi comme vers le but naturel
de l'artiste. Il n'est donc pas surprenant que l'art
porte ses couleurs, reflète ses goûts et revête en
quelque sorte sa livrée. L'art n'est plus la chose
de tout le monde, il est l'apanage du roi. Ne
fait-il pas comme partie de la maison? Existe-
t-il ailleurs qu'à l'Académie, et l'Académie
ne doit-elle pas le miracle de son existence à
son seul bienfait? Celle-ci ne saurait donc vivre
qu'en lui, travailler qu'en vertu de son bon plaisir, et voir qu'avec ses yeux. Au surplus il a
pourvu à ses occupations non moins qu'à sa
discipline, et ses chaînes sont les plus dorées
du monde. Il alimente le travail des artistes, en
leur livrant l'organisation de ses fêtes et la décoration de ses palais; il immobilise la tradition en l'enfermant dans une hiérarchie d'institutions savamment étagées. Il tient enfin tout
ce monde en bride par la ferme volonté d'un
homme dont le génie est frère du sien et qui
apporte dans l'administration des arts un don
d'ubiquité royale, par Le Brun.

Depuis que l'art français s'était italianisé, il
avait laissé le fond pour l'apparence, et gagné

en facilité tout ce qu'il avait perdu en sérieux.
Il tendait à l'étalage, au décor. Poussin, quit-
tant pour le Louvre son ermitage du Monte-
Pincio, avait été épouvanté de la désinvolture
de nos improvisateurs. Qu'il s'agît de décorer
une galerie, ou de peindre un simple tableau
de chevalet, l'effort de pensée à ses yeux devait
être le même : « Considérez bien, Monsieur,
écrivait-il à ce sujet, que ce ne sont pas des
choses qu'on peut faire en sifflant comme vos
peintres de Paris, qui, en se jouant, font des
tableaux en vingt-quatre heures. » Ce défaut
était donc invétéré déjà quand Louis XIV prit
les rênes du pouvoir. Et il plaisait d'autant plus
que, certaines qualités françaises n'ayant pu faire
autrement que de demeurer telles dans ces imitations italiennes, nos artistes avaient le double
avantage de rappeler cette Rome tant célébrée
et de l'emporter en même temps sur elle au
moment de son incontestable décadence. La
déplorable fécondité de Le Brun, revenant
d'Italie avec des cartons débordants, portant
dans sa tête toute la mythologie et toute l'allégorie, outillé pour entreprendre du jour au
lendemain n'importe quelle « grande peinture »
sur n'importe quel sujet, un tel exemple n'était
pas pour nous porter remède.

La vie de cour et l'art de cour firent le reste.
Que fallait-il à ce roi, tout-puissant sur les

artistes, jeune, beau, galant, marié d'hier, épris
de gloire, amoureux de tous les grands spec·
tacles de la guerre et de la paix, nourri d'orgueil
héréditaire, et capable de résolutions extrêmes
contre le sujet téméraire qui voudrait l'éblouir
de son luxe? Des fêtes, des représentations,
des spectacles, où il pourrait paraître lui-même
avec la supériorité de ses avantages et de ses
talents. Il suit d'ailleurs la tradition des règnes
précédents. Le premier Versailles, le Palais-
Cardinal, le château de Richelieu sont les
étapes d'un faste qu'il faut continuer en le dépas-
sant. Les merveilles de Vaux-le-Vicomte seront
éclipsées elles-mêmes. La cour et les palais du roi
deviendront le rendez-vous de tout ce que la
France compte de peintres, de sculpteurs dis-
tingués : et, s'il est de par le monde un grand
artiste que la France puisse envier, cet homme
sera le pensionné, l'obligé, le courtisé de
Louis XIV, jusqu'au jour où il puisse à son tour
se faire courtisan et où il vienne admirer de
près cette majesté généreuse.

Marie de Médicis avait mandé Rubens au
Luxembourg : Louis XIV déplacera Le Bernin,
chose plus malaisée ; il obtiendra du pape que
ce prodigieux ouvrier de décadence, qui surpas-
sait alors les plus grands en renom (et sous
l'autorité morale duquel Louis XIV avait voulu
un instant placer la naissante École de Rome),

quitte son Italie pour Versailles, au risque de nous faire plus de mal à lui tout seul que Rome et Bologne réunis.

Tel est le maître, tel est le cadre dont il s'entoure, telles sont les voies qu'il ouvre à l'art, à *son* art.

Ses fêtes sont les plus somptueuses dont une cour se souvienne. Le fameux carrousel de 1662, qui devait donner son nom à l'une de nos grandes places, et où tout ce que la France comptait d'illustre s'offrit en spectacle à un public payant, est comme la préface de cette nouvelle « vie inimitable ». Le roi y apparaît en personne sous un de ses costumes favoris, habillé en empereur romain. Le déguisement, nous l'avons vu, avait toujours été plus ou moins en faveur depuis Henri IV ; dès lors il triomphe. Tout lui servira de prétexte, carrousels, bals, galas, inaugurations, « divertissements » enfin, où les arts les plus divers tiennent leur partie dans le concert de tous les plaisirs.

Par une de ces rencontres uniques dans l'histoire, il se trouve à point un Molière, un Lulli, un Quinault pour improviser, sur un geste, la trame, la musique et les vers d'une comédie-ballet, ou d'une féerie ; pendant qu'un Le Brun en dresse les décors, qu'un Bérain en dessine les grotesques, qu'un Israël Silvestre, un Sébastien Le Clerc, en éternisent le souvenir par la

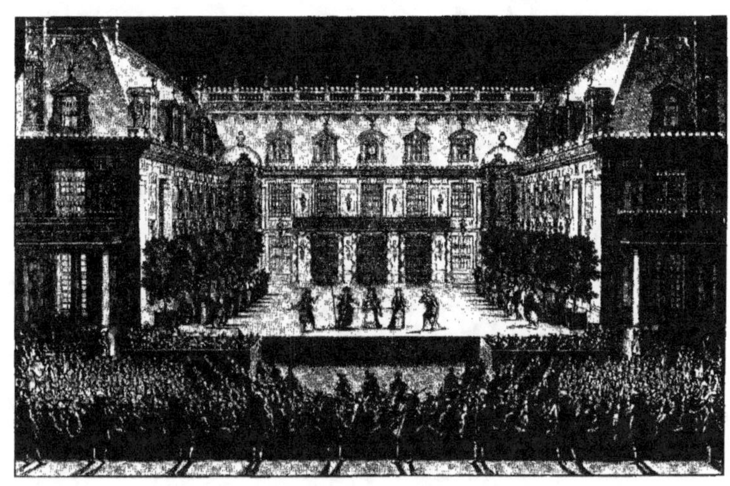

Représentation de l'*Alceste* de Lulli dans la cour de marbre
du château de Versailles
Gravure de Le Pautre (1676).

     L'art et le goût en France.

gravure. Le divertissement de la *Princesse
d'Élide* avec ses transparentes allusions ; les
Plaisirs de l'île enchantée, la tragédie-ballet de
Psyché, sont de royales débauches d'art, que
Louis XIV seul pouvait dépasser encore dans les
six journées dont se forma le divertissement de
1674, au retour de la conquête de la Franche-
Comté, et dans les fêtes de 1682, dernier éclat
d'une joie qui va bientôt s'assombrir.

Les descriptions d'un Félibien[1], le prodigieux
recueil de gravures en trente tomes in-folio,
connu sous le nom de *Cabinet du Roi* et l'œuvre
d'un Lepautre (pour nommer un seul graveur
entre dix) font revivre à nos yeux cette cour
que nos artistes intitulent dès 1662 « la plus
belle cour de l'Europe[2] ».

Ainsi l'a voulu Louis XIV, pour ses plaisirs
d'empereur romain. Cet empereur a d'ailleurs
plusieurs incarnations à son service, qui toutes
fournissent à l'art d'admirables thèmes. Il est
Apollon le plus souvent, et le Phébus « aux crins
dorez » de La Fontaine n'est pas mal simulé par
la rutilante perruque « de cheveux, de laine et
de soie », dont l'auguste monarque charge sa

1. *Les divertissements de Versailles donnés par le roi à toute
sa cour, au retour de la conquête de la Franche-Comté en l'année
M.DC.LXXIV* (in-f⁰, 1676).

2. Légende d'une gravure de Lepautre, représentant la
Cour à Fontainebleau (1662).

tête. Le Roi-Soleil, vêtu de rayons et constellé
d'escarboucles, éblouit la cour du double éclat
de sa jeunesse et de son déguisement dans le
Ballet de *La Nuit* qu'il danse en 1653, à l'âge
de quinze ans. Que ne vont point tirer de là nos
artistes ? C'est « Apollon, présentant Louis XIV
à la France ; » c'est le *Nec pluribus impar* de
nos médailleurs, plus tard remplacé par une
devise nouvelle : *Se ipsum solus indicat.* C'est
Louis XIV sous les traits d'Apollon, causant fa-
milièrement avec la troupe des Muses ; à moins
que l'intention morale ne vienne relever de dissertation la banale allégorie, et qu'on ne lise,
par exemple, au bas d'une gravure conçue *ad
hoc* : « Les vertus sont les rayons du roi qui sur
terre est radieux comme le soleil dans les cieux. »
Grâce aux arts, il pourra vivre son rêve olympien comme il ferait une vie naturelle. S'il lui
plaît d'être un dieu, toute chose autour de lui
parlera de sa divinité, depuis la hallebarde de
sa garde écossaise dont le fer, timbré d'un soleil au centre, s'épanouit en flammes vers les
pointes, jusqu'aux hymnes qu'accompagnent les
vingt-quatre violons de Lulli et qu'il chante
parfois lui-même, avec une des voix les moins
justes de son royaume :

Plus brillant et mieux fait que tous les deux ensemble,
La terre ni le ciel n'ont rien qui me ressemble.

Il est donc Apollon, à moins qu'il ne soit
Alexandre. Il sera le premier en temps de paix,
le second en temps de guerre. Les *Batailles d'A-
lexandre* sont si peu à l'honneur de l'Alexandre
macédonien, que Le Brun, tout scrupuleux archéologue qu'il fût pour l'époque, a fait figurer
aux côtés du triomphateur les colossales orfè-
veries des Gobelins, reproduites avec une exactitude documentaire. Flatterie d'autant plus
délicate qu'elle était indirecte, et qu'elle asso-
ciait à l'éloge allégorique du monarque le souvenir d'une institution dont il était très fier.
L'Alexandre moderne aura donc, comme l'autre,
sa phalange d'artistes, qui se disputeront l'honneur de reproduire ses traits, qui auront en
quelque sorte le monopole de l'effigie royale.
Mais le fils de Philippe n'avait qu'un Apelle ;
Louis XIV en a plusieurs, et Mignard dispute à
Le Brun son privilège. Le premier n'avait qu'un
Lysippe : voici une légion de fondeurs ou de
statuaires, qui rivalisent de zèle à multiplier
l'image idéalisée du roi. Warin, Coysevox, Girardon, Desjardins, sans parler du Bernin et
des autres. Au lieu d'un seul Pyrgotèle enfin,
Louis XIV a les Mauger, les Molart, les Loir,
ces exquis frappeurs de médailles qui écrivent
en bronze son « histoire métallique ». Quant
aux graveurs sur cuivre, ils forment une légion
qu'on ne saurait ici passer en revue.

Tous les arts gravitent donc autour du roi, comme des satellites autour de l'astre central. Ils en reçoivent une chaleur qu'ils lui renvoient en lumière, chacun avec l'éclat qui lui est particulier. Sous quelque forme qu'apparaisse le monarque, qu'il soit le traditionnel roi de France au manteau fleurdelysé[1], ou Apollon se délassant parmi les nymphes[2], ou Alexandre sur son char, ou Auguste, ou César[3], ou encore l'Hercule du monde chrétien[4], l'art l'épie, l'admire et le traduit sous ces diverses faces. A peine enregistre-t-on, çà et là, quelque timide protestation[5].

1. Portrait de Rigaud.

2. Apollon chez les Nymphes (*la Grotte de Thétys*), grand groupe en marbre par Girardon, Regnaudin, Gaspard Marsi et Guérin (Versailles). Cette allégorie fut inventée par Ch. Perrault, dessinée par Claude Perrault et sculptée par leur amis (*Mémoires* de Ch. Perrault, liv. III) : « Apollon qui va se coucher chez Thétys, après avoir fait le tour de la terre, pour représenter que le roi vient se reposer à Versailles après avoir travaillé à faire du bien à tout le monde ».

3. Tableaux de Le Brun, statues de Coysevox à Rennes, à Paris (musée Carnavalet), etc.

4. Estampe anonyme, reproduite dans *Le Grand Siècle*, par Émile Bourgeois, p. 94. Voir encore, dans Jouin, *op. cit.*, p. 253, la description d'une sculpture allégorique colossale, aujourd'hui perdue.

5. Je n'en connais que deux. L'une, d'intention très délicate, de La Bruyère (Discours de réception à l'Académie) : « Provinces éloignées, provinces voisines, ce prince humain et bienfaisant, *que les peintres et les statuaires nous défigurent,* vous tend les bras, vous regarde avec des yeux tendres et

Et qu'on ne croie pas qu'il s'agisse ici seulement de ce que l'on pourrait appeler l'art officiel. Sous Louis XIV *presque tout l'art est officiel.* Aussi est-il exclusivement un art de décor dans sa forme, et un art d'apothéose dans son esprit. Tout a concouru peu à peu à l'incliner en ce sens, mais aucune chose plus que la personne, le caractère, les goûts avérés du jeune monarque. Si bien que l'art est passé, en moins de vingt ans, d'une indépendance relative à la plus extraordinaire courtisanerie, et cela naturellement, presque naïvement. La charité du roi est matière à médailles [1] ; s'il pousse la bonté jusqu'à recevoir Le Brun en audience publique, c'est cette scène que l'on propose cette année-là en sujet de prix aux étudiants de l'Académie Royale [2] ; s'est-il montré à Tholuys, le sujet du bas-relief pour le prix de Rome est aussitôt le

---

,pleins de douceur... » — L'autre, nette et plate, formulée au nom du bon sens par l'abbé Michel de Marolles, dans son *Livre des peintres et graveurs* (réimprimé chez P. Jannet par G. Duplessis, 1855).

 — Le Brun, Bernin, Varin l'habillent à l'antique ;
Mignard l'habille ainsi, quand il est à cheval,
Les bras nuds et les pieds presque nuds bien en mal,
Sans étrieux encor, ce qu'on tient héroïque.

 . . . .
 — Je ne l'entens pas bien, n'aimant que trop l'histoire.
Pour dépeindre au public le prince tel qu'il est,
Faut-il estre menteur, sans y prendre intérest ?
Quel tort la vérité ferait-elle à sa gloire ?

1. Voir Émile Bourgeois, *op. cit.*, p. 57.
2. 4 avril 1667 (*Procès-verbaux de l'Académie*).

Passage du Rhin[1]. Que sera-ce lorsque l'acte célébré comme le plus grand du règne aura été accompli, la Révocation de l'Édit de Nantes ! Il faut avoir eu certaines planches sous les yeux pour concevoir à quelle extrémité a pu passer la plus sincère, et aussi la plus fatale des adulations.

Eût-il voulu en user d'autre sorte avec le prince, l'art en eût été fort empêché. Louis XIV n'intervenait pas, de sa personne, dans les affaires de l'Académie. Mais Colbert, le « protecteur » de l'Académie, *administrait* là comme ailleurs. De là cette hiérarchie des dignités, cette organisation savante des prix, des concours, des solennités. De là ces pompeuses séances annuelles, toujours présidées par le protecteur, où une discussion soigneusement réglée comme par le protocole, aboutissait à l'établissement d'un principe que l'on « consignait sur le registre » et auquel Colbert donnait son assentiment. Le violer dorénavant, n'était-ce pas manquer à l'autorité du ministre ? Toute la pédagogie dont nous avons parlé plus haut, est sortie de cet étiquetage méthodique, pratiqué au nom de l'autorité, et destiné à fixer la tradition. Cette tradition était d'ailleurs assurée de vivre, grâce à l'Ecole de Rome qui fournissait le roi de tableaux et de statues pour l'ornement de ses

1. 1672 (*Conférences*, p. 109).

palais, et l'Académie d'*agréés*, c'est-à-dire de
futurs académiciens. L'art évoluait ainsi dans
un cercle fermé, et non seulement à Paris, mais
même en province. Croirait-on que l'Académie
eût en France le monopole de l'enseignement
du dessin ! Il en était pourtant ainsi. Toute ville
qui voulait établir chez elle cet enseignement,
s'adressait à l'Académie Royale, qui lui envoyait
un de ses maîtres pour la diriger ; les copies
d'après l'antique des élèves parisiens étaient
copiées à leur tour en province, et l'école nouvelle vivait sur des imitations d'imitations. De
plus, le professeur détaché dans une ville s'en-
gageait à « porter en ladite ville copie des lettres
patentes, statuts et réglements de ladite Académie[1] ». Si bien que l'étude de l'art se pratique
alors comme au moyen d'une machine, où le
grand rouage fait mouvoir d'autres rouages plus
petits, mais semblables au premier. Tout cela
n'était pas pour surprendre un siècle qui croyait
à l'automatisme des êtres vivants :

> Telle est la montre qui chemine ;
> Ouvrez-la, lisez dans son sein :
> Mainte roue y tient lieu de tout l'esprit du monde... [2].

Lulli, dans un autre art, détenait le même

---

1. 11 avril 1676 (*Procès-verbaux*, à propos du projet qu'eut
un instant Coysevox de quitter Paris pour diriger l'École de
Lyon. Voir Jouin, *Coysevox*).
2. La Fontaine, *Fables*, X, 1.

monopole que l'Académie Royale. C'était le temps
où tous les musiciens de France tenaient dans la
Chambre du Roy, et où l'on ne pouvait jouer du
violon à Perpignan sans en payer quelque chose
au surintendant de la musique. Lulli fit taire
jusqu'aux marionnettes de Brioché qui se permettaient de chanter sans son autorisation.

Cependant l'art, coupé de l'industrie, était un
roi sans sujets. Son élévation subite pouvait lui
coûter la vie, s'il n'attirait à sa suite le cortège
d'ouvriers d'art qui avait fait justement la force
de la maîtrise.

Colbert sentit le danger. Il voulut ressusciter
d'un seul coup les industries d'art, d'un seul
coup les grouper ensemble et les placer droit
dans le sillage de l'Académie. Projet hardi s'il
en fut. Dire qu'il réussit serait trop peu dire.
Du jour au lendemain, les Gobelins devinrent
la manufacture universelle, la fourmilière aux
cent travaux d'art, aux ouvriers et aux élèves
sans nombre. Tapissiers, ébénistes, chimistes,
doreurs, marqueteurs, orfèvres, ciseleurs, graveurs, remplirent les bords de la Bièvre du
bourdonnement de leurs ateliers, tous animés de
la même fierté (ils étaient « ouvriers de la cou-
ronne ! »), tous travaillant dans le même esprit,
sur des modèles de même style, au même grand
œuvre, à savoir la parure de tous les objets des-

tinés à meubler les palais du monarque. Là
encore hiérarchie à tous les degrés, du directeur
à l'apprenti et aux « Écoles » ; mais cette fois le
filet avait gardé dans ses mailles tous les succé-
danés de l'art, et la maîtrise, atteinte dans ses
sources vitales, n'avait plus qu'à mourir. Ce
qu'elle fit d'ailleurs.

Le rêve de Colbert, ou plutôt le rêve de son
maître était donc accompli, à condition de trouver l'homme qui, placé à la tête de ce double et
formidable engrenage, l'Académie Royale et les
Gobelins, les manœuvrât avec résolution. Cet
homme « se rencontra », comme dit Bossuet,
parce qu'il fut dans la destinée de Louis XIV de
ne jamais manquer de l'homme nécessaire.
Le Brun fut cet homme. Recteur *à vie* de l'Académie Royale, directeur des Gobelins, il eut
dans la main tous les pouvoirs. Comme administrateur (administrateur à la Louis XIV, s'entend) nul ne fut plus remarquable. Il avait la
hardiesse, la promptitude, l'unité dans les desseins ; assez habile pour tourner un obstacle,
assez fort pour l'emporter d'assaut. Persuasif
et abondant quand il ne voulait pas imposer
sa volonté, qui courbait tout, c'était à l'Académie un président de débats incomparable,
aux Gobelins un metteur en branle sans égal. Il
aimait l'autorité. Il la portait dans toute sa personne ; il en faisait montre quelquefois, et l'on

regrette qu'à l'occasion il ait cru devoir mori-
géner, par superstition envers le Poussin, un
homme tel que Philippe de Champagne ; cependant il fit rarement abus d'autorité. Il n'en eut
pas besoin. Chef indiscuté, il reçut trop de
marques de respect des plus grands artistes durant sa vie, et trop de marques de regrets après
sa mort, pour qu'on puisse voir en lui un tyran
de l'art. Il n'en fut que le grand maître. L'homme
avait des qualités qui le mirent très près sinon
du cœur de Louis XIV, du moins de ses prédi-
lections. Des goûts pareils rapprochaient le
maître et le sujet. Il existait réellement entre
eux une « harmonie préétablie », et l'on a pu
dire avec vérité que Le Brun aimait à peindre
tout ce que Louis XIV aimait à voir. Aussi le roi
le traite-t-il avec une bonté particulière. C'est
peu qu'il le reçoive en audience publique et lui
prodigue les paroles les plus flatteuses. Il le
mande à son armée, il veut montrer Alexandre
à son Apelle. Colbert emmène Le Brun en chaise
de poste ; l'artiste voit le roi « le pot en tête et
la cuirasse sur le dos », le suit devant Cambrai
sous sa tente, assiste à cheval, à ses côtés, à la
reddition de la garnison, reçoit son « embras-
sade royale » et part, précédé d'ordres qui le
font partout recevoir comme un plénipotentiaire[1].

1. Jouin, *Charles Le Brun*, p. 274.

Il fera d'ailleurs bon usage de ce qu'il a vu. L'artiste est chez lui universel.

Sous son crayon de Protée, l'idée royale prendra mille formes, et se variera suivant l'art qui doit l'incarner, car Le Brun n'est pas seulement peintre : il est dessinateur pour sculpteurs, dessinateur pour tapissiers, dessinateur pour orfèvres, dessinateur pour architectes. Il est le pourvoyeur de toutes les formes qui vont peupler lambris, cours et jardins ; il est non pas un décorateur, il est *le* décorateur. Comme tel, il a un monopole, lui aussi. Nulle forme ne s'exprime plus dans l'art royal que d'après les cartons qu'il en a fournis, ou qu'il a retouchés à son goût sur le modèle qu'en a présenté l'auteur. On n'invente plus : on traduit Le Brun ou l'on se traduit soi-même d'après ses corrections.

Tout cela, accepté sans objection, voire avec reconnaissance, élève Le Brun à une hauteur de puissance qu'aucun artiste en aucun temps n'a connue. Le Brun est alors tout l'art, comme Louis XIV est toute la royauté. Qu'écrit La Bruyère, un des hommes les plus avertis et les moins dupes de son temps ? « Un poète est un poète, un musicien est un musicien ; mais Racine est Racine, Lully est Lully, et Le Brun est Le Brun. » Auprès de cette louange, tant d'autres que l'on pourrait citer paraissent fades.

Oui Le Brun est Le Brun, c'est-à-dire l'homme

d'un style, d'un roi, d'un ministre, et d'une génération d'artistes. Il est l'unité faite art. Des
centaines d'artistes n'enfantent leurs productions, qui pourraient être originales, que pour
les subordonner à son goût : et le goût de Le Brun
se subordonne lui-même au désir de son roi et
au vouloir de son ministre. Tout par un et tout
pour un, voilà ce qu'est l'unité artistique sous
Louis XIV, et voilà de quel prix il faut la payer.

Caractères généraux de l' « art Le Brun », ou
de l' « art Louis XIV ». — Ce qui lui manque.

Quels sont les caractères généraux de cet art ?
On les devine. Encore n'est-il pas inutile de les
marquer avec quelque précision. On est d'abord
frappé de ce qui lui manque. Et c'est déjà le
définir que de montrer ce qu'il exclut.

D'abord la nature.

L'horizon de la peinture s'est singulièrement
rétréci depuis le Poussin. Nous n'avons même
plus le « paysage historique[1] », qui entourait
l'homme d'une nature *vraie*, quoique héroïque
et oratoire. L'art Louis XIV ne compte pas un
seul paysagiste vraiment digne de ce nom. L'é-

1. Francisque Millet serait une honorable exception, et deux
ou trois autres encore, s'il avaient plus de talent.

tude de la nature n'est représentée à Versailles
que par les vues qui remplissent tout le second
plan des tableaux de van der Meulen. Lui seul
fait exception. Encore peut-on dire que la *vue*
des places fortes prises par le roi était nécesaire
dans un panorama d'histoire, et que l'artiste
n'aurait point si bien peint ces lumineux horizons, — ceux de sa patrie d'ailleurs, — s'il ne
les avait observés d'un œil tout flamand. Les
fonds de van der Meulen sont remarquables ; si
remarquables, qu'on regrette pour lui que l'exigence officielle l'ait détourné de sa vraie voca-
tion : mais ce n'est pas à l'école française qu'il
faut faire honneur de ces paysages. Qui donc,
chez nous, lui eût donné ce sens de la nature ?
A cette heure, la littérature, quoique infiniment
plus riche et variée que l'art, compte aussi des
sources taries. La Fontaine n'est qu'une originale exception. Qui le goûtait alors par le côté
qui nous enchante aujourd'hui ? On cite encore
Mme de Sévigné. Sa « nature » est-elle donc si
naturelle ? La rusticité de ses descriptions est-
elle donc d'un si sérieux aloi ? Son esprit se joue
aux scènes du printemps et de l'été ; son cœur
ne s'y prend guère. Si l'on compare la fameuse
lettre sur les bois du Buron aux accents de Ronsard sur la forêt de Gastine, on sentira quelle
fut, sur cet article, du XVIe siècle au XVIIe, la
déperdition de sincérité. Sous l'oripeau mytho-

logique, on sent battre chez Ronsard et chez ses amis l'amour vrai, presque sensuel, de la nature notre nourrice. Le lait de l'antiquité avait fait merveille sur ces jeunes cerveaux :

> ... *lacte mero mentes perculsa novellas.*

Mais par la suite le sentiment ne se conserve qu'à la faveur des mots ; la passion s'en est retirée, et, seul, La Fontaine était assez païen et assez moderne tout ensemble pour écrire sur la nature des vers destinés à être d'ailleurs incompris jusqu'après Rousseau. Nos artistes n'avaient donc pas d'yeux pour la nature.

En avaient-ils au moins pour la vie? Pas davantage.

Le temps des Le Nain et des Abraham Bosse était bien passé. Louis XIV ne voulait de « magots » d'aucune sorte. En vain l'exemple de Molière conviait-il à l'observation de ces mœurs moyennes que lui-même peignait en artiste de génie. La bourgeoisie, les petites gens, les scènes de la vie de tous les jours n'avaient pas assez de « style », n'offraient pas une assez « illustre matière » pour tenter un pinceau d'académicien. Les choses populaires, les sentiments généraux d'une nation, l'histoire passée de la France, ses légendes naïves ou fières, l'héroïsme d'autrefois, tout cela ne l'intéressait pas davantage. Le dédain des artistes s'accordait avec celui des littérateurs

pour renier tout ce passé vieillot, suranné,
« gothique » pour tout dire. Fénelon écrit encore, à la date de 1714 : « A peine nous sortons
de la barbarie ! »

Ni pittoresque, ni observateur, ni réaliste, ni
national, ni historique, au vrai sens du terme,
voilà d'abord ce que n'est pas l'art Louis XIV.
A-t-il par contre de la gravité ? Conserve-t-il, du
moins dans l'art religieux, cette profondeur du
sentiment ou ce sérieux de la pensée qu'on admire dans Le Sueur et dans Poussin ? A côté des
décorateurs à outrance, pourrait-on signaler des
jansénistes de la forme qui, infidèles peut-être à
la nature réelle, n'en fussent que plus épris d'art,
suivant l'idéalisme austère qui faisait Pascal s'é-
crier : « Quelle vanité que la peinture qui attire
l'admiration par la ressemblance des choses dont
on n'admire point les originaux ! » Un tel art,
encore que hasardeux et abstrait, n'eût point été
pour surprendre, par ces temps de latent mys-
ticisme. A défaut de cette note sévère, on pouvait espérer que les Bossuet et les Bourdaloue
trouveraient des émules en peinture. Or, tout au
plus trouvons-nous, dans l'art religieux, des
Fléchier et des Massillon ; et encore ! Les uns
peignent des tableaux « de piété » dans ce style
dévotieux, fleuri, qui est un affadissement pour
l'âme et un mensonge pour l'esprit ; d'autres
étalent le savant tapage d'une mise en scène

théâtrale ; d'autres enfin, fougueux à bon escient, tourmentent les corps et font saillir les muscles, en des scènes à la Jouvenet.

Partout le procédé, nulle part la conviction. L'art religieux est devenu un *genre* que tous possèdent sur le bout du doigt, et qu'ils pratiquent avec une redoutable facilité. Mignard, l'éclectique par excellence dans ces sortes de sujets, compose une *Madeleine* dans le style du Guide et réussit dans sa gageure au point de mystifier Le Brun. Le Brun, lui, porte dans le même sujet des qualités toutes profanes ; si sa Madeleine est célèbre, ce n'est point par l'édification qu'elle prêche. Qui donc s'abstiendra à leur suite de prouver qu'il peut, tout comme un autre, traiter des sujets religieux ou bibliques ? Jusqu'aux portraitistes s'en mêleront. Largillière et Rigaud peindront des *Portements de Croix* et des *Adorations de Bergers* ; quant à Santerre, ce joli peintre qui sent déjà sa Régence, il semble avoir voulu fournir dans sa *Chaste Suzanne* un modèle aux futures baigneuses d'Allegrain et de Falconet.

Voilà sous quels dehors, bien faits pour choquer, se présentait alors l'art religieux. Rares furent pourtant les protestations, tant le faux goût était comme l'atmosphère naturelle que respiraient artistes et public. L'art religieux n'a de religieux que le nom ; il est tout profane,

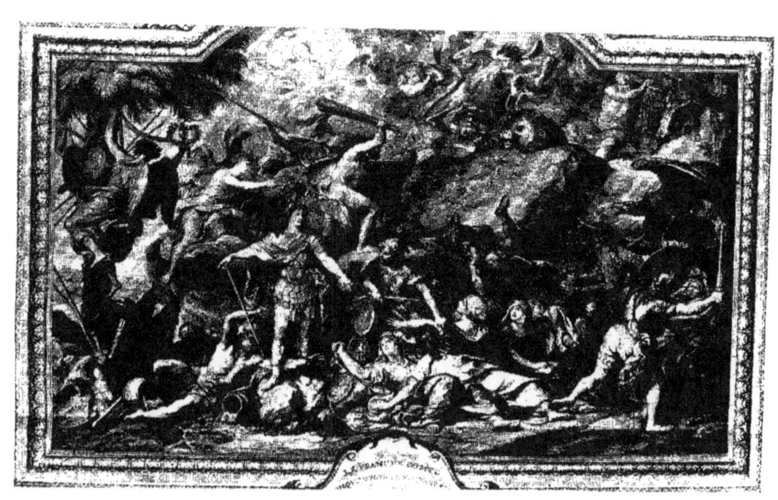

Conquête de la Franche-Comté par Louis XIV (1674)
Peinture de Le Brun, gravée par Simonneau.

sinon profané[1]. La source même en est corrompue. La Bruyère, s'il n'a osé nettement le dire, semble l'avoir du moins bien indiqué dans cette phrase, où l'on n'aurait tort de ne voir que le jugement d'un « philistin » : « Que les saletés des Dieux, la Vénus, le Ganymède et les autres nudités du Carrache aient été faites pour des princes de l'église, et qui se disent successeurs des apôtres, le palais Farnèse en est la preuve[2]. » Sans doute grondait-il aussi tout bas quand il voyait ces *mignardises* religieuses que Mignard avait surtout contribué à mettre à la mode, ces portraits de femmes du temps qui empruntaient au déguisement religieux je ne sais quelle équivoque nouveauté. De fait, la religion gagnait-elle beaucoup à ce qu'on vît Anne d'Autriche peinte en « Vierge »; Mme de Maintenon en « Sainte Françoise-Romaine »; ou encore les bâtards de Louis XIV réunis avec leur gouvernante en « Sainte Famille »? Par contre, un tel art explique à merveille le chapitre de *La Chaire* de La Bruyère, et les *Dialogues sur l'Éloquence* de Fénelon. Il trahit cette décadence du senti-

1. Fontenelle (*OEuvres*, III, p. 61). « Il se répandit alors dans la société française *un esprit qui semblait vouloir renouveler le paganisme.* » Cf. Taine, *La Fontaine et ses fables* (2e partie, ch. III): « On vit alors le spectacle le plus extraordinaire et le plus ridicule, la poésie séparée de la religion..., un ciel païen introduit dans un monde chrétien », etc.

2. *De quelques usages.*

ment religieux, qui s'accéléra encore quand la
grande voix de Bossuet ne se fit plus entendre.
Il offre les mêmes caractères que la piété de la
haute société d'alors, piété plus officielle que
sincère : et, en nous représentant une dévotion
de style, de pompe et d'apparat mondains, il est
indiscret peut-être, il n'est pas menteur.

Ce qu'exprime cet art. — L'architecture.

On voit assez ce que n'a pas l'art Louis XIV.
Ce qu'il exprime ne frappe pas moins les yeux.

Avant tout c'est la majesté, la solennité. Épris
du grand par-dessus toute chose, il a peut-être
confondu parfois le grand avec le grandiose, et
la noblesse avec l'emphase. Mais cette pointe
d'exagération qu'il porte dans sa qualité dominante, a je ne sais quel air héroïque qui com-
complète sa physionomie. Cet art s'est fait de
son rôle une idée très haute.

Convaincu de sa dignité, convaincu que le
règne dont il raconte les gloires est le plus grand
du monde, il s'est créé un langage relevé au
niveau de ses desseins. Ce n'est pas seulement à
son siècle qu'il parle, c'est à tous les siècles. Il
ne daigne s'occuper que d'immortalité. De parti
pris, avec un choix de moyens résolus et savamment calculés, il travaille à cette « chose pour

toujours » dont parle Thucydide. Tout lui dit
que la nation est parvenue à un de ces sommets
où ses moindres gestes intéressent l'humanité.
L'art veut saisir ces gestes, fixer ces attitudes
qui, du plus loin que l'œil les découvre, porte-
ront jusqu'au fond de l'âme cette impression de
calme dans la puissance et de profusion dans la
grandeur, à laquelle se reconnaissent les époques souveraines.

Chaque art en particulier tient ce discours avec
la langue qui lui est propre ; et tous les arts,
mariés en certains lieux choisis, au Louvre, à
Versailles, à Marly, unissent leurs voix d'une
harmonie si forte, si soutenue, que nous l'enten-
dons encore, bien qu'après deux siècles et plus
tout soit fait pour y fermer nos oreilles.

En architecture, deux dispositions prédomi-
nent, plus saisissantes à elles seules que toutes
les démonstrations : la ligne horizontale qui s'é-
tend au loin comme un gigantesque cordeau
d'étiquette, et « l'ordre colossal », qui, en dou-
blant la hauteur des colonnes, fait rêver de proportions surhumaines chez les habitants de pa-
reilles demeures. Tel le Louvre de Claude
Perrault, lequel, fait à noter, n'est pas un architecte. Tel le Versailles de Jules Hardouin-Mansart, qui développe à perte de vue son alignement
ment rectiligne, sans que des saillies suffisantes
en rompent la monotonie. Décor uniforme, il est

vrai, et dont plus d'un détail manque de logique;
décor au surplus dangereux, en ce que les lois
de la construction sont parfois. comme à la
colonnade du Louvre, sacrifiées à l'effet de façade, décor enfin qui est une fausseté, puisqu'il
n'est souvent qu'un placage sans liaison avec
l'édifice lui-même. Toutes ces objections portent,
et d'autres encore. Et pourtant rien ne prévaut
contre l'impression d'ensemble.

Dans les deux palais royaux comme dans l'Hôtel des Invalides[1], on ne peut qu'être saisi par
la nature des idées qu'a exprimées l'artiste, et
par l'accent dont il les a prononcées. L'ordre,
la régularité, la durée s'y sont affirmées d'un
air qui est celui du siècle même, celui de sa littérature, celui de ses hommes, celui de ses
actes. C'est le triomphe de ce que Sainte-Beuve
appelait « l'éternel-solennel ».

L'allégorie. — La peinture et la littérature.

Autre est l'expression de la peinture, parce
qu'autres aussi sont ses moyens. Comment décorer dignement l'intérieur de ces palais superbes,
sinon en y évoquant tout ce qui peut flatter ce
rêve de grandeur dont une cour polie fait ses

1. Façade de Libéral Bruant, coupole d'Hardouin-Mansart.

délices avec le roi son maître? Comment animer
ces vastes plafonds sans y faire planer quelque
fiction aérienne? Tout ce que le monde des formes contient de noble, de fier, d'héroïque et
aussi de galant, d'aimable et d'ingénieux, toutes
les inventions des artistes anciens, à quelque
antiquité qu'ils appartiennent, seront mises à
contribution, pour traduire, ou plutôt pour trans-
poser, sur un ton encore plus noble, la plus noble
des réalités. La peinture, sous Le Brun, c'est
l'allégorie perpétuelle. Traite-t-on d'antiquité?
Ce n'est pas à Homère que l'on s'adresse, mais
à Ovide, et, sous prétexte de mythologie, le
peintre tresse des bouquets à Chloris, à moins
qu'il ne dresse des autels au nouvel Apollon.
Traite-t-on d'histoire? Mais qu'est-ce que l'histoire « nue »? « Une morale nue apporte, de
l'ennui », et de même la vérité nue. La Fable
convient parfaitement, au contraire, pour peindre la réalité, et le faux pour peindre le vrai.
L'art n'est-il pas un embellissement, et l'ar-
senal mythologique, allégorique, emblématique, n'est-il pas la source éternelle où nous
devons puiser les « ornements égayés » de la
réalité? De là ce costume général de la peinture
à cette époque, cet allégorisme à outrance qui
teinte des mêmes couleurs le profane et le sacré,
brouille vérité et fiction en un « grand style »
partout semblable à lui-même, et dont l'appa-

rence est si *une*, qu'on pourrait presque prendre à volonté le décor de la galerie d'Apollon pour celui d'une chapelle, et le décor de la Chapelle de Versailles pour celui d'une salle de bal.

Comment en serait-il autrement? Tout a conspiré à ce résultat, et la poétique littéraire, et l'effort des artistes vers un certain grand art, conforme au goût des écrivains et des gens du monde.

Faut-il rappeler Boileau et ses préceptes les plus précis? L'orage est « Neptune en courroux », l'Écho « une nymphe en pleurs ». A Rocroy « Bellone et Mars » font cortège à « Condé-Alcide »; à Namur, la plume du chapeau de Louis XIV devient « un astre redoutable » qui attire à ses rayons « Mars et La Victoire ». Déjà pour Malherbe Richelieu était « Lyncée », et «Tiphys »; et Henri IV était quelque Thésée cherchant à « arracher sa corne » au Tessin « morne ». Ne sait-on pas que le génie, d'après Charles Perrault, consiste à voir des « Néréïdes » sur les « plaines humides », des sylvains et des nymphes dans une forêt,

Pendant qu'aux mêmes lieux le reste des humains
Ne voit que des chevreuils, des biches, et des daims[1]?

Voilà ce qu'était devenue pour les lettrés cette

---

1. *Le Génie.* Épître à Fontenelle.

mythologie qui fut à l'époque de la Renaissance
« comme une foi de l'imagination[1] ». Elle s'était
réduite au « merveilleux », à un merveilleux
tout de procédé, que la mode, d'ordinaire changeante, consolida au contraire en le colorant
d'actualité. Sous la plume des écrivains, les
femmes devinrent des Iris, des Nymphes,
des Déités : elles en revêtaient volontiers les
attributs, les costumes. Comment les peintres
n'auraient-ils pas profité, eux aussi, d'une mode
qui, en donnant vie à leurs fictions, autorisait
toutes les hardiesses de leurs allégories les plus
cherchées ? Ce n'est point la fantaisie des artistes qui a déguisé Mlle de Montpensier en Minerve,
Mme de Monaco en déesse, la duchesse de Bris-
sac en Vénus désarmant l'amour, Mme du Ples-
sis-Bellière en Artémise[2]. Dans ce domaine,
c'est tantôt l'art qui prend exemple sur la mode,
tantôt la mode qui prend exemple sur l'art.
Lorque Mlle de Scudéry, au tome X de la *Clélie*,
décrit une fête romanesque, où l'on voit en sculpture un lion majestueux protégeant de sa griffe
toute-puissante un écureuil poursuivi par une
couleuvre, il semble qu'elle invente, et faiblement. Elle ne fait pourtant que décrire une

1. Petit de Julleville.
2. Ce dernier portrait (par Le Brun), longtemps inconnu,
a été récemment identifié par H. Jouin, sur la description de
Nivelon.

sculpture de Vaux, qui réunissait sous cette forme courtisanesque les armes parlantes du roi (le lion), de Fouquet (l'écureuil), et de Colbert (la couleuvre). Nous comprenons alors que « Valterre » est le pseudonyme de Vaux-le-Vicomte, et qu'en « Méléandre », *l'homme noir*, il faut voir l'artiste que Louis XIV allait enlever à Fouquet, Le Brun.

Ainsi la peinture, sollicitée à la fois par la littérature et par un goût général persistant, abonde dans l'allégorie, parce que là seulement elle est à son aise, et peut déployer toutes les ressources de sa stérile fécondité.

Une autre raison l'engage dans cette voie : le désir de soustraire aux variations des modes passagères des figures destinées à rester. Peindre la réalité telle quelle, c'est l'exposer à être dépaysée, surannée plus tard. Si belle soit-elle, elle *datera*. On ne verra plus en elle le beau en soi, mais un certain beau, de mise à une certaine époque. Rien ne choque plus l'esprit de ce temps que la pensée qu'on puisse juger autrement qu'il ne juge. C'est le siècle des choses générales et universelles, des choses établies une fois pour toutes. Le même instinct guide ici, dans leur erreur la plus capitale, les artistes comme les écrivains. Émanciper l'œuvre d'art de ce qu'elle a d'actuel, d'accidentel, c'est, croient-ils, la consacrer au temps. Dans toute l'œuvre décorative

de Le Brun, il n'y a pas un seul épisode. De là
ces « convenances » artistiques toutes générales,
tout abstraites, qui en définitive aboutissent au
convenu. Mais l'excuse du convenu (si toutefois le convenu peut jamais avoir une excuse),
c'est qu'il est, en son principe du moins, un
effort vers l'absolu. Et c'est bien à ce but, en
définitive, que tendent alors tous les arts ; ils
quittent leur costume naturel, pour en adopter
un emblématique ; ils sortent volontairement de
leur temps, pour être plus facilement de tous les
temps. Ainsi le voulait cet esprit classique, que
la peinture et la sculpture représentent d'ailleurs
assez faiblement.

Il est à remarquer, en effet, que les modèles
littéraires de cet art sont empruntés à ce que la
littérature du xvii⁰ siècle a de moins parfait.
Pratique-t-il certaines maximes de Boileau ? on
peut être sûr que ce sont les plus contestables.
Son Antiquité n'est pas celle du meilleur Corneille ou du meilleur Racine, celle d'*Horace* ou
de *Britannicus* : elle sort du roman, du *Cyrus*
ou de la *Clélie*. Son Histoire n'est encore que
de la Fable, toute pleine qu'elle est, comme les
tragédies de Corneille vieillissant, de faux
héroïsme, de boursouflure et de déclamation.
Ainsi, avec du Despréaux médiocre, du mauvais
Corneille et du meilleur La Calprenède, on
figurerait assez l'équivalent littéraire de cet art,

à condition d'y ajouter encore, à doses variables, du Charles Perrault, du Quinault, un peu du Fénelon peintre d'Eucharis, et enfin du La Motte en quantité considérable.

La plupart de ces auteurs, grands et sains dans leur ensemble, auraient pu fournir le modèle précisément contraire. Qui a mieux senti, traduit la divine antiquité, que l'auteur de la *Lettre sur les occupations de l'Académie française*? Qui a mieux répudié le faux goût de la décadence italienne que l'auteur de *L'art poétique*:

> ... Laissons à l'Italie
> De tous ces faux brillants l'éclatante folie!

Mais l'art devait malgré tout, nous avons essayé de marquer pourquoi, préférer « le clinquant du Tasse à tout l'or de Virgile ». Il ne ressemble à nos grands auteurs classiques que par leurs petits côtés, et ne rappelle, de leur goût si ferme, que les communes erreurs. Sous ce rapport reçut-il ou donna-t-il davantage? Il est difficile de se prononcer. Ces échanges d'un art à l'autre échappent à une évaluation exacte. On peut cependant, croyons-nous, avancer que « l'art Le Brun », point de mire de tous les panégyriques dès la reprise des travaux de Versailles (1664 ou 1665), a risqué d'être, s'il n'a été réellement pour certains littérateurs, une

école de mauvais goût. Est-ce trop se risquer
que d'y voir la source de plusieurs méprises que
Charles Perrault, admirateur sans réserve de
cet art, énoncera victorieusement dans ses *Parallèles* ? En tous cas, il n'a pas tenu à Le Brun et
à ses collaborateurs que l'art ne fît perdre à tous
le sens de la vraie antiquité, vers le temps de la
querelle des Anciens et des Modernes. L'entreprise d'un Lamotte, *d'arranger* Homère, paraît
toute naturelle quand on considère la peinture ;
et, s'il faut s'étonner d'une chose, c'est que grâce
à l'art l'idée n'en soit pas venue plus tôt.

Nos artistes n'auraient-ils donc vu dans l'antiquité qu'une mine à travestissements ? Il serait,
après tout, excessif de le croire. Et nous ne
disons pas qu'en sculpture surtout, la décence,
l'harmonie des formes, et une grâce relevée de
noblesse n'en procèdent assez directement. Si
la plupart de nos artistes s'en sont tenus à
l'académisme, d'autres sont sortis de la banalité
en relevant leur imitation d'une pointe de verve
ou d'esprit. Ces qualités, il ne faut point évidemment les chercher dans la sculpture décorative, officielle, même funéraire (surtout funéraire), au tombeau d'un Mazarin ou d'un
Colbert. Mais la mollesse de Girardon a su parfois
être fine, comme la grosse fougue de Puget a su
être éloquente, voire pathétique. Quant à Coysevox, peut-être que, moins surchargé de toutes

sortes de besognes, moins obligé de produire pour lui-même et de « fabriquer » pour Le Brun, il nous eût évoqué une spirituelle et française antiquité, sœur pour la grâce et pour le piquant de celle de La Fontaine. Parmi les diverses antiquités que le grand siècle a connues et fait revivre (et il y en a bien cinq ou six légèrement différentes sous un même air de famille), la plus personnelle, la plus nôtre en quelque façon, est celle que l'aimable Polyphile a créée à son usage pour embellir les pages de *Psyché* et du *Songe de Vaux*. Païenne comme un hymne à toutes les exquises voluptés, menteuse comme un songe sorti de la porte d'ivoire, vraie comme l'éternelle illusion, cette antiquité a nom poésie ; et la seule vie qui l'anime est celle d'un esprit alerte, aiguisé, qui subtilise « un morceau de matière ». Il y a de cet esprit-là chez le Polyphile Coysevox, quand il baptise d'un charme tout français le sujet hellénistique de *la Nymphe à la coquille*. Il y en a plus encore dans ce portrait « antiquisé » de la duchesse de Bourgogne en chasseresse, tant la vérité y est fondue avec l'allégorie, tant la personnalité et la vie transpirent à travers ce marbre immatériel :

> L'herbe l'aurait portée ; une fleur n'aurait pas
> Reçu l'empreinte de ses pas.

L'exemple d'une telle sculpture ne sera pas

perdu pour l'âge suivant. Mais par le fait nous y sommes déjà. La sculpture de 1710 n'est plus celle de 1690, et les hommes comme Coysevox risquent de nous tromper en ce qu'ils appartiennent à plusieurs générations [1].

Conclusion sur le XVIIe siècle.

Revenons à « l'art Le Brun », puisqu'aussi bien c'est lui qui marque l'apogée de la doctrine, et le parfait accord de la doctrine avec les œuvres, sans dissonance d'aucune sorte.

Il semble qu'on en puisse voir maintenant le fort et le faible, en même temps que, de ce point du siècle, on saisisse plus facilement la marche parallèle de la littérature et de l'art. Mêmes aspirations, mêmes évolutions ici et là. Dès le début du siècle, c'est la même soif de discipline, l'établissement des mêmes règles soutenues par de puissantes institutions, la même marche raisonnée, volontaire, vers l'unité. Mais, tandis que la littérature puisait à la vraie antiquité, l'art puisait à la fausse ; tandis que l'une s'affermissait sur des principes également tirés de la raison universelle et de l'esprit proprement français, l'autre échafaudait sur des

1. Né en 1640, mort en 1720.

bases contestables une théorie étrangère et composite ; tandis que l'une s'épanouissait en chefs-
d'œuvre authentiques, l'autre faisait montre d'une
trompeuse grandeur. L'art Le Brun couronna ce
monument grandiose et vain, véritable colosse
aux pieds d'argile. Le « grand art » Louis XIV,
s'il faut trancher le mot, c'est une brillante décadence qui s'est prise pour un âge d'or.

Le monde entier l'a prise aussi pour cela, car
on sait que le style Louis XIV a fait école hors
de France ; et l'on ne peut s'étonner de voir des
étrangers s'y méprendre, quand des Francais
s'y sont mépris si longtemps eux-mêmes. Les
apparences, à vrai dire, y aidaient. Les analogies extérieures, on l'a souvent remarqué, expliquent l'art par la littérature, les complètent
l'un par l'autre et ont ainsi incliné les esprits à
établir entre les deux une parité qui a longtemps
été chez nous article de foi. Or, s'il est parfaitement vrai qu' « une tragédie de Corneille est
ordonnée comme un édifice de Lemercier, et
que ses personnages expriment les sentiments
qui se lisent dans les portraits de Philippe de
Champagne »; s'il est vrai encore que « Racine
observe la symétrie classique aussi exactement
que Mansart[1] »; il est faux, en revanche, que
la religion de Bossuet respire dans les tableaux

1. G. Larroumet, *au Théâtre de Bacchus* (Lecture à l'Institut).

de Le Brun et de Mignard ; que Racine, Molière,
La Fontaine, et même Boileau (sauf toutefois le
Boileau de l'*Ode sur la prise de Namur*) comp-
tent en art leurs émules. Deux choses, entre
autres, ont manqué à l'art pour qu'il en fût
ainsi. La première est cette harmonieuse fusion
qui, opérée de bonne heure dans notre littérature classique entre le paganisme et le christianisme, ne fut jamais dans les arts plastiques qu'un
hybride amalgame. La seconde est que les
lettres travaillaient pour l'avancement de l'esprit humain, — et par conséquent pour la France,
— tandis que les arts ne travaillaient qu'à l'avancement de l'idée royale, et se détournaient de
plus en plus de la nation. Aussi « l'art Louis XIV »,
chose essentiellement dynastique, d'ailleurs
unique comme réussite historique, a-t-il eu, et
aura-t-il de tout temps les ferveurs d'une certaine catégorie d'esprits, ou assez étroits ou
assez puissants pour ne rien voir que sous la
perspective de l'unité. Mais ceux-là sont sans
doute des politiques, ou des idéologues, plus que
des artistes. Sans avoir à réfuter ici les enthousiasmes, d'ailleurs jugés aujourd'hui, d'un
Chateaubriand, d'un Joseph de Maistre ou d'un
Victor Cousin sur l'art Louis XIV, on peut
accorder que cette unité artistique, réalisée dans
la peinture, la sculpture et l'architecture, par la
baguette magique d'un chef de chœur universel,

fut en effet un spectacle grandiose, digne en
tout point du roi qui pouvait se l'offrir, et
digne sans doute d'être célébrée par toutes les
trompettes de la Renommée si ce jour sans précédent eût pu avoir un lendemain.

Mais « l'unité » fut passagère. On la croit
généralement de plus longue durée qu'elle ne fut.
Elle n'embrasse guère, en réalité, que vingt-
cinq années environ, les vingt-cinq grandes
années de ce long règne[1], du lendemain de 1661
à la veille de 1690 environ, date de la mort de
Le Brun. En 1687, Le Brun achevait ses derniers travaux à Versailes, avec les salons de la
Guerre et de la Paix. La Galerie d'Apollon, l'escalier des Ambassadeurs, la galerie des Glaces,
les merveilles des Gobelins racontaient sa gloire
presque autant que la gloire de son roi. Et c'est
à ce moment précis que son astre décline. Les
trois années qui lui restent à vivre s'écoulent
dans une demi-défaveur. Mignard grandit à
l'horizon et menace. Louis XIV se lassa-t-il un
beau jour de cette pompe uniforme ? Sentit-il le
creux de cet art, et voulut-il goûter d'autre chose ?
Fut-ce chez lui vieillesse, sagesse ou versatilité ?

Tout changeait d'ailleurs autour de notre
artiste, qui pour un peu se fût cruellement sur-

---

1. Voir, sur tout le détail de cette portion, l'ouvrage de
M. Henry Lemonnier. *L'art français au temps de Louis XIV*
(1661-1690), in-12°, Hachette, 1911.

vécu. De multiples indices annonçaient la rupture prochaine de l'unité. A l'Académie, pendant une maladie du maître, des professeurs, d'ordinaire plus sages, avaient « semé des maximes absurdes tirées de l'école de Lombardie ». L'enflure romaine fatiguait; on avait appétit de couleur, pour varier. On voulait au moins changer d'apprêt. La phrase courte et caustique de La Bruyère répondait à un nouveau besoin du goût. Un réalisme discret encore, mais piquant, parfois même sérieux, se glissait partout, à la faveur de cet art du portrait, où excellèrent toujours nos artistes et nos écrivains, et qui fut en réalité la sauvegarde de notre peinture et de notre sculpture. Il faut s'arrêter devant les tableaux de Claude Lefèvre, un élève de Le Brun pourtant, devant la sculpture iconique de Girardon, de Coysevox, ou devant les morceaux décoratifs du premier des Coustou, pour comprendre dans quelle direction vont souffler les vents nouveaux. Dès lors, l'art Le Brun, quoiqu'il se soutienne encore quelque temps après la mort de son protagoniste, participe à la fausseté de toute cette fin de siècle. La littérature est déjà, suivant le mot de Michelet « tout régence en-dessous », et Watteau, qui concourt pour le prix de Rome en 1709, est déjà en 1712 sur le seuil de l'Académie[1].

1. Il fut *agréé* en 1712, et reçu en 1717, avec l'*Embarquement pour Cythère*.

Cependant il existe désormais, grâce à Le Brun, une doctrine fixée *ne varietur*. Qu'adviendra-t-il d'elle, dans le conflit des tendances nouvelles? On peut déjà pressentir une lutte entre le dogme et la vie, trop longtemps méconnue et comprimée. Et, sur les préliminaires de cette lutte, planera encore, un quart de siècle durant, l'ombre irritée de Le Brun, devenue l'âme posthume de l'Académie : « *stat magni nominis umbra.* »

DEUXIÈME PARTIE
LE DIX-HUITIÈME SIÈCLE

DEUXIÈME PARTIE

LE DIX-HUITIÈME SIÈCLE

I. — L'époque de Watteau et sa suite. L'art Régence et le « rococo » (d'environ 1710 aux environs de 1745).

Le Brun avait à peine fermé les yeux, presque aussitôt suivi dans la tombe par Mignard, son rival, devenu son successeur à l'Académie, que des symptômes généraux annonçaient dans l'art français une modification profonde.

NOUVELLES TENDANCES.

Les institutions pourtant demeuraient en place ; la doctrine était consacrée, ou plutôt sacrée : bientôt personne n'y touchera. Qu'y avait-il donc de changé ? Rien et tout. Un homme de moins dans l'art, et le principe d'autorité semblait avoir disparu.On n'avait plus la foi. Tous les liens allaient d'ailleurs, en cette fin de règne, se relâcher en même temps, et l'action du Directeur des bâtiments sur l'Académie, et celle du directeur de l'Académie sur les professeurs, et celle des professeurs sur les élèves. A l'ombre de la royauté vieillie et appauvrie, les artistes se détendaient. Ils ne se refusaient pas les distractions. Au lieu de s'enfermer dans leur Académie comme dans le lieu très saint, ils mettaient parfois le nez à la fenêtre, laissaient les portes entre-bâillées. Et les bruits de la rue, en attendant les échos des salons et les rires des boudoirs, montaient jusqu'à eux. Comment auraient-ils pratiqué avec une conviction immuable les exercices traditionnels de l'Académie, sollicités qu'ils étaient par les choses du dehors? Les « conférences » se font dès lors rares et insignifiantes ; l'enseignement est donné avec mollesse. La réorganisation de 1704, opérée par Bignon sur l'ordre de Pontchartrain, qui répartit l'Académie en quatre classes (les *honoraires,* les *pensionnaires,* les *associés* et les *élèves*), ne donne pas au corps une véritable cohésion ; ses travaux cependant, ses pratiques ne changent guère, ses « occupations » ne varient pas sensiblement, car rien ne tend plus naturellement à la perpétuité qu'une certaine manœuvre du pin-

ceau et de l'ébauchoir. Durant toute une génération encore il se trouvera des artistes « imbus
d'assez bonnes études » sinon pour tenter les
prouesses d'un Le Brun sur les murailles de
Versailles, du moins pour suspendre à la voûte
aérienne d'un plafond une grande composition
mythologique selon la formule : telle, dans le
Salon d'Hercule, la grande page de Lemoine,
qui possède en outre vigueur, et couleur. Et
pourtant si l'on peut ainsi parler, l'art académique de la fin de Louis XIV ne vit guère que
de survivances. Il peint une chose, et il pense à
une autre. Il conserve ses habitudes, au surplus
commodes, en attendant qu'il en puisse changer.
Car il est atteint, lui aussi, de l'esprit du siècle.
Et cet esprit s'éloigne de plus en plus de
l' « éternel-solennel ».

De tous côtés, en effet, il souffle un vent de
réaction. On est excédé de pompe, on est dé-
goûté de majesté. Toute cette grandeur d'apparat que n'illumine plus le soleil de la gloire
décèle son vide et son ennui. Cette décoration
morte d'une pièce dont le succès est épuisé
offusque des yeux plus jeunes, irrite le goût par
le contraste d'hier et d'aujourd'hui. Le masque
ne tient plus au visage du courtisan. L'esprit
nouveau se fait jour par mille petites percées,
comme ces eaux montantes qui trempent toutes
les fissures d'un vieil édifice avant de le noyer

de leur torrent. C'est la revanche de la vie trop longtemps comprimée. La littérature se pervertit sous le manteau, en attendant la débauche publique. A côté de l'ancienne cour, seule officielle et légitime, il y a les cours de la main gauche. A l'ancienne « société » française, ont succédé les « sociétés » ; tout se fractionne, se décompose, et, si l'on peut ainsi dire, se morganatise. C'est le moment des faux ménages, dans l'histoire, dans la littérature et dans l'art. Que le grand roi disparaisse enfin, emportant au galop de son équipage funèbre la dernière superstition d'étiquette, et les artistes, tout comme les princes, s'empresseront de « déclarer » leur maîtresse, et cette maîtresse sera la mode, seule arbitre du plaisir. Le plaisir, voilà le dieu du jour, le dieu que la Régence transmettra à l'époque suivante. Tout va désormais lui sacrifier. L'art ne lui marchandera pas son hommage. Aussi bien, comme la littérature, s'y était-il sous main préparé.

La vie propre au xviiie siècle, en effet, cette vie qui frémit avant 1715 pour frétiller après, se traduit en art par un assouplissement général des formes, tout à fait analogue à celui qui se produit dans le style.

C'est ici l'effet d'un courant bien plus que d'une volonté. En littérature, La Bruyère casse plutôt qu'il n'assouplit le style ; ce n'est pas

le temps qui a voulu la forme de son livre,
mais l'auteur. Le style de Voltaire n'eût probablement pas été retardé par l'absence de cette
laborieuse et géniale gageure : dès La Fontaine,
dès Fénelon et Fontenelle surtout, on allait au
dépouillé, au rapide, au gracieux, parfois à l'exquis. En art, à dater de la chapelle de Versailles
(achevée en 1710), on pouvait pressentir l'évolution prochaine. Un homme la précipitera, la
fera sienne en quelque sorte, Watteau. Mais,
entre Mignard et lui, quinze ou vingt années
s'écoulent où l'architecture, la sculpture et la
peinture s'humanisent d'un commun accord, réduisent leurs ambitions comme leurs proportions,
tendent, en un mot, à s'adapter à la taille, aux
aspirations, aux goûts directs d'une génération
nouvelle. Moins d'emphase et plus d'agrément ;
moins d' « héroïsme » et plus de vérité observée ; moins de force ou de noblesse, mais par
contre plus de ressemblance avec la vie, plus de
nerf et d'agilité, voilà les caractères généraux
d'un art à la veille de Watteau, d'un art qui
n'est plus « Louis XIV », sans être encore
« Louis XV », et qui vise à embellir nos demeures, à charmer, plutôt qu'à saisir et à imposer.

Pendant que l'art se rapprochait peu à peu de
l'homme, le fossé se comblait entre l'artiste et
la société mondaine. Le siècle précédent avait

S. Rocheblave. *L'art et le goût en France.*   10

vu le poète crotté de l'époque Henri IV, l'écrivain besogneux de l'époque Louis XIII, transformés en bourgeois, voire en courtisans sous Louis XIV. Quelle distance franchie de Régnier à Racine ! et quel intéressant chapitre de mœurs que le sermon sur l'éminente dignité du poète, adressé par Boileau à ses confrères, au quatrième chant de l'*Art poétique !* Le siècle suivant verra, tout pareillement, l'ascension sociale des artistes. Les grands seigneurs les coudoient d'abord par désœuvrement ; puis ils cherchent à leur emprunter de menus talents, propres à divertir leur « société » ; puis ils les acceptent eux-mêmes dans leurs salons, pendant qu'ils leur confient la décoration de leurs cabinets secrets. Plus tard, quand les artistes auront pignon sur rue, comme Pigalle, ou une plume alerte entre les doigts, comme Cochin, leur importance grandira encore. L'art aura ses bourgeois, ses « philosophes », voire ses « encyclopédistes ». La noblesse même pourra lui ouvrir ses rangs. La fille de Mignard n'a-t-elle pas déjà épousé le comte de Feuquières ?

Ainsi non seulement l'art incline peu à peu vers la mode, mais il crée une mode à son tour. Il devient de bon goût de connaître le métier d'artiste, et même de pratiquer. Au siècle précédent on se contentait d'écrire ; si l'on prenait quelques leçons de pastel, à l'imitation de

Louis XIII, cette imitation n'allait pas bien loin.
Maintenant, au contraire, on aura assez d'outil
au bout des doigts pour se faire de l'art un joli
passe-temps mondain. L'exemple part de haut.
Il est probable qu'il remonte à l'élève de Fénelon, le duc de Bourgogne. De gentilles compositions, scènes de guerre ou de chasse que Caylus s'est amusé plus tard à graver[1], prouvent
qu'en art il pouvait quelque chose. Le Régent, en
des esquisses moins anodines et volontiers gri-
voises, montrait cette facilité qui était chez lui
un don universel. A côté de ces amateurs royaux,
que les salons et les femmes vont bientôt imiter,
il y a le financier, déjà collectionneur, souvent
pourvu de goût pour son compte, en tout cas
nanti de curiosités d'art et de chefs-d'œuvre que
lui procurent marchands ou rabatteurs. Car il y
a finance et finance. A côté des Turcaret flan-
qués de leur M. Râfle, il y a des Pierre Crozat,
des La Live de Jully, vrais bienfaiteurs de l'art,
dignes successeurs des Marolles et des Jabach.
Ceux-ci ouvrent leurs cabinets aux « curieux »,
aux artistes, aux gens du monde. Et dès lors on
dessine, on copie, on grave, et cette occupation
va nuire à celle des nouvelles à la main. Tout
ce qui est d'une pratique longue et appliquée se

---

1. *Œuvre gravé de Caylus,* exemplaire du Cabinet des
Estampes de Dresde, tome Ier.

voit délaissé, comme de juste ; on ne veut que la
fleur des choses et l'instantané de l'exécution.
Aussi les amateurs-graveurs vont-ils droit à l'eau-
forte, et les peintres mondains s'en tiennent-ils
au croquis ou à la « croquade », comme disent
justement les Goncourt. La comédie de société,
qui fait subitement fureur, alimente ce goût
nouveau. Il faut dessiner décors et costumes,
donner un air galant à ces tréteaux qui se dressent un peu partout. Bals masqués, fêtes nauti-
ques, embrasements de parcs, tous ces menus
districts de l'art mondain,— qui pour le roi deviendront bientôt une administration entière, celle
des « Menus-Plaisirs », — ont désormais leurs
étudiants mondains et jusqu'à leurs spécialistes.
Il faut que de toute part,

> La fête *soit* exquise et fort bien ordonnée.

Et elle nous paraîtra telle, grâce à la baguette
d'un enchanteur, Watteau.

WATTEAU (1684-1721).

Le fils d'un pauvre couvreur de Valenciennes,
venu à dix-huit ans à Paris pour y vivre de ses
pinceaux, longtemps tourmenté par la gêne et
mort de la poitrine à trente-sept ans, est l'évo-
cateur incomparable de l'époque de la Régence,

et le créateur d'un art nouveau. Je dis l'évoca-
teur plutôt que le peintre, car Watteau est poète
au moins autant qu'observateur : quant au créateur d'un art nouveau, il pourrait s'appeler révolutionnaire (car il a fait révolution), si Watteau
n'avait innové sans y songer. Il a inventé son
art comme l'oiseau des bois invente sa chanson.
Il n'était lui-même qu'un enfant de la nature,
avec un peu de métier, et aucun savoir. En débarquant à Paris, Watteau n'apportait que
l'adresse de sa main, un œil de coloriste encore
inconscient, et son âme maladive et profonde. Il
fut préservé de tout enseignement académique
par un heureux échec au concours pour le prix
de Rome (1709). Trois ans après, son originalité,
sa célébrité naissante, le faisaient entrer presque
sans bagage à l'Académie (1712) Cinq ans plus
tard il donnait son chef-d'œuvre, l'*Embarquement pour Cythère* (1717). Rubens entrevu dans
la galerie de Marie de Médicis, la nature étudiée
sous les arbres du Luxembourg et de Montmorency, le costume observé au théâtre, et la figure,
les attitudes prises sur le vif dans le monde élégant, tels furent les maîtres de Watteau, tels
furent ses modèles. Celui qu'on a appelé « le
petit-fils de Rubens » était surtout le fils de son
époque, un fils qui a idéalisé sa mère en la peignant. Les regards d'artiste, les regards d'amoureux qu'il promène sur son temps ont la chas-

teté de ces engagements muets d'ont un malade n'espère rien, la grave coquetterie des fiançailles éternelles. Il peint ce temps comme il le voit, comme il le sent. Chez lui le désir se voile, le plaisir se spiritualise. Ses toiles disent partout la caresse, nulle part la possession. A quelle distance n'est-il pas de la petite poésie sèche d'un La Fare et d'un Chaulieu! Combien plus éloigné encore de la molle peinture de Boucher, et de ses grâces qui sentent le mauvais lieu! Watteau a mêlé son âme pensive à ces joies, à ces fêtes dont le chatoyant spectacle était le régal de ses yeux d'artiste. Sans les attrister, il les a poétisées : à travers ces amusements qui passent, il a saisi le rêve qui demeure, son rêve, — et il l'a fixé.

C'est assez dire que son art ne ressemble à aucun de ceux qui l'avaient précédé. Tout y est neuf, frais, et spontané. Watteau n'a rien cherché ; il a rencontré, et la rencontre est unique dans l'histoire de l'art français. Ce Flamand apporte de son Hainaut l'amour inné de la nature forestière ; et ces bois, ces clairières, ces gazons, ces parcs roussis par l'automne, ces ciels d'opale ou de turquoise, tout son « plein air » enfin, bien qu'il sente un peu le décor et l'opéra, infusait à l'art vieilli un sang tout jeune. Aux praticiens d'une doctrine surannée, il apprenait que sans « fabrique », sans « mythologie », sans

arrangements poussinesques on pouvait, avec de
la couleur et du sentiment, faire vibrer, parler
un paysage. Aux défenseurs de la hiérarchie des
« genres » en peinture, il prouvait en se jouant
que l'art peut être grand à tous ses degrés, s'il
est ému et sincère. A la fausse « noblesse » des
sujets il opposait, parmi tant de scènes d'une élégance raffinée, des choses humbles, jamais tri-
viales sous son pinceau, une ferme, un abreuvoir,
des enfants qui jouent sous l'œil de la mère et
de l'aïeule, de petits soldats en campagne, un
artisan à son métier. A des peintres épris du coloris romain, si dur, et de ces fonds bolonais
trop pareils à des sauces, il montrait des lumières caressantes, des horizons transparents et
légers, une harmonie de couleurs soyeuses et
savamment avivées, qui accroche un rayon d'or
aux cassures satinées des corsages et des pour-
points. Et quels costumes, et quelles « études »!
Là surtout cet essayiste universel était sans
rival. Le vestiaire italien, qu'il avait rencontré
dans l'atelier de son maître et de son demi-pré-
curseur Gillot, prend sous sa touche un prestige
de féerie. La Comédie-Italienne, de retour d'exil,
fait luire à ses yeux tant de grâces et miroiter
tant de fuyantes perspectives, qu'il en tire
comme une symbolique peinte, et une image
transposée de la vie. Ses ébauches, ses croquis,
dont beaucoup sont perdus dans des recueils

rarissimes[1], forment le kaléidoscope le plus varié,
le plus pétillant : pierrots et pierrettes, soubret-
tes et grandes dames, minois mutins, nuques
penchées ou relevées, nez retroussés ou grands
yeux songeurs, postures accroupies, couchées,
plis d'un manteau, manches trainantes ou relevées, jambes coquettes posées sur de hauts talons,
tailles cambrées, jeunes garçons, petits marquis
ou gens de la rue, têtes crépues de négrillons,
tous les cent aspects de la vie qui marche,
trotte, cause, salue, sourit, sont enregistrés là
d'un coup de crayon large, net, décisif. Tout y
a la finesse, la légèreté, la prestesse, marques
de la race et du temps.

Ce qui domine dans cette œuvre, comme dans
l'époque elle-même, c'est l'esprit. Nul n'a été
plus spirituel, nul n'a été plus français du xviii[e]
siècle que le peintre Watteau ; nul sinon l'é-
crivain qui semble le traduire et le continuer
dans un autre art, c'est à savoir ce charmant
Marivaux, auquel on l'a si souvent et si justement
comparé[2].

1. Par exemple dans le précieux OEuvre gravé du comte de
Caylus, dont le seul exemplaire complet (celui de Mariette)
est à Dresde, où nous l'avons collationné. Voir la note de la
page 147.
2. Voir notamment G. Larroumet, *Marivaux, sa vie et ses
œuvres* (Hachette). Marivaux débute au théâtre en 1720 ; Watteau meurt en 1721.

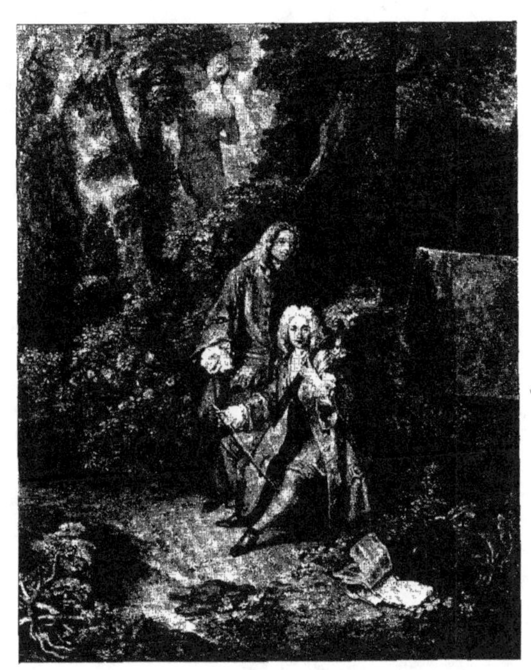

WATTEAU ET M. DE JULIENNE
Peinture de Watteau, gravée par Tardieu.

Aussi ne peut-on craindre de le faire trop
grand. L'influence de son œuvre se fait sentir
durant presque tout le siècle, jusqu'à la Révolution ; la portée de son exemple dépasse le siècle
et arrive jusqu'à nous. Non seulement il prépare
Lancret, Pater, Boucher et Fragonard, — ce
qui n'est pas toujours le meilleur de ses titres, —
mais, par son amour des sujets simples, il prépare
Chardin et Lépicie. Ses bois et sa campagne mettent du vert dans notre art bien avant que Rousseau en mît dans notre littérature : les fonds de
paysage d'un Boucher (parfois préférables aux
figures), ou ceux d'un Greuze, les scènes rus-
tiques de Lantara, de Loutherbourg, puis des
Huet, en attendant Demarne, prolongent l'action
pittoresque de Watteau jusqu'aux environs du
romantisme ; tandis que Chardin, qui a renou-
velé la palette classique en se guidant sur celle
de Watteau, a fait chez nous école de coloris.
Son « sentiment », par contre, nul ne le lui a
dérobé. Voilà pourquoi, aujourd'hui encore,
Watteau est à méditer. Il est l'artiste par excellence, celui qui peint son temps en y ajoutant
une âme qui dépasse ce temps. Ce raffiné de
la peinture nous est bien figuré par une toile où
il s'est représenté avec M. de Julienne : sous
les ombrages d'un vieux parc, entre la verdure
et l'eau, Watteau s'est arrêté de peindre ; et debout, la palette au pouce gauche, la tête penchée

sur son long cou maladif, il écoute, l'œil plein de
rêverie, son ami qui joue de la basse de viole,
tandis que, derrière eux, la blancheur d'une statue se profile sur le ciel pur.

LA SUITE DE WATTEAU. — L'ART RÉGENCE.

Watteau avait été le poète de son époque;
d'autres s'en firent les chroniqueurs. L'art nouveau avait trop réussi, pour ne pas déterminer
un fort courant de la mode. Les *fêtes galantes*
deviennent un « genre », et même un genre académique, depuis qu'il a fallu cette rubrique pour
faire entrer Watteau à l'Académie. Les peintres
vont dès lors imiter Watteau, ou plutôt le contrefaire. Après le maître, voici les petits maîtres. Ce que Watteau a d'inimitable lui est laissé.
Mais on s'approprie son cadre et ses personnages,
tandis que l'action change de caractère. Ce n'est
plus de rêverie ou de causerie vaguement éna-
mourée qu'il s'agit sous ces charmilles. Chez
Lancret et Pater, le soulier à talon rouge ne
chausse guère que des pieds fourchus. Le coloris se refroidit, la scène devient réelle, sensuelle;
on n'échange que propos égrillards. Bientôt
viendra Boucher, plus réellement peintre que les
petits maîtres Lancret et Pater, et qui a même
des parties de maître. Mais la mollesse aban-

donnée de ses corps, la parfaite insignifiance de
ses visages, où respire autre chose que l'âme satis-
faite, nous montrent un art déjà en décomposition. Ce n'est pas le talent qui manque alors, ni
en peinture, ni en littérature, c'est l'âme. Cette
denrée se fait rare partout; la dissolution des
mœurs a eu raison des plus beaux tempéraments.
Peindre « le morceau », écrire une page piquante, beaucoup en sont alors capables ; jamais
on n'eut plus de légèreté au bout de l'outil.
Mais créer, mais soutenir l'effort d'une composition méditée, mais faire vivre de la vie propre
à l'art des idées ou des formes étudiées à loisir,
voilà ce qu'il ne faut pas demander à cette génération. Le plaisir est sa loi, et la débauche sa
règle. Le grand xviiie siècle ne s'est pas encore
levé. Il s'oublie encore dans ses folies de jeunesse, qu'il prolongera presque jusqu'à son âge
mûr.

En art, c'est le temps des « surprises », des
« escarpolettes », et des nudités sans prétexte.
Le « fouillis » triomphe, et s'élève presque à la
hauteur d'une esthétique. La haine du symétrique et l'amour du sans-gêne en tout, amènent
ces entassements, ces écroulements parfois d'objets ou de personnages, qui donnent à certains
tableaux l'aspect de bazars renversés. Le laisser-
aller est dans l'art comme dans les mœurs. Le
chiffon est roi. Le règne du bibelot commence.

En même temps, l'audace du pinceau croissant avec celle de la plume, on ose tout peindre comme ou ose tout écrire. Ce n'est bientôt plus assez de la « grivoiserie » ou de la « polisonnerie », qu'un quatrain égrillard vient souligner encore : l'indécence s'affiche résolument, bien heureux quand la sensualité n'avoisine pas le sadisme. L'art de Boucher a, lui aussi, ses Mémoires secrets[1].

Faut-il s'attarder à montrer qu'à cette peinture correspond une littérature toute pareille? et qu'à partir des persiflages du *Chevalier à la mode* et du cynisme de *Turcaret* jusqu'à la *Pucelle* de Voltaire, en passant par les *Lettres persanes* et par certains petits écrits du grand Montesquieu, une veine d'impureté coule sans interruption dans les œuvres de tous nos écrivains, dont elle salit jusqu'aux meilleures pages? Que sera-ce, si des moralistes ou des futurs « philosophes » nous passons aux simples littérateurs, aux gens du monde, aux nouvellistes, aux gazetiers? On sait trop, sans qu'il soit besoin d'insister, quelle littérature pouvait sortir des fameux « soupers » d'alors, ou des relations si fréquentes de la haute société avec les actrices de l'Opéra ou de la Comédie-Française, ou encore des académies pour rire comme celle

1. Voir *Boucher*, par André Michel, p. 57.

du *Bout du banc,* où Pont de Veyle, Voisenon,
Duclos et Caylus lançaient leurs mots de gueule ;
ou de ces mémoires facétieux rédigés en colla-
boration après boire, chez Mlle Quinault, pendant
qu'un encrier provocateur trône au milieu de la
table, etc. Ajouterai-je les fadaises, les romans
longs ou brefs (le plus souvent longs) de la *Bibliothèque bleue,* les « histoires orientales », les
« féeries », les « histoires japonaises » et tout
le fatras louche qui va du *Sopha* à la *Pipe cassée?*
Il suffit de ces quelques noms pour prouver que
tout, littérature et art, s'était débridé à la fois.
Ainsi, après une très courte période de liberté
égayée, mais encore décente, représentée par
Watteau dans l'art et dans les lettres par la presque totalité des *Lettres persanes,* le dévergon-
dage s'empare d'un siècle affamé de plaisir, et
tout se noie dans l'impudeur. La crise fut longue
et grave. Pourtant ni l'art ni la littérature ne
risquaient d'y périr. On sait pourquoi, en ce qui
concerne nos écrivains, hantés de pensées nouvelles et de progrès. On verra ci-après comment,
en ce qui concerne nos artistes.

LA SCULPTURE ET L'ARCHITECTURE. L'ART ROCAILLE.

L'assouplissement général des formes, dont
nous avons parlé plus haut, continuait cependant

à la faveur de ces excès même. Puisque le siècle
faisait la nique à la majesté, à la gravité, il fallait
que les arts eussent avant tout le mouvement
et le piquant. Le goût du jour allait au leste,
au fringant, au fouetté. Peu importait que la
grâce fût minaudière ou que le déhanchement
frisât la contorsion. Tous les genres étaient bons,
« hors le genre ennuyeux ». Les peintres les
premiers avaient jeté leurs pinceaux très haut
par-dessus les règles. C'est à eux qu'alla d'abord
la vogue : on apprenait chez Boucher à « casser
également une jambe ». Le tambourin en main,
la peinture mène la ronde comme l'Apollon de
Carpeaux. Mais est-ce à dire qu'elle ait été suivie avec la même frénésie par les arts graves, par
les arts fondamentaux, la sculpture et l'architecture ? C'est une autre question.

On remarquera d'abord que toute la peinture
ne tient pas dans l'atelier des petits-maîtres, et
de Boucher. Leur tapage fait illusion sur leur
nombre. Beaucoup de peintres tiennent encore
pour les anciens genres, pour le sérieux et
pour la tradition ; et, avec quelque froideur que
nous jugions aujourd'hui leurs œuvres poncives,
nous devons reconnaître pourtant qu'ils avaient
du mérite à persévérer dans leur résistance,
d'ailleurs entretenue par les commandes officielles. Tels sont les peintres d'histoire Dulin,
Restout, et ce Lemoine dont nous avons déjà

parlé (qui fut d'ailleurs si mal récompensé de
sa peine qu'il se tua). A côté d'eux, le correct
de Troy déjà teinté de Régence, mais qui reste
ordonné et comme classique en ses modernités ;
les deux Coypel, Antoine, un peu écrivain à
ses heures, faible rimeur de la pédagogie académique, et son fils Charles, peintre facile,
écrivain disert, qui devait finir dans les honneurs ;
enfin l'élégant Natoire, qui couvrit de peintures
la chapelle des Enfants Trouvés, et devait suc-
céder à de Troy comme directeur de l'École de
Rome en 1751. Plusieurs de ces artistes sont
encore des « maniéristes », puisque la « manière »
atteint alors jusqu'aux partisans du « grand
art » : mais leurs principes comme leurs sujets
sont classiques. Par l'ordonnance, la composition, le style et le détail, ils continuent en
l'affaiblissant l'académisme de l'âge précédent,
comme *Rhadamiste et Zénobie* continue Corneille,
comme *l'Œdipe* de Voltaire continue Racine,
comme la *Henriade* applique *l'Art poétique*. Les
qualités et les défauts de la peinture religieuse,
enfin, sont exactement ceux des poèmes de
Racine le fils ; et la fougue apprise des méridio-
naux Rivals et Subleyras rappelle de très près
le lyrisme voulu d'un Jean-Baptiste Rousseau.

Pareillement, on trouverait, entre 1710 et
1745 environ, comme deux sortes de sculpture :
l'une traditionnelle et assez effacée, qui continue

à peu près les figures allégoriques de Versailles ou l'académisme des groupes et des tombeaux de Girardon ; l'autre beaucoup plus en vue, très vivante, très participante à l'esprit général du siècle, mais plus surveillée dans ses audaces que la peinture, et beaucoup plus serrée dans son exécution, comme il convient à un art si concentré. Là, pas d'interruption brusque, mais un développement graduel. Coysevox, qui vit jusqu'en 1720, lègue à ses continuateurs une sculpture déjà très assouplie et pas mal « modernisée » en certains de ses sujets : les deux premiers Coustou, Le Lorrain et Lemoyne vont cambrer encore les attitudes, lancer les corps en une « crânerie » beaucoup plus française que berninesque : ils accuseront enfin cette élégance affinée, nerveuse, qui se lie fort bien à un certain emportement de l'action. Rien de mièvre en effet dans ce style : il a, comme la meilleure littérature d'alors, la finesse et la précision, mais non moins le nerf, la verve, la saillie. Non seulement il est plein d'esprit et d'imprévu, mais il frémit de vérité ; le sang court dans ces jolis muscles. Celui qui caractérise le mieux ce moment curieux de la sculpture française, n'est peut-être pas Lemoyne[1], encore très acadé-

---

1. Le sculpteur Lemoyne (qu'il ne faut pas confondre avec le peintre Lemoine cité plus haut), est né en 1704, mort en 1778.

mique par accès (comme dans le *Christ* de Saint-Roch, un peu cousin de celui de Bouchardon à Saint-Sulpice) : c'est Le Lorrain, avec cet éblouissant bas-relief des *Chevaux du Soleil,* si pétulant, si coloré et si gracieux tout ensemble. L'œuvre est de la meilleure veine du xviiie siècle français. L'exemple n'en sera pas perdu pour Pigalle, l'illustre élève du trop peu connu Le Lorrain.

Voilà donc un art qui, sans répugner à la vivacité expressive, se gardait avec soin de tout écart équivoque, et ne suivait que de loin les bacchanales de la peinture. On pouvait déjà compter sur lui pour ramener dans l'art, au lendemain des entraînements suspects, ce sens du vrai et ce goût de la mesure dont l'éclipse chez nous n'est jamais que momentanée. Mais il y a plus. L'architecture de ce temps, quoi qu'on en ait dit, a la sagesse relative de la sculpture. Sans doute il y a le « rococo », source inépuisable d'anathèmes classiques. Nous ne nions pas ici les effets funestes de « l'art rocaille », quoiqu'il soit plutôt pernicieux dans son abus que dans son usage. Mais, d'abord, c'est écrire étrangement l'histoire que de réduire à la rocaille l'architecture tout entière de ce temps ; et ensuite, avant de juger trop sévèrement le rococo en France, il faut savoir ce qu'il a pu commettre dans son pays d'origine, en Italie, ou dans

la patrie de toutes les contrefaçons architec-
turales, en Allemagne. C'est la distance de la
fantaisie à la folie, et des propos interrompus
au délire.

En réalité, si l'architecture, entre Robert de
Cotte et Blondel, a subi, elle aussi, des modifi-
cations et des assouplissements très notables ;
si l'on a cherché à rompre la monotonie des
lignes, à combattre la froideur du style Louis XIV,
à réduire à des proportions plns habitables les
pièces glaciales de l'époque précédente, l'aspect
extérieur de la construction nouvelle a eu fort
rarement cet air d'architecture « dansante » ou
« plaisante » qu'on lui a tant reproché. Certes,
Oppenort et Meissonnier ont hasardé des saillies, arrondi des baies que la logique d'une
façade ne comporte guère : mais ces excès, à
tout prendre, furent rares, et s'attaquèrent surtout à la décoration et à l'aménagement intérieurs. Le palais épiscopal de Strasbourg, construit sur les dessins de Robert de Cotte, est
d'une pureté de lignes irréprochable. Le fameux
hôtel de Soubise, où Boffrand prodigua, à l'intérieur les plus séduisants ornements de la rocaille
naissante, n'offre au dehors rien de tortu ni de
bombé, et la double galerie cintrée qui de l'entrée s'arrondit jusqu'à la construction centrale,
se défend sans peine. On pourrait multiplier
ces exemples. Si donc Oppenort et surtout Meis-

sonnier (lequel est italien)[1] risquent d'accélérer
le mouvement qui allège notre architecture
depuis Hardouin-Mansart, il ne faut point croire
qu'ils aient facilement fait école ; il faut surtout
se rappeler qu'ils étaient beaucoup plus décorateurs et dessinateurs qu'architectes.

Le rococo a surtout affecté l'ornement, le travail du bois, l'ameublement et l'orfèvrerie. Les
orfèvres, ces sculpteurs en petit, ont voulu
renchérir sur leurs grands confrères. Or il suffit
d'un surtout de table tarabiscoté pour entraîner
la modification de l'argenterie, des flambeaux,
de toute la vaisselle plate, et par suite des
autres objets mobiliers ou de la décoration. Les
« arabesques » de Gillot et de Watteau venaient
d'ouvrir aux ébénistes et aux doreurs des horizons nouveaux. Entre leurs doigts, le bois devint
de cire : moulures et corniches, bon gré mal
gré, durent plier. Tout s'arrondit. Les trumeaux se chantournèrent, l'angle devint une
rareté. Un esprit de logique présidait d'ailleurs
à cette absurdité, car rien n'était plus propre
à faire valoir la peinture du temps qu'un tel
cadre. Témoin le salon octogone de l'hôtel Soubise et certaines chambres de Potsdam, véri-
tables bijoux exécutés par des mains françaises.
Lancé dans cette voie, l'art décoratif, si prompt

1. Né à Turin vers 1695, mort à Paris en 1750.

à se compliquer, en arriva bientôt à défier le
bon sens : ce ne fut que déchiquetures, spirales
recroquevillées, pirouettes de la forme. L'époque
des caillettes se complut un instant à ce papo-
tage de lignes. Ici encore ce fut mode significa-
tive ; mais mode surtout passagère, et qu'il faut
réduire à d'assez strictes limites.

En somme, tout ce clinquant fatigua vite. La
mode du rococo outré dura-t-elle quinze ou
vingt ans ? Tout au plus. Les esprits, lassés du
faux et de l'exagéré, cherchaient autre chose.
Quoi ? ils ne savaient encore. Mais cette préoccupation d'un changement, senti partout nécessaire, est visible entre 1740 et 1750. Lorsque,
en 1752, Cochin, dans ses pamphlets d'art, hous-
pillera de si spirituelle façon les architectes et les
décorateurs, on pourra sentir que la mode du
rococo est tombée depuis quelque temps ; l'attention est déjà ailleurs. Le siècle a maintenant
jeté sa gourme. Livré à lui-même, lâché sur une
pente, il a couru d'abord comme un cheval
échappé. Mais il va se ressaisir ; il voudra dorénavant mettre plus de volonté, de conscience,
dans ses œuvres. Il voudra surtout y mettre
plus de bon sens et de raisonnement. A sa manière, il suivra cette évolution si remarquable
du siècle vers les idées générales et vers l'action,
évolution qui s'accuse nettement avec l'*Esprit
des Lois*, en attendant l'*Encyclopédie*. Qu'au-

rait-il fallu pour que le changement fût naturel
et bienfaisant, comme devraient être toutes les
révolutions de l'art ? Simplement qu'on aban-
donnât l'art à son instinct ; et que celui-ci, enfin
débarrassé des lourdes chaînes doctrinales
forgées au siècle précédent, ne fût point solli-
cité par des amis trop zélés d'en prendre de
nouvelles. Alors il est possible, que dis-je ? il
est probable que nous eussions eu un art vraiment à nous, vraiment français, national et populaire. En tous cas, rien ne s'opposait à cette
transformation aux environs de 1750. Le peu de
routine académique qui subsistait pouvait disparaître, et le grand xviii siècle, qui commençait alors, pouvait avoir son art, un grand art
même, à condition de ne point faire du neuf
avec du vieux.

Comment une occasion si belle fut en grande
partie manquée, c'est ce que nous allons montrer.
L'art ne saura pas user de sa liberté. Et finalement, il en sera de lui comme de la pensée et
de la politique, où tout ce qui aurait dû apporter l'affranchissement n'a su en fin de compte
qu'imposer la tyrannie.

II. — *L'époque de Caylus et de Diderot (de
1745 environ aux environs de 1774).
Mme de Pompadour, l'archéologie et la philosophie.*

L'art a la recherche d'une nouvelle voie.

L'année 1745 ne représente rien par elle-
même. Pourtant, c'est autour de cette date
qu'on peut grouper un certain nombre de faits
significatifs, symptômes d'une rénovation artistique. C'est à ce moment que la direction des
Beaux-Arts échoit à un homme actif, Lenormant
de Tournehem ; que le comte de Caylus prend
à l'Académie royale posture de réformateur ;
que les Salons, interrompus de 1704 à 1737,
puis devenus annuels entre 1739 et 1755, mettent
les questions d'art à la mode et favorisent l'éclosion de la critique d'art dans le journal ; qu'enfin,
à ces diverses influences, vient s'ajouter l'action
personnelle d'une femme dont le goût sera
d'autant plus suivi qu'elle est la nièce (sinon

la fille) de M. de Tournehem, et la maîtresse
« déclarée » du roi, Mme de Pompadour.

On s'est souvent mépris sur le rôle qu'a joué
Mme de Pompadour dans l'art du xviiie siècle.
C'est improprement qu'on a désigné sous le
nom d' « art Pompadour » les dernières exagé-
rations de la rocaille. Le contraire est beaucoup
plus près de la vérité. L'avènement de cette
femme de goût a marqué aussitôt le déclin définitif d'une mode qui d'ailleurs avait épuisé ses
formules. Le mot d'ordre de l'art, qui s'est pris
durant une dizaine d'années dans la chambre où
elle dessinait, peignait, gravait (et où elle avait
même installé une imprimerie), était favorable
aux nouveautés et à des nouveautés d'une nature
plus tranquille, plus ordonnée, j'allais dire plus
« classique ». Sans doute il n'y eut point
brusque rupture, ce ne sont point là façons de
femme, et plus qu'aucune autre la Pompadour
savait l'art des accommodements. D'ailleurs,
Boucher n'était-il pas son professeur de peinture? Cependant l'hommage officiel d'une telle
écolière allait plutôt au peintre préféré du roi
qu'au genre de peinture dont Boucher était le
représentant. Depuis dix ans déjà, sinon davantage, Boucher, qui avait tout ce qu'il fallait pour
plaire à Louis XV[1], était encouragé, poussé au

---

1. Boucher, né en 1704, ne meurt qu'en 1770. Mais,
passé 1755 environ, on peut dire qu'il se survit.

premier plan par le roi. Sous la favorite, il conserve bien ou mal ses positions, tandis qu'à côté, d'autres artistes, plus directement inspirés d'elle, verront grandir les leurs. Cochin le fils, par exemple, celui qu'on appelait naguère le « petit Cochin », ne guidera pas seulement la main de la jeune femme, dans ses jolis gribouillis d'eau-forte, que conserve notre Cabinet des Estampes ; il est probable qu'il lui soufflera plus d'une idée ambitieuse, pendant qu'un troisième précepteur, Guay, lui enseignera l'usage du touret pour qu'elle puisse graver sur pierre dure des allégories sur les victoires de Fontenoy, de Raucoux et de Lawfefd. Dès lors la marquise ne se contentera plus des leçons de pastel d'un La Tour, et des talents devenus banals par la mode ; elle visera plus haut, elle se préoccupera de grand style et d'antique ; elle ne sera pas ignorante des dissertations qui se lisent dans un corps savant ; elle attirera, encouragera un artiste froid et correct, mais d'un goût sévère et relativement antique, le sage Vien ; enfin, elle fera exécuter ce qui paraît être la grande pensée de son règne éphémère (à moins que ce ne soit celle de Cochin), le fameux voyage de son frère en Italie (1749-1751).

Il s'agissait de faire l'éducation artistique de Monsieur de Vandières, très jeune alors et qui sera bientôt pourvu d'un titre (*le marquis d'avant-hier,*

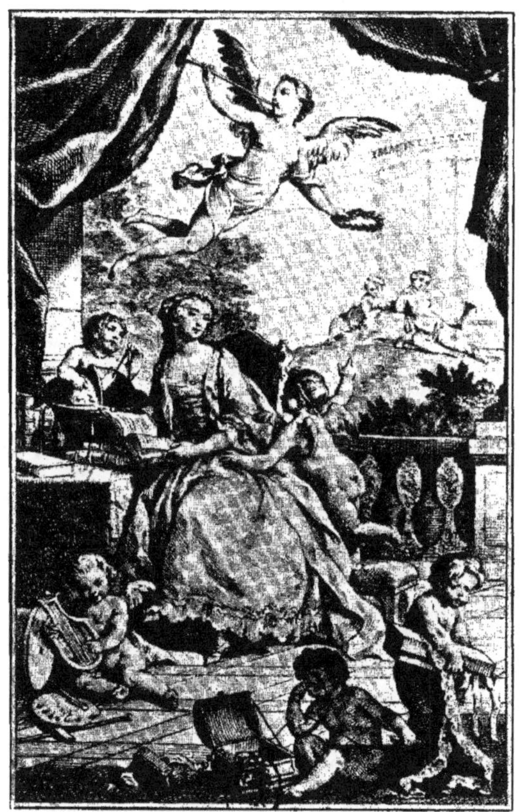

FRONTISPICE DE LA TRADUCTION ITALIENNE DE FONTENELLE
La pluralité des mondes.
(Madame de Pompadour en femme savante.)
Gravure de C. N. Cochin le fils.

diront les malicieux) : un voyage en Italie devait lui préparer les voies pour la succession éventuelle de M. de Tournehem. Après l'oncle et la sœur, le « frérot » ; les Poisson devaient détenir le fief de l'art jusqu'en 1774[1]. C'est d'ailleurs ce qu'ils détinrent le mieux. Le marquis de Marigny, vers la fin de 1749, partit pour la terre classique du beau en compagnie de sa maison artistique : le dessinateur Cochin, esprit vif, observateur avisé, pétri de bon sens sous sa pétulance ; l'architecte Soufflot, excellent géomètre, en qui l'on voyait en haut lieu l'architecte de l'avenir ; enfin l'abbé Le Blanc, lettré, vaguement teinté de beaux-arts, commentateur d'un Salon récent, et « qui ne passait pas pour une tête folle ». Ce choix indique nettement le but de la mission. Il fallait déterminer un courant en quelque sorte officiel d'art sérieux : le directeur de demain, avec les artistes et les critiques de demain, allait se retremper aux sources, en Italie. L'art serait ensuite « dirigé » dans la bonne voie, et ce voyage ferait époque.

A-t-il vraiment fait époque ? Il marque en tout cas une date. C'est la première caravane d'artistes qui parcourent l'Italie autrement

---

1. Exactement 1773. Cette année-là, le frère de l'ancienne favorite n'est plus qu'adjoint au nouveau directeur, le comte d'Angiviller ; l'année suivante, il se retire.

qu'en élèves pressés d'achever leurs études. Cochin, Soufflot et Le Blanc sont venus, sans doute, avec le dessein prémédité de s'affermir dans certains principes qu'ils croient les bons : toutefois ils comparent, ils discutent, ils ne se défendent point d'impressions contradictoires, et, surtout, ils voient beaucoup d'autres villes que Rome et Bologne ; leurs yeux, — les yeux de Cochin en tous cas, — se dessillent sur bien des points. En peinture, la petite troupe découvre Florence et surtout Venise, chose capitale. En architecture, elle croit découvrir la vraie antiquité en étudiant les beaux monuments de l'époque romaine ; elle est en tout cas plus près d'elle qu'on ne l'a été jusque-là en France ; sans compter qu'elle pousse une pointe vers Herculanum, où elle entrevoit les arts industriels anciens et la civilisation à moitié grecque de l'Empire. Soufflot rapportait d'Italie le projet ambitieux et froid, mais grandiose après tout, du Panthéon ; Cochin en rapportait le sens de la couleur et prêchait pour les Vénitiens, dans cet intelligent *Voyage d'Italie*, dont plusieurs chapitres sont à retenir[1]. Dès leur retour, nos artistes étaient fêtés. Cochin était reçu par acclamation avec dispense de produire son morceau de réception (il était « agréé » depuis dix ans) ;

1. (Voir notre étude sur *les Cochin*, chap. v et vi.)

Soufflot, devenu l'architecte de Monsieur de Vandières, aujourd'hui marquis de Marigny, pouvait vaquer à la préparation de ses grands travaux ; et Gabriel, le plus bel architecte du xviiie siècle, d'une inspiration française et classique à la fois, allait pousser la construction de cette admirable École militaire que Louis XV lui avait commandée dès 1751, en attendant Trianon et le Garde-meuble. Pendant ce temps, la sculpture regardait vers Bouchardon, qui passait (à tort d'ailleurs) pour avoir rapporté de Rome un style plus « antique », ou moins entaché de manière.

Le branle était donné. Il fallait maintenant en finir avec le rococo. Cochin se chargera de l'achever. Il le cribla d'épigrammes, dans une série de petits factums qui sont des merveilles d'esprit et d'à-propos : « Sont priés les orfèvres, lorsque sur le couvercle d'un pot à ouille ils exécutent un artichaut ou un pied de céleri de grandeur naturelle, de vouloir bien ne pas mettre à côté un lièvre grand comme le doigt ;... de ne pas changer la destination des choses, et se souvenir qu'un chandelier doit être droit et perpendiculaire pour porter la lumière... — Sont priés messieurs les sculpteurs d'appartements d'avoir agréable dans les trophées qu'ils exécutent, de ne pas faire une faux plus petite qu'une horloge de sable, une tête d'homme plus

petite qu'une rose... — Sont priés messieurs
les architectes... de vouloir bien examiner quelquefois le vieux Louvre, les Tuileries, et plusieurs autres bâtiments royaux... qui sont uni-
versellement reconnus pour de belles choses...
Du moins pourrons-nous espérer d'obtenir que
lorsque les choses pourront être quarrées, ils
veulent bien ne pas les torturer ; que, lorsque
les couronnements pourront être en plein cintre,
ils veuillent ne les pas corrompre par ces contours
en S qu'ils semblent avoir appris des maîtres
écrivains... Nous osons les assurer qu'en architecture il n'y a que l'angle droit qui fasse bon
effet. Ils y perdraient leurs salons octogones ;
mais pourquoi un salon quarré ne serait-il pas
aussi beau [1] ? »

L'art de Meissonnier et du Borromini ne se
releva pas de ces cruelles petites blessures.
Cochin, par ses manifestes aussi solides de fond
que légers d'apparence, coopérait à l'effort
général, qui tendait alors au logique, au sensé,
au sérieux. L'art s'assagit et se recueille, pendant qu'ailleurs on se prépare pour la bataille
des idées. L'indication artistique part de haut :
mais le joug est encore léger. C'est moins le
sceptre d'un tyran que la baguette enrubannée
d'une femme, la houlette d'une « Belle Jardi-

1. *Supplication aux orfèvres*, etc., 1754. — (Voir *les Cochin*,
pages 120-122).

nière » de Van Loo. Que réclame Cochin ?
L'obéissance « aux lois du bon sens et de la convenance » ; il souhaitait « que le goût qui est
reçu de tous les temps et de toutes les nations
fût regardé comme le vrai bon goût ». C'était
peu et c'était assez. A l'inspiration de faire le
reste. Mais le temps est venu où d'autres influences pèseront d'un poids bien plus lourd
sur les artistes et les mèneront peut-être un peu
plus loin qu'ils ne voudraient.

Influences scientifiques : l'archéologie.

La première de ces influences, et de beaucoup
la plus forte, entre 1750 et 1760, est la renaissance du culte de l'antiquité sous une forme
nouvelle : l'archéologie. Le comte de Caylus est
le grand nom de cette période [1]. Il clôt l'ère
des antiquaires, et il ouvre celle des savants. Ce
serait peu, et ce ne serait en tous cas rien pour
l'art, si ce savant n'était doublé d'un artiste,
cet artiste d'un praticien consommé dans la gravure, et si l'homme n'avait eu, personnellement,
un ascendant considérable sur beaucoup d'artistes, et sur le corps entier de l'Académie

1. Voir notre ouvrage : Le comte de Caylus, *l'homme,
l'artiste, l'antiquaire* (Hachette, 1889).

Royale. L'influence de Caylus est antérieure au voyage d'Italie ; et sa prédication, pour être moins officielle que celle des porte-voix de M. de Vandières, est singulièrement plus forte, plus précise, plus appuyée d'écrits, de démonstrations, de fondations de toute sorte. L'antique est son objectif principal et son instrument d'enseignement presque universel. Or cette antiquité n'est pas seulement l'antiquité connue de tous, les vingt ou trente beaux morceaux devenus banals par l'usage, que deux siècles et demi d'artistes ont copiés et recopiés ; c'est l'antiquité fraîchement exhumée à Portici, c'est le détail vivant, nouveau, exact, qu'apporte un petit bronze ou un torse entamé par la pioche. Cette antiquité-là vient rajeunir l'histoire, ouvrir des champs nouveaux à la science, établir dans les œuvres de l'art ancien une perspective qui permettra bientôt d'en reconstituer la genèse et le développement. C'est la vie qui sort de la mort. Ces pierres, interrogées, répondent. Le plus grand art que les hommes aient connu va révéler ses secrets : écoutons-le, et que tous les artistes vraiment dignes de ce nom se penchent sur les fouilles... C'est ainsi que le comte de Caylus est au centre du grand mouvement qui prépare, non pas encore David, mais l'école d'où jaillira David.

L'art va-t-il donc, par une volte-face imprévue, tourner le dos à son temps ? Au contraire, et c'est ne rien comprendre ni à Caylus ni à David que de les prendre pour des « phénomènes ». Rien n'est plus « xviiie siècle » que la passion de curiosité de l'un, que la fureur de rénovation de l'autre. Ce que représente éminemment Caylus, c'est une fièvre de science et un goût de généralisation qui se rattachent par plus d'un point à l'esprit de l'Encyclopédie : c'est, encore, une philosophie (car cet ennemi des « philosophes » était philosophe à sa manière) qui croit à l'éternel recommencement des choses, et qui suit à la piste, dans les œuvres des civilisations abolies, des idées, des croyances ou simplement des procédés techniques dont nous nous étions crus les inventeurs : c'est, aussi, une pédagogie utilitaire et utopique à la fois, qui veut à chaque instant appliquer ce qu'elle découvre, et qui caresse ce rêve essentiellement français : l'alliance de la forme antique à la pensée moderne. Sous quelque aspect qu'on l'envisage, Caylus porte la marque de son temps profondément empreinte dans un esprit chercheur et « oseur », sinon dans sa personne volontairement rébarbative et bourrue. En lui, enfin, aboutissent et s'éclairent d'une lumière imprévue les obscurs efforts de trois générations d'érudits, jusqu'à lui demeurés sans conclusion.

Car c'est mal envisager le xviiie siècle que de

le regarder toujours par le côté de la littérature pure. C'est ne le voir que de profil. L'éru-.
dition moderne, dont nous sommes justement
si fiers, a chez lui ses racines profondes. Si Ma-
billon, par les dates comme par l'esprit, est
encore un homme du xviie siècle, Montfaucon,
par le seul dessein de l'*Antiquité expliquée*, est
un homme du xviiie. Il ouvre la série des grands
travaux qui se continuent chez les Bénédictins
et ailleurs. L'ancienne Académie des Inscriptions, très dépassée par la nôtre, est aujourd'hui
injustement oubliée. Sa transformation, depuis
le temps où elle composait des devises pour
Louis XIV, est surprenante. Elle constitue vraiment, dès le premier tiers du siècle, un corps
savant dans toute la rigueur du terme, et même,
peut-on affirmer, le seul corps littéraire savant
de l'Europe. Très considérée, très enviée au
dehors, modeste et presque obscure chez nous,
elle fait la somme des connaissances relatives
au passé. Le recueil de ses *Mémoires* est l'Encyclopédie des civilisations mortes. Elle compte
encore quelques simples littérateurs, comme
l'abbé Gedoyn, le traducteur de Quintilien, ou
Louis Racine ; mais le nombre en diminue tous
les jours. Ses chefs de travaux sont un Gros de
Boze, un Le Beau, un Sallier, un Fraguier, un
d'Anville, un Barthélemy. Ses correspondants
provinciaux sont un marquis de Caumont, l'ami

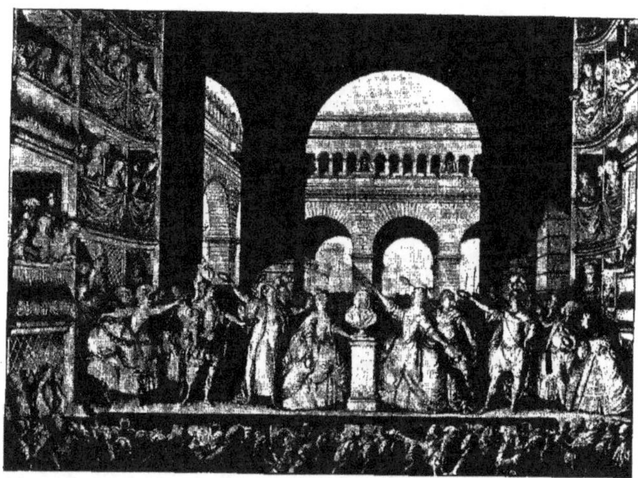

COURONNEMENT DU BUSTE DE VOLTAIRE AU THÉATRE FRANÇAIS (30 MARS 1778)
Dessin de J.-M. Moreau, gravé par Gaucher.

de Bouhier et du cardinal Passionéi : l'épigraphiste Séguier, de Nîmes, le collaborateur de Maffèi ; le numismatiste Cary, de Marseille, qui forma Barthélemy ; Calvet, qui revit à Avignon dans le Muséum qui porte son nom, etc. Elle envoie des missions scientifiques jusqu'au Pérou, avec La Condamine ; et ses voyageurs officiels, Sévin et Fourmont, qui font par tout le monde antique la chasse aux inscriptions, risquent de rencontrer en Anatolie ou dans les îles grécoturques quelques volontaires partis comme Spon, Wehler, Lucas ou Caylus, uniquement pour le plaisir et le danger de la découverte, sans trop savoir ce qu'ils découvriraient.

Et tout cela est d'une grande conséquence pour l'art. Ce sérieux, cette opiniâtreté dans la recherche, accrus bientôt du dilettantisme des amateurs et de la passion des collectionneurs, vont mettre l'antique à la mode. N'est-ce pas un sujet de conversation nouveau, et qui repose de la philosophie, que ces villes anciennes secouant leur linceul, hier Balbek et Palmyre, aujourd'hui Herculanum et Véléia, demain Pœstum et Spalatro ? Sont-ils indignes d'attention, ces pionniers français qui conquièrent à la science des terres inexplorées, Granger, Giraud, Sautel, et ce Le Roy qui le premier relevait les monuments de la Grèce propre, et cet Anquetil-Duperron qui s'en allait aux Indes chercher

chez les Guèbres bien autre chose qu'un sujet de
méchante tragédie ? Une antiquité qui se révèle
attachante, familière, qui pique par cent détails
inédits, devient du coup « exotique » et réveille
une curiosité blasée, comme naguère ces sujets
orientaux, voire chinois, qui ragaillardissaient
la forme usée du conte et permettaient à la comédie de changer d'oripeaux. Par surcroît, le goût
y trouvera son compte ; car un « classique »
sommeille au fond de chaque Français, ce Français fût-il Diderot. Le frivole Maurepas n'était-il
pas homme à courir en chaise de poste de Paris
à Fréjus, en compagnie d'un seul ami, uniquement pour étudier des ruines romaines et en
rapporter le dessin ? A Rome c'est encore mieux :
la principale occupation d'un grave savant,
l'abbé Venuti, n'est-elle pas de mener le soir à
son cours d' « Antiquités » la jeune ambassadrice
de France, la gracieuse comtesse de Stainville ?
C'est l'âge d'or des « antiquaires ». Un instant,
l'archéologie naissante nuit aux *Contes moraux*.
Aussi avec quel dédain l'empesé Marmontel ne
parle-t-il pas de ces « breloques » d'antiquailles !
Et quelle fureur contre ces « prétendus savants
qui se fourraient dans les Académies sans savoir
ni grec ni latin » !

Ce dernier reproche n'était pas, du reste,
dénué de tout fondement. Il est à remarquer,
en effet, que le mouvement archéologique se

poursuit parmi la décadence des études grecques et latines. Tout ce que les humanités, perdent l'archéologie le gagne. A cela encore on reconnaît le siècle. Ce que l'âge précédent demandait aux auteurs anciens, c'était le secret d'une façon simple ou grande de s'exprimer, un art d'accommoder le style à la pensée. On leur demande maintenant non pas ce qu'ils ont pensé, mais comment ils ont vécu, avec quelles mœurs, dans quel cadre pittoresque. La curiosité n'est plus morale, mais matérielle ; elle néglige l'âme pour le corps. On n'étudie plus l'antiquité, mais « les antiquités ». Et ainsi, plus l'on connaît les objets d'art ancien, plus on méconnaît l'art même en son essence. Du reste, les grandes œuvres que l'on attendait ne sortent pas de terre. Si d'imposantes ruines se découvrent un peu partout, la peinture est rare, et de mauvaise qualité ; la sculpture abonde, mais réduite au bibelot d'art. Le tout, plutôt romain, ou tout au plus gréco-romain, sera baptisé « grec », intrépidement. Et l'on peut pressentir désormais comment la science nouvelle, malgré la multitude de ses matériaux, ne pourra jamais inspirer qu'un art qui lui ressemble, c'est-à-dire sans chaleur et sans âme, sec, et d'autant plus faux qu'il se croira exact et prétendra nous émouvoir sur documents.

Désormais c'en est fini du laisser-aller géné-

ral dans les arts, de la peinture làchée, du
fouillis érigé en système, de ces figures dessi-
nées de chic, de l'absence totale de doctrine.
Boucher, dans cette Académie qu'il « dirigeait »
un peu comme ses bergères dirigent leurs mou-
tons, avec des rubans, sentit tout à coup que
le troupeau rompait sa fragile attache pour se
donner un vrai collier, sinon un vrai maître.
L'Académie éprouvait de nouveau le besoin
d'être gouvernée. Caylus était homme d'autorité :
elle le laissa faire, et le suivit. Un à un, Caylus
remonta les ressorts de l'enseignement. En 1750
— date exacte — l'étude de l'antique est « re-
commandée »; peu après, elle est imposée. Le
« grand goût de l'antique » est exigé pour les
concours. Des prix nouveaux sont institués : un
prix d'ostéologie, pour que les élèves ne puissent
plus « casser élégamment une jambe », comme
faisait Boucher ; un prix de perspective, pour
qu'ils apprennent à composer les fonds de leurs
tableaux, enfin un « prix d'expression », terme
fàcheux qui fait tort à l'intention du fondateur,
bonne en soi, de proscrire la peinture sans
« modèle ». En même temps, pour remonter le
courant de la mode, Caylus gravait et faisait
graver quelques milliers de petites pièces d'après
l'antique, et les plaçait sous les yeux des élèves :
médailles, vases, cornalines, statuettes, fragments de peinture ou de céramique, tout lui

était bon. S'il quittait un instant son *Recueil d'antiquités*, c'était pour écrire à l'usage des élèves de *Nouveaux sujets de peinture et de sculpture*, des *Tableaux tirés d'Homère et de Virgile*, une *Histoire d'Hercule le Thébain*, afin de permettre à l'art de renouveler ses scènes sans quitter le cycle antique. Il voulait des tableaux si exactement archéologiques, qu'on pût inscrire « sans affectation », dans un coin du tableau, le passage de l'auteur ainsi illustré. Poussant enfin à bout cette pédagogie systématique et inféconde, il allait jusqu'à concevoir un *costume absolu*, le costume en soi, seul digne de l'art, que les Grecs auraient inventé pour leurs œuvres de peinture et de sculpture, et qui, distinct chez eux du costume de tous les jours, aurait été consacré par les traditions de l'art et deviendrait immuable comme un dogme. Ainsi la découverte d'Herculanum amenait en France la refonte totale du style académique, et le rétablissement d'une doctrine plus roide et plus étroite que celle de Le Brun.

Pendant ce temps les artistes hors de page modifiaient leur manière, et s'accommodaient suivant leur tempérament, les uns avec sérieux, les autres avec frivolité, de la mode nouvelle. Dans l'architecture privée, les ornements antiques vont apparaître : rosaces, palmettes, guirlandes d'autels, bucrânes, denticules, modillons,

tout va être « à la grecque ». C'est le style
Louis XVI qui se dessine déjà sous Louis XV.
En peinture et en gravure, le Pannini fait école.
Piranesi, avec ses prestigieux albums sur la
Rome antique, jette dans la circulation un formidable torrent de motifs pittoresques. Ce ne
sont partout que « ruines », que « monuments
antiques », égayés par la luxuriante végétation
qui s'échappe de leurs mille blessures. Le por-
tique écroulé devient le motif préféré des paysagistes. Les uns, purement observateurs, étudient
la valeur et la couleur de ces nobles pierres
ébréchées, dans une campagne plantureuse ; et
ainsi, sans le savoir, ils collaborent d'avance à
ces poètes en prose, précurseurs des romatiques,
qui découvriront après eux la poésie des ruines,
un Bernardin de Saint-Pierre, un Volney, un
Chateaubriand. Les autres, fantaisistes, laissent
leur pinceau gambader, comme l'amusant Hubert-
Robert, qui tantôt place côte à côte dans la même
toile des monuments dispersés dans toute une
région, et tantôt fait servir la Vénus Calli-
pyge de repoussoir à une scène égrillarde. Quant
aux graveurs, ils prennent tout, le vrai, le faux,
comme ce charmant abbé de Saint-Non, qui inscrit
au bas d'une planche d'« antiques » : *inventé de
Robert.*

Voilà donc l'antique sérieux, le « grand antique », entraîné à son tour dans la farandole.

Caylus, qui meurt en 1765, a vécu assez pour
voir dégénérer sa réforme ; il est descendu en
grommelant, non pas dans cette « cruche étrus-
que » que le narquois Diderot lui assignait pour
tombeau, mais dans son beau mausolée de Saint-
Germain-l'Auxerrois, disparu depuis comme
tant d'autres. Aussitôt on ne parle plus de lui.
Cette première offensive de l'antiquité n'avait
donc qu'à moitié réussi, l'on va voir pourquoi.
Elle n'en avait pas moins singulièrement préparé
les voies à une seconde et très prochaine atta-
que, qui brisera tous les obstacles.

Influences mondaines et artistiques.

La résistance, cette fois, était venue des gens
du monde et des artistes. L'Académie des Inscriptions et l'Académie Royale avaient fait la fortune de l'antique ; les conversations de certains
salons et l'opposition des artistes mondains la
défirent. Cela n'a rien pour surprendre. Mlle Clairon pouvait, par condescendance pour Caylus, un grand seigneur après tout, consentir à
« poser » devant les élèves, et à fournir le premier « modèle » pour le prix d'expression. La
tête couronnée de laurier, assise et drapée en
vague princesse de tragédie, dominant de son
estrade les trois « professeurs » qu'on voit dans

la curieuse estampe de Cochin, et les élèves
penchés sur leur esquisse, elle peut symboliser
la muse vivante de l'art; et ce rôle ajouté à tant
d'autres n'est point pour lui déplaire. Mais, ren-
trée chez elle, l'actrice n'en reprendra pas moins
le corsage en pointe, les mouches et l'éventail.
La grande dame, la bourgeoise à salon, et même
à salon encyclopédique, fussent-elles férues
d'antique, n'en continueront pas moins à vivre
dans un cadre sans rapport avec les villas d'Herculanum, à causer avec des invités dont la toge
est un habit à la française, et la tunique une
culotte gorge-de-pigeon. Sur ces panneaux, sur
ces trumeaux, à peine corrigés des récents
écarts de leurs formes, va-t-on peindre de but
en blanc des campagnes plantées d'obélisques
ou des scènes de *l'Orestie*? La femme renoncera-
t-elle à ses élégances? Et l'artiste qui décore les
parois de sa cage va-t-il désapprendre ses grâces, se refuser à peindre ses modèles tels qu'ils
sont? Quelle relation, quel accommodement possible entre l'antique et ce merveilleux pastelliste
qui s'appelle La Tour, des portraitistes comme
Nattier et Tocqué, des maniéristes comme Carl
Van Loo, des fantaisistes comme Fragonard, tous
exactement doués du genre d'observation et de la
nuance d'exécution que comportent des originaux
poudrés, fardés, musqués? On résistait donc
avec le pinceau; on résistait aussi avec la langue.

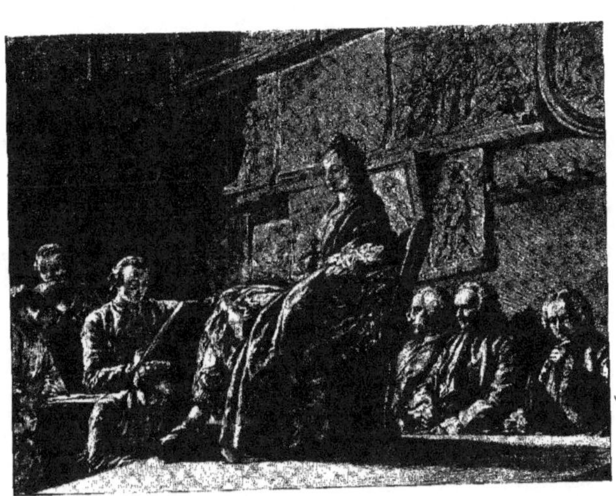

CONCOURS POUR LE PRIX DE L'ÉTUDE DES TÊTES ET DE L'EXPRESSION
Dessin de C. N. Cochin le fils, gravé par J. J. Flipart.
(Le « modèle » fut posé par Mlle Clairon.)

Pl. VIII.

L'art et le goût en France.

Car la discussion a maintenant tout envahi.
Pour une grande dame, comme Mme du Deffand,
qui a horreur du « parlage des auteurs », dix
recherchent ce parlage et font le délice de ces
dissertations verveuses, excitées, hyperboliques,
où se dépense alors le meilleur de l'esprit et du
talent français. C'est de la parole au champagne,
évaporée comme mousse en un clin d'œil, à
moins qu'il ne se trouve parmi l'auditoire un
Diderot pour la faire pétiller le lendemain dans
une petite œuvre, ou un Grimm pour l'analyser
gravement à son lourd alambic. L'art a passé
par là avec tout le reste ; avec la poésie et la
philosophie, et les sciences physiques, et le
froid, et le chaud, et la religion, et la morale, et
le commerce des grains, et la nouvelle porcelaine, et les romans anglais, le whist, les jockeys
et le parfilage. L'art a été, lui aussi, parfilé, parfilé, parfilé. Le salon le plus célèbre de Paris
s'est largement ouvert aux artistes ; et, pour
marquer mieux son intention, Mme Geoffrin a
institué pour eux un dîner spécial, celui du lundi,
les mettant sur le même pied que les philosophes, ses hôtes du mercredi, en les traitant aussi
comme une puissance. Quelques hommes de
lettres ou quelques amateurs de marque s'as-
seyaient pourtant parmi les artistes, pour soutenir la conversation ou la varier. Mais le fond de
l'entretien, par décision expresse de la « forte

dame du lundi, » était toujours fourni par l'art.
L'institution de Mme Geoffrin reste la marque la
plus sensible de l'ascension sociale des artistes,
et aussi la preuve la plus directe de ces contacts
permanents entre l'art et le monde qui ont donné
à l'art du xviiie son principal attrait. A ces réu-
nions chacun trouvait son compte, celui qui voulait briller, comme celui qui voulait s'instruire.
Caylus, qui haïssait le monde, figurait là pourtant,
ne parlant jamais, écoutant toujours : silence
flatteur de l'homme qui professait, en pleine
Académie, que la perfection de l'amateur dépend
en partie du commerce des artistes, « dont la
conversation lui sera toujours instructive et profitable ».

Inégales d'ailleurs étaient ces conversations.
Marmontel les a racontées dans la partie la plus
vivante de ses *Mémoires*[1]. On y voit les discussions de Carl Van Loo, l'endormi, avec la maîtresse de la maison, la même qui trouvait le buste
de Diderot nu-tête indécent, et le faisait habil-
ler d'une perruque; Soufflot, dont la pensée
« était inscrite dans le cercle de son compas »,
faisait vis-à-vis à Boucher, « qui n'avait pas
vu les Grâces en bon lieu ». La Tour y coudoyait
le sémillant Cochin ; et la gaîté un peu commune
du peintre des Ports de France, Joseph Vernet,

1. Le livre VI, et partie du Ve et du VIIe.

s'attaquait à la mélancolie du sculpteur Lemoyne.
Nulle étiquette. Des discussions tantôt suivies
et tantôt vagabondes ; des improvisades de Diderot, d'où ses fameux *Salons* sont sortis ; ou
encore les disputes comiques entre Mme Geoffrin
et les artistes auxquels elle commandait et même
dictait des tableaux. C'est sur canevas que Van
Loo exécute la célèbre *Conversation espagnole*,
et la *Lecture*. « Mme Geoffrin, dit Grimm, présidait alors à ces ouvrages, et c'était tous les
jours des scènes à mourir de rire. Rarement
d'accord sur les ïdées et sur la manière de les
exécuter, on se brouillait, on se raccommodait,
on riait, on pleurait, on se disait des injures,
des douceurs ; et c'est au milieu de toutes ces
vicissitudes que le tableau s'avançait et s'achevait[1]. »

Ceux qui transportaient ainsi l'atelier dans le
salon ne travaillaient évidemment pas à l'avancement de l'antique. D'autres sapaient tout dou-
cement la nouvelle doctrine, artistes en place
que leurs goûts portaient d'un autre côté ; ou
qui, chose plus grave, après avoir prôné l'antique et avoir contribué à sa vogue, se retour-
naient maintenant contre lui, en prévision de
certains excès. Cochin est au premier rang de
ceux-ci ; les raisons de ce demi-revirement, indi-

1. Grimm, *Corresp.* du 15 juillet 1765.

quées dans ses trop courts *Mémoires*, sont intéressantes. L'Académie, dit-il, se partagea bientôt
entre les Caylus et les Anti-Caylus. Quant à
Cochin, qui revendique l'honneur d'avoir « cou-
vert les partisans du rococo d'une assez bonne
dose de ridicule », il tient un parti mixte qui
pourrait se définir ainsi : *pour l'antique, jusqu'à un
certain point* ; mais *contre l'archéologie en art,
tout à fait.* Et qu'on ne dise point que l'autorité
de Cochin est peu de chose : jusqu'en 1770, il
est puissant en haut lieu. Son jugement était si
prisé, que Marmontel déclare avoir écrit en
quelque sorte sous sa dictée tout le compte rendu
du Salon de 1759. Jusqu'à la fin, Cochin protes-
tera nettement, avec un bon sens inaltérable,
contre l'abus de l'antique, sans renier d'ailleurs
sa première propagande. Dans ses *Lettres à un
jeune artiste peintre* (1774), il incline de plus en
plus vers les coloristes, il préconise l'étude des
Vénitiens (Caylus avait, lui aussi, débuté par là !)
parce que le courant menace d'entraîner tout.
Son dernier écrit, sur le Salon de 1789 (il devait
mourir quelques mois après) nous le montre
résistant encore dans cette lutte trop inégale, le
seul critique vraiment clairvoyant, et le dernier
artiste vraiment français. Bref, Caylus souhaitait
un David, et il est mort sans le voir, mais pou-
vant à la rigueur le pressentir ; Cochin redoutait
un David, il l'a vu, et il s'en est mal consolé.

Influences littéraires et philosophiques.
Greuze et Diderot.

A ces influences mondaines et artistiques s'ajoutent encore, pour retarder le triomphe définitif de l'antiquité, des influences de l'ordre littéraire ou philosophique. Aussi fortes, sinon plus fortes que les précédentes, elles sont pour notre sujet plus intéressantes encore, puisqu'elles accusent ces rapports entre l'art et les lettres qui sont l'objet spécial de notre étude. Ces rapports sont plus étroits au xviiiᵉ siècle qu'au xviiᵉ. Ce ne sont plus seulement des traits généraux communs, ce sont les mêmes intentions affichées, le même dessein poursuivi. Dans le détail, telle toile peut tenir lieu d'une page de Diderot, dont elle semble l'illustration. Entre une notable partie de la littérature et une notable partie de l'art, c'est un parallélisme d'une étrange signification.

Et d'abord cette veine réaliste qui court chez presque tous les écrivains du siècle ne court pas moins chez ses artistes. Lesage, Dancourt, Marivaux lui-même ont su faire des tableaux de mœurs, les toucher avec justesse, *réalité*, précision. A une époque où il y a du tréteau un peu partout, où le théâtre de la Foire est aussi fré-

quenté que le Théâtre-Français, où l'Opéra-co-
mique vient à la rescousse des autres pour traduire aux yeux la peinture ou la satire de tous
les originaux dont Paris est plein, le théâtre,
dis-je, agit directement sur les artistes, auxquels
il suggère une infinité de traits de mœurs et de
scènes toutes faites. Gillot et Watteau ont tiré
de là leur principal fonds. Le théâtre encore,
vers le milieu du siècle, sera seul capable de
donner vie à des idées abstraites, qui semblent
à première vue ne pouvoir supporter une traduction artistique : s'il ne suffit à cette tâche, le
roman, qui va le renforcer, achèvera l'impression, et donnera à l'artiste ce tour particulier
d'imagination qui incarne en ses personnages un
sentiment populaire. Qu'y a-t-il de plastique
dans l'idée d'égalité ? Quoi de pictural dans ce
nouvel aphorisme, que la sensibilité est une
vertu ? Quel thème pour un coloriste que celui-
ci : le bonheur est dans la médiocrité ? Autant de
sujets non avenus pour l'art, semble-t-il *a priori.*
Mais attendez un peu. Que la comédie lar-
moyante, le drame bourgeois, la tragédie philosophique elle-même, ou le conte à thèse s'en
emparent ; que La Chaussée ruine le droit d'aî-
nesse au nom du sentiment : (« L'égalité, Madame,
est la loi de nature ! »); que Favart proclame
« qu'un citoyen est roi sous un roi citoyen » ;
que les larmes du *Père de famille* coulent devant

nous ; que la vertu du *Philosophe sans le savoir*
éclate avec sa sensibilité ; que les scènes de la vie
bourgeoise, les humbles joies du foyer, émanent
d'une page émue de Jean-Jacques, et voilà le
Bénédicité de Chardin, et voilà la *Mère bien-
aimée* de Greuze, les « ménages » de Lépicié,
l'ouvrier et le commerçant devenus symboles
artistiques et recevant les honneurs du marbre
ou du bronze, au socle d'un grand monument.
Une phrase de Diderot sur ces « conditions su-
balternes,... qui forment le troupeau et la
nation », ne contient, semble-t-il, qu'une vague
aspiration démocratique. Elle prend une singulière valeur si l'on s'aperçoit, au contexte,
qu'elle est écrite à propos du magnifique monument de Reims où Pigalle a représenté, au-
dessous de Louis XV en pied, et à côté de la
France figurée par une femme tenant en laisse
un lion par le toupet, quoi ? une allégorique Industrie ? un Commerce à caducée ? Non, mais un
ouvrier presque nu, à demi couché sur des bal-
lots de marchandises, un « travailleur » que l'artiste a, pour comble d' « égalité », sculpté à sa
propre ressemblance. Nous voilà loin de Girardon !

Gagné par l'esprit du temps, guidé par les
gens de lettres, encouragé par le public moyen,
chaque jour plus nombreux et plus « éclairé »,
l'art du xviiie siècle devient, comme la littéra-

ture elle-même, un art « à tendances ». C'est là
sa marque la plus originale, à l'époque de l'*Encyclopédie*. L'art pur n'est nulle part le but final
que se proposent des auteurs désintéressés. De
toutes les traditions du xviie siècle, celle-là est
la plus abandonnée. La prédication est partout.
On veut du théâtre utile, de la philosophie
utile, de la peinture et de la sculpture utiles.
Le témoignage le plus frappant de cet esprit
est fourni par les fameux *Salons* de Diderot:
« Fais-nous de la morale, mon ami! » crie-t-il
à Greuze, et en marge des sujets du peintre, il
écrit les variations les plus brillantes que lui
fournit sa « morale » et sa « sensibilité ». La
Mère bien-aimée émeut ses entrailles plébéiennes.
La marmaille, le chien, la maman pliant sous
les caresses de ses enfants suspendus en grappe
autour d'elle, tout « cela est excellent, et pour
le talent, et pour les mœurs. Cela prêche la
population, et peint très pathétiquement le
bonheur et le prix inestimable de la paix domes-
tique[1] ».

Cette morale, un peu trop bien intentionnée,
eût pu paraître faible si elle n'eût été relevée
d'agrément. Peintres et littérateurs y ont pourvu,
en assaisonnant l'œuvre « morale » de la dose
exacte de sensualité qu'il fallait pour amorcer

1. Salon de 1765.

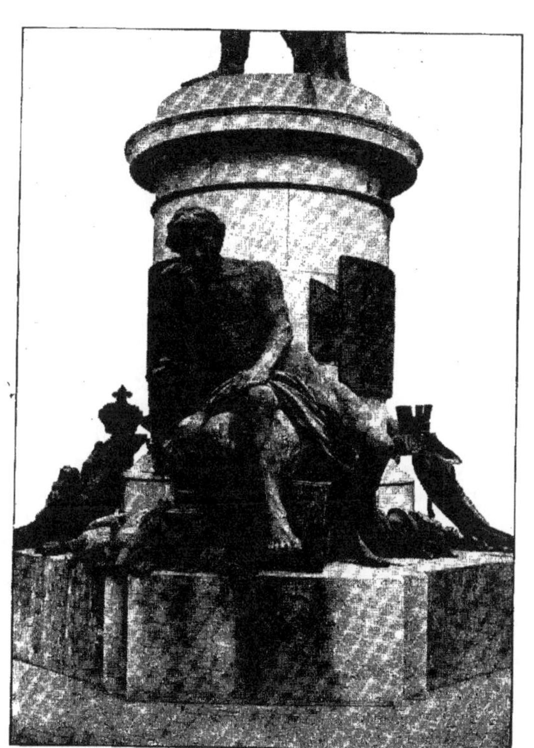

LE CITOYEN (OU LA SÉCURITÉ DU COMMERCE), PAR PIGALLE
Piédestal du monument de Louis XV, à Reims.
(C'est Pigalle qui se prit lui-même pour modèle.)

L'art et le goût en France.

le public. Voyez les gloses de Diderot sur l'*Oi-seau mort,* sur *la Cruche cassée*! Voyez les savantes indiscrétions du vêtement jusque dans la *Prière du matin*; la langueur morbide de ce *Tendre désir,* la volupté muette de ce portrait de Mme Greuze (*la Philosophie endormie*), soi-disant chaste parce qu'il est vêtu ! C'est peu d'attendrir les bonnes âmes si l'on ne pique aussi les sens. L'impression totale doit, paraît-il, nous rendre meilleurs. Utopie que l'artiste et le littérateur poursuivent de concert, heureux en-core quand c'est avec des moyens inconsciem-ment douteux, et non, comme chez d'autres, par des voies ouvertement malsaines. L'œuvre de Greuze, comme celle de son illustre prôneur, brille de qualités et souffre de tares analogues. Si *l'Accordée du village,* la *Malédiction pater-nelle,* la *Lecture de la Bible,* le *Gâteau des Rois,* et d'autres charmantes toiles sont d'un Hogarth français, plus doux, non moins moral, et plus persuasif grâce à sa tendresse, beaucoup d'autres tableaux ne sont que d'adroits suborneurs et peuvent presque être rangés dans la catégorie du *Verrou* de Fragonard, au cynisme près.

Après tout, cette morale « voulue » en pein-ture offre son intérêt, a son originalité. Pour-quoi les classes moyennes n'eussent-elles pas fourni à l'art le renouveau que la bourgeoisie procurait alors au théâtre? Si l'étude des *con-*

S. ROCHEBLAVE. *L'art et le goût en France.* 13

ditions, transportée dans le drame, y produisait l'effet d'une découverte, n'était-ce pas une découverte aussi que cette peinture populaire du « père », de la « mère heureuse », de « l'accordée », de la « paix du ménage », du « fils ingrat », et n'y avait-il pas dans ces petits cadres beaucoup de poésie populaire, de quoi toucher la foule, et l'élever au besoin ? Faut-il s'étonner que Greuze ait fait accourir le peuple et provoqué un attendrissement universel, quand on songe à quelle distance l'art s'était tenu sous Louis XIV de l'âme populaire ? Notez que son art ne cesse point d'être un art, et qu'il ne fait, en tant que peintre, aucune concession au spectateur novice. Le connaisseur trouve toujours chez lui son compte ; et si le moraliste trop délicat s'apprête à sourire, je ne sais quelle pudeur, plus délicate encore, l'empêche de sourire trop ouvertement. Il y aurait donc matière à longue discussion sur le bien-fondé d'une conception de l'art « moral ». Bien dirigée, qui sait quelle action une telle entreprise aurait eue sur un peuple dont on n'avait jusque-là jamais tenté l'éducation ?

Ce mot d'éducation ne semble point ici hors de sa place, quand on voit quel est le but avéré des *Salons* de Diderot. Apprendre à voir, apprendre à sentir, faciliter la perception des couleurs et de la lumière, provoquer les impressions et les émotions qui y correspondent, éta-

blir enfin une relation intime entre l'œuvre de
l'artiste et l'esprit, le cœur du spectateur, voilà
bien la tâche que s'était imposée Diderot, tâche
d'éducateur s'il en fut. Tandis que l'art descen-
dait vers le public, Diderot s'efforçait d'élever
le public jusqu'à l'art. En même temps, il intéressait à la vie des artisans, au menu détail des
métiers, toute la légion des oisifs. A-t-on assez
remarqué avec quelle précision de contre-
maître, et non moins avec quelle verve pittoresque de peintre, Diderot s'attache à décrire
dans l'*Encyclopédie* les moindres occupations
d'un gagne-petit ? et n'est-ce point, en art, une
entreprise de longue portée que ces luxueuses
planches, — presque aussi belles que celles où le
feu roi faisait graver ses glorieuses conquêtes,
— consacrées tout entières à détailler le polis-
sage d'un métal, le tournage d'un meuble, le
décatissage d'un tissu ? L'établi, la navette et le
poinçon s'ennoblissaient de façon singulière à
être aussi gravement, richement portraiturés
par les maîtres de l'eau-forte et du burin. Ils
révélaient à des lecteurs frivoles ce qu'il
y a d'adresse, d'ingéniosité, d'intelligence,
dans l'invention et le maniement de ces
cent outils, ouvriers obscurs de leur luxe.
Ils réapprenaient enfin à l'artiste le chemin de
ces études pratiques, précises, si conformes à
notre tempérament jusqu'à l'époque des Clouet,

et qui avaient préservé les artistes d'autrefois
du style et de l'emphase étrangère par une
exacte et précieuse sécheresse. Tant de documents *vrais,* tant d'objets *réels* mis sous les yeux
du peintre et du sculpteur avec cette rigueur
acharnée, c'était à dégoûter les décorateurs
attardés de leurs « attributs » sans exactitude,
de leurs « accessoires » sans vérité, et de leurs
« allégories » sans consistance.

Il n'en fut pourtant rien. L'œuvre de l'*Encyclopédie,* en art comme ailleurs, fut mêlée au possible :
le bon y coudoie le mauvais, et l'excellent le pire.

A côté d'un réalisme de bon aloi, on y rencontre les déclamations les plus propres à éga-
rer un artiste. Les « philosophes », qui connaissaient le pouvoir magique de certains mots, en
ont étrangement abusé pour les besoins de leur
cause. Les imaginations se sont remplies grâce
à eux d'entités vagues, créées par un certain
charlatanisme littéraire, et les artistes se sont
chargés de transporter cette langue inexacte et
boursouflée sur la toile. Ils ont voulu donner un
contour à des chimères, un corps à du vide, une
expression à des métaphores en l'air. L'allégorie, qui avait déjà sévi dans nos arts, mais sous
une forme plutôt banale et inoffensive, affiche
maintenant des prétentions philosophiques, et
donne des leçons à la foule. Les artistes vont
avoir besoin de « manuels » nouveaux pour tout

allégoriser, car on comprend bien qu'un tel
effort de pensée nécessite force recettes. Sans
cela, comment traiter ce thème : « La Justice que
l'Innocence désarme et à qui la Prudence applaudit ? » Comment faire entendre un dessin sur ce
texte : « La Mort a révélé les secrets de sa vie ? »
Aussi l'agile Cochin, encyclopédiste à sa manière, écrira-t-il pour les artistes dans l'embarras sa fameuse *Iconologie,* où l'on voit quelles
sottises la turlutaine philosophique peut dicter
à un homme d'esprit. Lui-même nous fournit le
type achevé du genre, avec son célèbre frontispice de l'*Encyclopédie*. L'explication de ce dessin
est un document, qu'il convient de transcrire :
« Les Sciences occupées à découvrir la Vérité.
La Raison et la Métaphysique cherchent à lui
ôter le voile dont elle est enveloppée. La Théo-
logie attend sa lumière d'un rayon qui part du
ciel ; près d'elle sont la Mémoire et l'Histoire ;
d'autre part l'Imagination s'approche avec une
guirlande de fleurs pour orner la Vérité ; au-dessous
d'elle sont les divers genres de poésie et les arts ;
en bas sont différents talents et professions qui dé-
rivent des sciences et des arts[1] . » Ainsi la Philosophie du temps patronne officiellement l'Allégorie.
Celle-ci devient, de bonne heure, une sorte de
déesse Raison des Beaux-Arts. Le rébus et le

1. Texte de Jombert, éditeur de Cochin, et rédacteur de
son Catalogue.

phébus sont les nouveaux crédos du peintre. Il
faut que le tableau, que la vignette même dé-
montrent quelque chose. L'art du dessin devient
didactique et libre-pensant. C'est le temps des
Lemierre, des Roucher et des Saint-Lambert de
la forme. Si l'artiste ne s'est pas exprimé clairement, les philosophes sont là qui le commen-
teront de reste, Grimm dans une dissertation,
Diderot dans une effusion qui fera poindre à
l'œil du lecteur la larme du xviiie siècle, une
larme philosophique.

C'est assez dire que Diderot n'est pas en art
un guide très sûr. Il est plein non seulement
de contrastes, mais parfois de contradictions;
et il a tant de bonne foi, tant d'arguments cha-
leureux au service de ses variations, qu'il peut
être tout ensemble séduisant et erroné. Dans le
domaine artistique, il n'en a pas moins été un
initiateur de génie. Dans le domaine littéraire,
il est le créateur d'un genre, la critique d'art,
j'entends la critique d'art destinée au grand
public. Trop exaltée peut-être par quelques-uns,
la valeur de cette critique a été trop niée par
d'autres; il est visible par exemple, que le dernier adversaire des *Salons* n'a point malmené
Diderot sans quelque parti pris [1]. Il est pourtant
incontestable que Diderot a su l'art de son temps

1. F. Brunetière, *Nouvelles études critiques sur l'histoire de
la littérature française.*

aussi bien qu'on le peut savoir sans peindre ou
sculpter soi-même, et qu'il en a parlé avec une
éloquence, une persuasion, une clairvoyance
même que ni artiste ni amateur n'avait jusqu'à
lui déployées. Il a révélé l'art à bien des ignorants, et à beaucoup d'autres qui croyaient le
connaître. Quand bien même on lui tiendrait
rigueur des erreurs qui lui sont propres, voire
de celles qu'il partage avec son temps, il n'en
resterait pas moins à son compte tant d'explica-
tions ou ingénieuses ou profondes, tant d'intentions d'artiste véritable, de cris éloquents et
(ce qui est plus méritoire) de remarques sensées,
de conseils judicieux, que cette partie de son
œuvre conservera toujours une physionomie
unique. Qui donc mieux que lui a dénoncé la
faiblesse de la composition chez nos artistes?
protesté contre l'abus du modèle et du manne-
quin, ramené le peintre à une observation de la
nature plus « naturelle »? Qui donc a mieux
médit de la « manière », signalé ses dangers,
ses remèdes ? Qui donc a mieux goûté, senti et
fait sentir le mérite de la couleur, prêché le
« sentiment de la chair » dans les nus, encouragé de son admiration et imposé à l'admiration
du public le meilleur peintre d'alors, Chardin?
Qui donc a plus fortement protesté contre les
ridicules pastorales, les bergeries niaises, aussi
dépourvues d'émotion que de vérité ? qui donc a

mieux parlé de l'atmosphère, des nuages, des
jeux de la lumière sur l'eau, des rochers et de
la verdure, sinon le soutien, et à l'occasion le
critique très avisé de Joseph Vernet ? Demander
à Diderot une esthétique rigoureuse alors que
le mot existait à peine, et que la chose devait
si mal réussir à ceux qui allaient juger d'après
des règles certaines, c'est ne vouloir comprendre
ni Diderot ni son temps. C'est beaucoup pour
sa gloire, et ce n'est pas peu pour notre instruction, qu'il ait écrit sur l'art français nombre de
pages étincelantes, les premières où notre prose
alerte parle d'inspiration le langage de l'art, et
où des vérités toutes neuves partent en tous sens
comme autant d'éclairs.

Résumé de l'art entre 1750 et 1774.

On peut se demander maintenant où en était
l'art vers la fin du règne de Louis XV.

Parti de l'antiquité avec une sorte de résolution,
vers 1750, il n'avait pas tardé à biaiser, à se rami-
fier. L'influence de Caylus fut forte, mais courte ;
l'action personnelle de Mme de Pompadour disparut
avec elle[1]. Le marquis de Marigny, dont le goût

1. Morte en 1764.

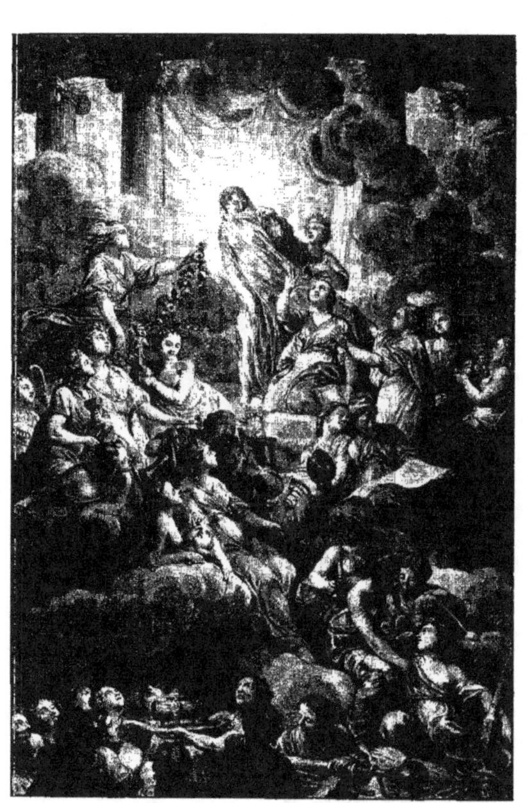

                    L'art et le goût en France.

élégant, sérieux, fut longtemps un facteur de la
production artistique, dirigeait moins l'art vers
la fin qu'il ne se garait d'embarras croissants, et
ne protégeait sa retraite. Le roi était tombé de
Pompadour à Du Barry. Rien ne tenait dans les
sphères officielles que par la force de l'habitude,
elle-même devenue sans force ; et le vau-l'eau
s'annonçait partout. Trop de ressorts relâchés à
la fois dans les arts, surtout après le tour de clé
vigoureux qu'avait imprimé Caylus, firent qu'un
élan naguère encore possible se tourna en dé-
tente universelle. Chacun prit son aise où il la
trouva, et le bon plaisir régna aussi dans les
arts. Le monde tira à soi les artistes ; les littérateurs, les philosophes en firent autant. L'art y
gagna de refléter de très près les idées, les goûts
de ceux qui menaient le train ; cela vaut toujours
mieux que l'académisme à outrance. Mais il y
perdit le recueillement, le sérieux. Il se dispersa,
s'émietta, vécut au jour le jour, se laissant porter à la dérive par les courants plus forts que
lui, oscillant avec nonchalance, répugnant à l'effort, redoutant par-dessus tout la pensée, con-
tent de cette vie à la suite, et même à la remor-
que, qu'il vivait tous les jours ; parasite charmant
qui payait son écot en servage, et qui aimait
d'autant plus sa dette, qu'elle lui rapportait. Ce
n'était plus l'art grave et concentré du solitaire
du Monte-Pincio ; non plus l'art légèrement

mondain, mais planant au-dessus du monde, et
plein de rêve intérieur, d'un Watteau ; c'est
l'art qui dîne en ville, écoute les causeurs, leur
trouve de l'esprit, et traduit cet esprit pour se
montrer bien appris à son tour. Aussi, en peinture du moins (car, en sculpture, Pigalle a toujours été sérieux et parfois grand), ne peut-on
signaler aucune œuvre vraiment grande en
vingt-cinq ans. La conviction manque trop chez
les artistes. Un seul est entièrement sincère,
Chardin. Greuze ne paraît souvent qu'à demi
convaincu.

Avec cela cet art est divers, ondoyant, séduisant. Il a des grâces de sirène qui lui ont fait des
prôneurs passionnés, qui ne sont certes pas sans
excuse. Il a parfois tant d'esprit, qu'on lui par-
donne volontiers de n'avoir pas autre chose ; et
il fait revivre si fidèlement une société qui devait tragiquement finir, qu'il nous intéresse par
tout ce qu'il sous-entend. Notre dilettantisme
lui ajoute volontiers ce qui lui manque. Si par
hasard on le querelle, c'est comme Alceste que-
rellait Célimène : « En dépit qu'on en ait, elle se
fait aimer. »

Regardons-le une dernière fois, avant le nouveau règne qui le verra disparaître. Si l'indéci-
sion, l'absence totale de volonté, de conviction,
est son défaut capital, sachons bien voir la variété qui fait son charme. Les barrières des

genres sont chez lui partout abattues. L'artiste
peut parcourir le champ en toute liberté. L'allégorie, le tableau de mœurs, la vie des salons,
celle du peuple, la mise en scène d'une vérité
morale, Cythère et Vénus, et même Rome et
Pompeï, tout lui est offert à la fois : et, si tout
le tente, il peut amalgamer à sa guise l'antique
et le moderne, l'érotique et l'héroïque, le réalisme et la fiction. Voyez la sculpture. Se peut-il
rien de plus composite que l'art d'un Bouchardon ou parfois même d'un Pigalle ? Bouchardon
dessine à Rome quelque huit cents antiques, et
à Paris il croque d'un crayon d'ailleurs magistral
les originaux de la rue, le colleur d'affiches, le
marchand de talmouses. Pour la fontaine de
Grenelle, il sculpte deux figures bouffies, et il
fait venir le modèle pour donner un accent de
chair à sa copie du Faune Barberini ! Il costume
Louis XV à la romaine pour sa fameuse statue
équestre, et son souci de réalité est tel pourtant
qu'il passe des heures sur le dos, couché entre
les jambes d'un cheval, pour observer le jeu du
poil et des veines. Est-il académique, est-il réaliste, est-il traditionnaliste, est-il novateur ? Et
de même Pigalle, poncif quelquefois, quand il
veut « allégoriser » un monument ; avec cela
auteur de bustes qui crient la vie, d'un Voltaire
qui est presque une pièce anatomique, noble
dans le *Mercure*, capable d'exquis dans *l'Amour*

et l'Amitié, et je dirais volontiers de sublime dans la statue du Maréchal de Saxe. Il est vrai que Bouchardon et Pigalle sont les deux grands noms de la sculpture française au xviiiᵉ siècle, avant Houdon. Mais, à un degré moindre, on retrouverait cette harmonieuse absence d'unité dans les deux Guillaume Coustou, la tribu des Adam et des Slodtz, et même chez Allegrain, Vassé, Saly, ou Falconet.

Toute cette souplesse, qui ne va pas sans contradiction, donne à l'art d'alors une physionomie aussi changeante qu'attachante. Il en est de lui comme ces grands parcs Louis XIV que la mode d'alors transforma en parcs anglais. Plus d'ifs taillés, de quinconces, d'allées droites, de parterres rasés : mais des « allées de Sylvie », de la futaie, des éclaircies, des vallonnements, du sinueux et de l'onduleux partout. C'est plus nature, c'est surtout plus varié, moins ennuyeux. Il y en a ainsi pour tous les goûts. Cette allée tournante vous mène à une grotte ; ce petit chemin vers un temple grec, niché sous un écroulement de rochers. Plus loin, un pavillon chinois, ou quelque rotonde galante nous offre une Vénus de Pajou, assise sur une conque et guidant de petits dauphins : entre ces quatre peupliers là-bas, un sarcophage antique vous parlera de recueillement, à moins qu'un souterrain ne vous ait distrait par quelque frais détour. Voici le canal, d'où l'eau fuit en méandres calculés, qui appellent çà et là l'arche d'un pont rustique. Telle est la promenade sentimentale, guillerette, naturelle et artificielle à la fois, où s'attarde l'art de la fin de Louis XV, peu pressé d'arriver, satisfait de sa béatitude, et semblant dire à sa façon : « Ceci durera bien autant que moi. »

*III. — L'époque de David. L'art Louis XVI et
l'art révolutionnaire (1774-1800).*

Ainsi, vers la fin de Louis XV, aucun art n'était vraiment orienté que l'architecture. Celle-ci, de plus en plus, mettait le cap sur l'antiquité. La tradition s'affermit de Blondel, l'architecte écrivain, à Servandoni, l'auteur de la façade de Saint-Sulpice ; de Gabriel à Soufflot, et de Soufflot à Antoine, l'auteur de notre bel hôtel des Monnaies (1771). Les autres arts tourbillonnent un peu, comme tourbillonnent les idées elles-mêmes de Diderot ; et Diderot est la grande puissance intellectuelle de toute cette fin de règne.

Le changement est sensible à l'avènement de Louis XVI. C'est Rousseau, alors exilé, demi-fou, quasi-mort, dont l'influence grandit maintenant chaque jour, et ne fera que croître jusqu'à la fin du siècle, de façon à opprimer, sinon à suppri-

mer toutes les autres. Si profond, si radical a
été le bouleversement opéré par le citoyen de
Genève, que non seulement la Révolution entière s'est inspirée de son esprit, mais que les
beaux-arts s'en étaient pénétrés avant elle, si
bien qu'il n'est presque pas un aspect du nouveau mouvement artistique qui, de près ou de
loin, ne réflète une face de son œuvre.

D'abord l'idylle. Non pas la berquinade ou la
florianerie, quoique Berquin et Florian aient inspiré des tableaux aussi fades que leurs descriptions. Il s'agit ici de cette soif sincère de paix,
de quiétude, de ce retour ingénu à la nature qui,
devenu passe-temps chez une jeune reine jouant
à la bergère dans son « Hameau », n'en était pas
moins une secrète inspiration du cœur chez
maint artiste comme chez maint écrivain. On
sait d'ailleurs quel apaisement marqua le début
du nouveau règne, quelles douces espérances il
suscita. Ce fut, dans la marche fiévreuse du siècle vers l'inconnu, comme une halte ; arts et
lettres exhalèrent un instant une fraîcheur d'oasis.
Pendant que Marie-Antoinette réduit à Versailles
ses appartements royaux aux dimensions de
cabinets intimes, tandis qu'elle dépouille l'étiquette à Trianon ; que son époux s'exerce à une
royauté patriarcale ; qu'on efface des alcôves de
Louis XV les dernières indécences de Boucher,
pendant ce temps les campagnes et les trou-

peaux reparaissent dans Huet et Demarne, les nudités de la sculpture deviennent tanagréennes avec Clodion, et le peintre de la reine est une femme, Mme Vigée Le Brun, une jeune mère de famille, qui consacre toutes les grâces de son pinceau à représenter Marie-Antoinette comme une simple dame entourée de ses enfants. Comment ne pas reconnaître, à travers l'adaptation, le fameux jardin de Julie, le « petit Élysée » de la *Nouvelle Héloïse*, et les quelques pages saines des *Confessions ?* Tout cela, c'est du Rousseau tamisé, allégé, aristocratisé. A cette aimable accalmie, à cette suavité légèrement fondante, on peut reconnaître ce que certains critiques ont appelé non sans finesse la « littérature Louis XVI » et certains écrivains d'art, peut-être plus improprement, l' « art Marie-Antoinette ». C'est alors qu'on traduit pour la première fois chez nous les idylles de Gessner, à moitié sorties elles-mêmes de Rousseau, tandis qu'un disciple de Rousseau, Bernardin de Saint-Pierre, va faire verser des ruisseaux de larmes dans le salon Necker avec *Paul et Virginie.* L'idylle alors prélude au drame. Bien plus, l'idylle fleurira toujours au cœur du drame : jusque chez le farouche David, elle mêlera son attendrissement quelque peu dadais aux brutalités sanglantes de la tragédie.

Après l'idylle, le culte des grands hommes. La

religion du grand homme, due en partie au patriarche de Ferney, est consolidée, étendue, fortifiée de républicanisme et de civisme par J.-J. Rousseau, le grand admirateur de Plutarque. Bientôt cette religion est la seule d'une nation qui n'a déjà plus de foi, et presque plus de roi. Mais, tandis que celle de Rousseau allait aux anciens et aux morts, celle des artistes allait aux vivants. Pour la statuaire, il est sorti de là un art iconique du plus haut intérêt; et le puissant physionomiste Houdon, qui fit rayonner l'étincelle sur tous ces masques, suffirait à caractériser toute une époque. Que n'évoque point à nos yeux cet étonnant pétrisseur de vie, dans cette galerie de bustes que sa féconde prodigalité multipliait avec une égale perfection ? Diderot aux lèvres ouvertes, Buffon olympien, Franklin chenu et paternel, Voltaire surtout, dix hommes et dix visages, tous saisis, fixés, croqués, pourrait-on dire, avec le détail spécial qui fait la ressemblance, et la pensée dominante qui élève le grand homme à la hauteur du symbole. Cette déification, la Révolution la poursuivra, non seulement en la personne de Mirabeau, qu'Houdon a glorifié encore en quelques portraits admirables, mais en Robespierre et en Marat, beaucoup moins sculpturaux; puis le peuple passant héros et grand homme à son tour, fournira aux gâcheurs attitrés des fêtes républicaines un nou-

veau type d'Hercule forain qui n'a plus avec l'art
que de lointains rapports.

Avant de se perdre dans le fétichisme grossier,
ce culte des grands hommes n'avait pas moins
retrempé notre statuaire iconique et provoqué
l'enthousiasme universel. Louis XVI, marchant
avec son siècle, l'avait officiellement adopté.
C'est sur son ordre que le nouveau directeur des
Beaux Arts, le comte d'Angiviller, commande
à divers artistes une série de bustes destinés à
rassasier la vue d'une foule admirative. L'idée
germe déjà d'une sorte de musée sculptural en
plein air qui serait à la fois un encouragement
à l'art, une récompense du génie et un enseignement pour les masses. Les papiers des Archives
nationales recèlent plus d'une curieuse étude de
ce projet. La nation entière, poussée par son
instinct, et révolutionnaire avant la Révolution,
adore déjà l'homme « utile », qu'elle confond volontiers avec l'homme « vertueux ». Utile et vertueux, homme de génie ou grand homme, tout
cela au fond signifie pour elle républicain. Et
nous voilà, par un détour, rejetés sur Rousseau
et sur Plutarque. De Voltaire à Brutus il n'y a
qu'un pas; et, justement, les tragédies du temps
aident à le franchir, si Rousseau n'y suffit pas.
D'ailleurs il y suffit. Sous Louis XVI tous ont
sucé le lait fermenté de Jean-Jacques; la génération est entêtée d'une antiquité roide et ten-

due sortie de l'*Émile*, et d'une morale en action pleines d'attitudes déclamatoires. Elle porte dans sa tête l'art de David. David accouchera sa pensée, et son succès montera jusqu'aux nues.

A leur tour Décius, Coriolan, Spartacus et Léonidas vont raviver un goût qui s'était perdu grâce aux railleries des philosophes, celui de l'érudition et de l'archéologie. Comment s'habillaient, se meublaient ces Romains de l'époque héroïque ? Et les Grecs, ces Grecs chez lesquels Le Roy et Choiseul-Gouffier, deux des nôtres, viennent enfin de pénétrer, quel était leur pays, leurs mœurs, leurs institutions ? Une préoccupation politique aiguise la recherche du pittoresque. Et voilà, du coup, renoués tous les fils que la mort de Caylus avait soudainement rompus. Ils sont bien oubliés, les brocards dont Voltaire, Diderot, — et Montesquieu lui-même dans ses lettres à l'abbé de Guasco, — avaient criblé les antiquaires. Vingt-trois ans après la mort de Caylus, un de ses anciens amis, devenu le plus savant helléniste de son temps, achève l'éducation archéologique du siècle par un livre d'érudition romanesque dont tous vont raffoler, artistes, femmes, gens de lettres et gros public : l'abbé Barthélemy publie le *Voyage du jeune Anacharsis en Grèce*, à la veille de la Révolution (1788) ; et la Révolution en décuplera l'effet, qui s'était d'abord annoncé considérable.

Est-ce tout cette fois ? Pas encore. Cette antiquité, dont le triomphe s'annonce maintenant irrésistible, une auréole nouvelle va la parer et pour ainsi dire la sacrer, de telle sorte qu'elle aura ses oracles, ses lévités et ses pontifes. Un dernier culte est né, celui de la Beauté. « L'esthétique », science nouvelle, épelée par Winckelmann, syllabe après syllabe, sur les marbres du Vatican, s'anime aux feux naissants du génie germanique. Une éloquence, une philosophie, une critique en sortent, presque aussitôt armées de pied en cap. Lessing fait chez l'artiste l'éducation du raisonnement ; Mengs, dissertant le pinceau en main, élève le peintre à des considérations platoniciennes : Sulzer, théoricien de l'allégorie ancienne, renchérit sur son maître Winckelmann et voit du mythique ou du mystique un peu partout; un Italien enfin, Canova, proclame la découverte du style de Phidias et enseigne une sculpture conforme au vrai canon grec, jusqu'alors insoupçonné. Les têtes se montent ; la contagion passe d'Italie en France. Nos artistes, déjà frémissants de vagues passions démocratiques mal couvées, se jettent à leur tour tête baissée dans une passion nouvelle, l'enthousiasme. L'enthousiasme esthétique, soutenu d'une grande volonté, enivré de grandes phrases, qui vont dicter de grandes œuvres, voilà où en est l'art à la veille de la Révolution. Il est temps

pour un David de paraître. Au fait il a déjà
paru : le *Serment des Horaces* est de 1784, et le
*Brutus. rentrant dans ses foyers après avoir con-
damné ses fils* (tableau commandé par Louis XIV
comme le précédent) exactement est de 1789.

DAVID ET LA RÉVOLUTION.

Nature fruste, mais forte ; vigoureux tempérament de peintre, qui ne savait pas tout de la
peinture, mais possédait à fond le dessin, la
composition et une certaine mimique théâtrale
d'un effet sûr ; artiste d'un goût borné, praticien
d'une conscience scrupuleuse, et même exces-
sive ; volonté indomptable, qui se montra d'abord
par quatre échecs à l'École de Rome, et une
tentative de suicide entre le quatrième et le
cinquième concours, où il devait triompher ;
cœur froid et tête exaltée, ne trouvant jamais
de sujets assez hauts pour satisfaire une hautaine ambition ; esprit énergique, étroit, têtu,
où l'idée ne pénétrait qu'avec peine, mais, une
fois entrée, enfonçait toujours ; caractère insa-
tiable d'autorité ; allure de chef, épris d'affirma-
tion, ivre d'action, auquel il fallait toujours un
ennemi qu'il pût charger de toute sa vigueur ;
peintre-né du héros, et si simpliste, — ou si
artiste, qui sait ? — dans sa conception de

l'héroïsme, qu'il aligna dans la même perspective Brutus, Marat, Bonaparte et Léonidas,
peignant comme le taureau fonce devant lui, sans
s'apercevoir d'une substitution de personnes,
tête baissée : tel fut Louis David, non pas le plus
grand peintre, ni surtout l'artiste le plus complet,
mais l'esprit le plus dominateur, l'autorité la plus
despotique de l'école française, le promoteur
d'une réforme salutaire peut-être en son principe, néfaste par son développement et ses
longues conséquences ; tel fut l'ex-académicien
qui renversa d'un coup d'épaule la « bastille
académique » pour la réincarner, autrement in-
tolérante, en sa personne, et pour régner sur
l'art à la façon de ses héros, en Robespierre, en
Napoléon.

En lui, ce petit-neveu de Boucher, qui est en
même temps le filleul de Sedaine, toutes les
forces latentes de l'art nouveau s'accumulent,
puis éclatent. Né en 1748, il a d'abord travaillé
sous Boucher, puis aux côtés de Fragonard,
très « ancien régime » l'un et l'autre. Mais il ne
respire pas impunément l'air de son temps ;
Rome l'entête, et quand il part enfin pour
Rome en 1775, c'est en compagnie du nouveau
directeur de l'École, son ancien maître Vien,
Vien l' « antiquisant », Vien, l'ancien disciple
de Caylus. Il passe cinq années à Rome, travaillant comme lui seul savait travailler. Il en

rapporte un *Bélisaire,* œuvre médiocrement
davidienne encore, et pourtant assez significa-
tive de l'esthétique nouvelle pour que la foule
le porte en triomphe devant son tableau. Tel
est déjà le public, telles ses passions en 1780.
Avec les toiles républicaines qui suivirent, les
Horaces, le *Brutus,* David jetait dans la foule
l'étincelle galvanique. C'était désormais entre
elle et lui un courant électrique continu. Le *Ser-*
ment des Horaces, d'une crudité si romaine, se
trouvant suspendu au-dessus du *Marie-Antoi-*
nette et ses enfants de Mme Vigée Le Brun (antithèse dangereuse et maladroite), faisait huer
la reine par les spectateurs, au Salon de 1785.
La *Mort de Socrate,* le *Brutus,* ne produisaient
pas une sensation moindre parmi les artistes.
On crut retrouvée la pensée de Poussin et son
style avec une exactitude d'archéologie, une
sobriété, une vérité que le Poussin n'avait pas.
A peine s'avisa-t-on que les figures féminines de
David, et même les autres, dans l'*Andromaque*
pleurant Hector (1782), dans le *Páris et Hélène*
(1786), étaient d'une afféterie de pose, d'un léché
et d'un précieux de couleur aussi éloignés du
grand style que la facture noble des académiciens contre laquelle David s'insurgeait. Le mot
d' « antique », aveugla tout le monde. La fameuse
conception du « beau idéal », de l' « idéal en
soi », partout prônée, autorisa ce mariage hété-

roclite du fond dramatique avec une forme ver-
nissée, qui fait songer à une pensée de Lucain
revêtue des couleurs de la porcelaine.

Dès lors David faisait école, et non pas seulement dans son art. C'est à foison que le catalogue du Salon de 1789 compte les sujets antiques et en peinture et en sculpture : *Zeuxis à
qui l'on amène des jeunes filles pour modèles ;
Mort de Sénèque ; Darès et Entellus ; Ulysse et
Pénélope ; Mort d'Agis ; Mort d'Antoine ;* etc.
Jusqu'à Carle Vernet (celui-là devait se corriger) qui expose un *Triomphe de Paul-Émile,* de
quatorze pieds de large sur cinq pieds de haut !
Le théâtre, se piquant d'émulation, réforme
aussitôt ses costumes ; Talma paraît en scène
sans poudre, drapé d'une toge, jambes et bras
nus. Les amateurs copient les meubles, les es-
cabeaux antiques qui emplissent l'atelier du
peintre des *Horaces.* On connaît, d'autre part,
l'histoire du souper pseudo-antique qui fut servi
un soir par Mme Vigée Le Brun à ses invités,
et que l'aimable femme raconte dans ses charmants *Mémoires.* Après le théâtre et la mode,
les mœurs : lorsque la vie mondaine se reprendra au lendemain des années terribles, sous le
Directoire, les femmes, rassurées, demanderont
au modèle antique l'art de nouer plus mollement
leur ceinture. L'on sait jusqu'où fut poussé
l'amour du grec chez Mme Tallien. David triom-

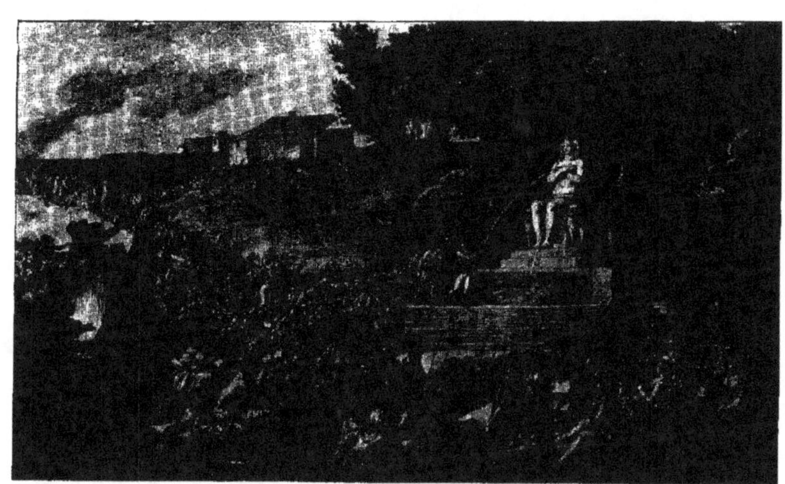

La fête de la Régénération, sur les débris de la Bastille
D'après une composition de Monnet, gravée par Helman (an V).

L'art et le goût en France.

phait là encore, et sans doute plus qu'il n'eût voulu.

Quel ne devait pas être, à plus forte raison, son succès dans une assemblée révolutionnaire? Député de Paris, membre de la Convention, du comité d'instruction publique et du comité de sûreté générale, un instant président de la Convention, David est le grand-prêtre et le grand-maître de l'art jacobin. A lui seul il est un instant tout l'art révolutionnaire, avec ses haines, ses enthousiasmes, ses ostracismes, sa solennité oraculaire et son enfantillage sentimental. A son exemple, tous les artistes, même les « ci-devant », un Greuze, un Moreau le Jeune, un Pajou, un Clodion, mettent une cocarde à leur chapeau et un casque à leurs personnages. Cela leur réussit d'ailleurs comme les grandes pensées à Bernardin de Saint-Pierre. Les immortels principes transportés par David dans les arts lui suggèrent des conceptions analogues à celles des orateurs de club. Ce qui se peint, ce qui se sculpte, ce qui se projette alors de monuments ou de « fêtes » patriotiques, a le mouvement, le tour, l'emphase des orateurs révolutionnaires, voire des écrivains académiques, qui tâchent, eux aussi, de se mettre au ton. C'est partout, dans les lettres et dans les arts, même style, mêmes images, traduites par des moyens analogues. Entre une tirade de Joseph Chénier,

une scène de Fabre d'Églantine, un discours de
Danton, et les créations artistiques de David or-
ganisateur de cortèges symboliques, l'identité
est saisissante. Mêmes malédictions, mêmes
apothéoses d'une et d'autre part. Quand David,
ex-membre de l'Académie de peinture, ex-pre-
mier peintre du roi, demandait à la Convention
la destruction de cette institution « féodale », il
n'en usait pas d'autre sorte que Chamfort, de
l'Académie française, quand il dénonçait cette
compagnie à l'Assemblée nationale, comme
« inutile, ridicule, méprisée, dégradée jusqu'au
plus coupable avilissement, créée pour la servi-
tude, école de flatterie, de servilité, d'abjection,
prolongeant les espérances insensées du despo-
tisme!... [1] » Quand David proposait l'érection
d'une statue gigantesque au peuple, et qu'il lui
donnait pour piédestal « les effigies des rois
et les débris de leurs vils attributs », que la
foule avait fracassés dans une explosion de colère ; quand il voulait que les traits d'héroïsme,
de vertus civiques, offerts à la nation par les
œuvres d'art vinssent « électriser son âme et
faire germer en lui toutes les passions de la
gloire, de dévouement pour sa patrie », il ne
faisait que sculpter des métaphores et peindre
des lieux communs de littérature révolution-

1. Chamfort, *Des Académies*, 1791.

naire. Faut-il toucher du doigt ce que l'art de David emprunte au *Contrat social*, à *l'Émile*, aux *Incas*, et à l'indigeste fatras des gazettes, il suffira d'un échantillon, le « projet » rédigé par David pour « la fête de l'unité et de l'indivisibilité[1] ». On y verra les Français « levés avant l'aurore » et la « scène touchante de leur réunion éclairée par les premiers rayons du soleil ». On trouvera, au lieu du rassemblement, une fontaine de la Régénération représentée par la nature, « qui, pressant de la main ses fécondes mamelles », fera jaillir avec abondance « une eau pure et salutaire ». Dans le cortège, on rencontrera les commissaires des 86 départements « unis les uns aux autres par le lien léger et indissoluble de l'unité et de l'indivisibilité que doit former un cordon tricolore ». Plus loin, on remarquera le juge, avec « son chapeau à plume », auprès du tisserand et du cordonnier ; « le noir Africain qui ne diffère que par la couleur[2] », précédera de peu les « intéressants élèves de l'institution des aveugles, traînés sur un plateau roulant », symbole du « malheur honoré ». Après les infirmes, les citoyens au maillot :

1. Fête de la Réunion, ou de la Fraternité, célébrée le 10 août 1792.

2. La Convention avait fait placer dans la salle de ses séances le buste d'une négresse, d'ailleurs fort belle, symbole vivant du principe de fraternité.

« Vous y serez aussi, tendres nourrissons de la
maison des Enfants-Trouvés, portés dans de
blanches barcelonnettes ; vous commencerez à
jouir de vos droits civils trop justement recou-
vrés ! » Enfin, le Cléobis et Biton du *Selectæ*
fournira cette dernière scène : « Un char vraiment
triomphal que formera une simple charrue, sur
laquelle seront assis un vieillard et sa vieille
épouse, traînés par leurs propres enfants,
exemple touchant de la piété filiale et de vénération pour la vieillesse[1]. » Le David qui respire
en cette page d'histoire est celui que nous représente un dessin de son élève Gros : David, tête
nue, redingote sévère, culotte collante, bottes à
revers, debout, l'œil au ciel, la main droite levée
et armée d'un crayon ; il écoute l'inspiration,
tandis qu'à sa gauche un buste antique dressé
sur un haut socle porte l'inscription ΠΕΡΙΚΛΗΣ,
et au-dessous : *Bélisaire*, les *Horaces*, *Socrate*,
Brutus, les *Sabines*, *Léonidas*.

Toutefois, il serait profondément injuste de
ne voir en David, ou dans la Révolution envisagée comme source d'art, que préjugés antiques,
contrefaçon des républiques anciennes, et transcription caricaturale de figures littéraires. Ni
David n'est tout entier, heureusement pour lui,

---

1. Le texte autographié de cette curieuse pièce a été donné
par M. Ch. Normand, dans *l'Art* du 15 avril 1894.

dans les *Sabines*; ni l'art révolutionnaire n'est
tout entier dans des fêtes qu'il fallut improviser.
Cet art lui-même n'eut pas le temps de se former. Les promesses qu'il pouvait donner, comment les aurait-il tenues? Et pourtant de grandes
œuvres furent projetées. On aimerait à juger,
autrement que par les programmes, d'une certaine statue de Rousseau, d'un projet de bas-relief
pour le fronton du Panthéon, mis alors au concours. C'est sur des essais hâtifs, parfois mons-
trueux, qu'on juge volontiers de l'influence de
la Révolution sur les arts. Or il s'en faut que
tout se réduise à des processions ridicules me-
nées sur des ruines de monuments et des débris
de chefs-d'œuvre. L'accès d'iconoclastie fut ter-
rible, il est vrai, mais il fut relativement court[1].
Ce que la Révolution a conservé, ce qu'elle a
créé en art doit être mis en regard de ce qui
s'est détruit souvent en dépit de ses principes.
Car s'il y eut chez elle proscription, il y eut
aussi protection; nulle part le pouvoir, maître
et responsable de ses actes, ne se montra van-
dale. Bien au contraire, dans la conservation des
œuvres d'art anciennes, la Révolution fut autrement libérale que ne l'avait été la monarchie. Si
bien que son influence dans l'art, au total, peut

---

1. Voir ce qu'en dit excellemment M. André Michel, *Hist.
générale* de Lavisse et Rambaud, tome VIII, p. 596 et suiv.

se caractériser par cette antithèse : un rétrécis-
sement de l'art dans les œuvres actuelles, dû à
une doctrine farouchement jacobine ; et un
élargissement dans l'intelligence de l'art en général joint à une puissante diffusion de l'instruction artistique, source première et profonde de
notre art moderne. Ici, comme ailleurs, il faut
distinguer entre la doctrine ou la pédagogie de
la Révolution, et sa nature intime : l'une jalouse,
mesquine, tyrannique, n'ayant guère fait que
du mal ; l'autre généreuse, conquérante, prodigue de ses trésors, par laquelle s'est accompli
tant de bien.

C'est à cette dernière que l'on doit la suppres-
sion des privilèges académiques qui faisaient
véritablement de l'art un monopole. Les Salons
librement ouverts aux artistes non académiciens,
et même aux étrangers ; les appels incessants
adressés à l'initiative des provinces ; les créations
innombrables de sociétés privées et gratuites
pour l'enseignement de l'art ; l'organisation con-
stante de concours, méthode abusive peut-être,
en certains cas, mais puissant correctif de la
« faveur » et stimulant énergique du talent obscur ;
la création centrale de la *Commune des Arts*, en
attendant la fameuse « troisième classe » de l'Institut, où la littérature et les beaux-arts devaient
fraterniser, suivant une clairvoyante logique ;
tant d'autres entreprises, soit privées, soit publi-

ques, écloses en si peu d'années, prouvent bien
que le « Génie des arts », comme on disait alors,
fut « pleinement mis en liberté[1] ». En même temps,
de généreux éducateurs prévenaient les ravages
de l'ignorance et tentaient d'éclairer les masses :
« Combien n'est-il pas essentiel (s'écriait l'un deux,
un capitaine de chasseurs, à la barre de l'Assemblée nationale) en détruisant les maisons religieuses, de ne pas détruire les monuments précieux
qu'elles renferment !... Quelle collection précieuse
on ferait dans nos principales villes, comme Paris, Nantes, Lyon, Bordeaux ! ô quels superbes
Muséums on y pourrait élever des dépouilles de
nos églises et monastères supprimés ! » Joignant
l'acte à la parole, le capitaine Puthod de Maison-
Rouge, expliquait, dans son journal périodique
Les Monuments[2], les statues de nos églises, les
tombeaux, traduisait pour les illettrés leurs inscriptions ; bref déchiffrait de son mieux ces pierres « qui, pour cesser d'être muettes, n'attendent
qu'un Vaucanson qui les anime ».

Pendant ce temps s'ouvraient nos premiers

---

1. *Pétition de la Commune des Arts* à l'Assemblée nationale :
« Génie des Arts, sois pleinement libre. La nature le veut, la
raison le déclare, la loi le prononce, plane donc au-dessus de
la France ; il n'est plus pour toi d'obstacles ; il n'est plus de
corps, de privilèges, de conditions... Génie, prends ton vol... »,
etc., etc.

2. *Les Monuments ou le pèlerinage historique*, par Fr. Marie
Puthod (de Maison-Rouge).

muséums. L'idée du musée du Louvre, depuis
longtemps dans l'air, compromise un instant par
la sauvagerie populaire, allait aboutir grâce au
dévouement d'Alexandre Lenoir, l'un des plus
grands bienfaiteurs de l'art français. La tour-
mente passée, tout Paris défila dans son musée
des Petits-Augustins, moitié jardin et moitié
cloître, où les trésors de notre ancienne statuaire
s'abritaient et s'encadraient dans une mise en
scène pittoresque. La simple foule avait des larmes pour les tombeaux truqués d'Héloïse et
d'Abélard. Mais aux artistes, aux lettrés, la ré-
vélation de notre moyen âge et de notre première Renaissance fut d'une extrême conséquence.
Michelet n'oublia jamais ses impressions d'enfant parmi toute cette histoire d'autrefois qui
ressuscitait là dans la pierre et le bronze. Chas-
sés des cloîtres où, deux fois morts pour les vivants, ils dormaient leur sommeil séculaire, ces
témoins d'un autre âge ramenaient au grand jour,
dans les plis de leurs linceuls sculpturaux, la
légende et la poésie éteintes, la couleur et jusqu'à l'âme des temps jadis. Et les fils de la Révolution, découvrant tout à coup la vieille France,
s'éprenaient de sympathie pour elle. Ils étaient
maintenant assez libres pour ne plus la craindre ;
et ils avaient assez peiné, assez souffert, pour la
comprendre et pour l'aimer.

Ces sentiments nouveaux, précurseurs d'un

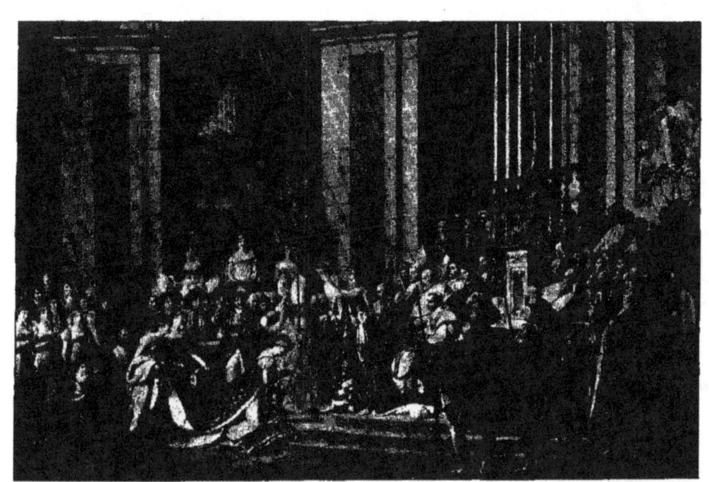

SACRE DE NAPOLÉON Ier
Tableau de David (Musée du Louvre).

Phot. Alinari.

Pl. XII.   L'art et le goût en France.

art nouveau lui aussi, touchaient les spectateurs de ces débris pieusement récoltés : et parmi ceux-là se trouvait sans doute plus d'un élève de David, quelqu'un de ces *primitifs*, de ces *penseurs* dont le groupe s'était formé dans son atelier même. Telle était d'ailleurs la force, la vertu propre de la Révolution, que David lui cédait comme un autre : sans s'en apercevoir, il infligeait à sa doctrine le plus complet démenti. Le même homme qui prônait la nudité comme plus héroïque, et l'antique comme le vrai idéal ; celui qui dessinait des académies pour son *Serment du Jeu de paume*, et prévenait soigneusement le spectateur qu'il n'avait point cherché une vulgaire ressemblance ; le même homme, fasciné par un spectacle tragique dont il veut émouvoir à son tour la postérité, brossera, d'inspiration, ce *Le Pelletier* sur son lit de mort, une épée suspendue au-dessus de la plaie béante, et ce *Marat* sanglant dans sa baignoire, affreux de vérité et presque sublime d'horreur. Ainsi, cette vie que David chassait de son art à force de doctrine, y rentrait à l'instant même par la puissance de la vérité. En face de certaines scènes, le tempérament du peintre parlait plus haut que le reste ; et, comme naguère il peignait du romain « tout cru », il peignait maintenant du réel tout cru. Ce sera bien autre chose, quand il aura rencontré le triomphateur de l'Égypte, son héros, comme il l'appelle. A sa

suite il fera grand, et vivant, et vrai, sans soup-
çon d'archéologie. A quoi bon l'antique dans une
histoire plus grande que l'antiquité? Faut-il un
corps d'Antinoüs à ce petit général pâle, d'autant plus grand qu'il paraît plus chétif? C'est
ainsi que le maître du *Sacre* et des *Aigles*, qui
peignit néanmoins jusqu'au bout des Léonidas
avec sérénité, devait fournir plus tard, sans s'en
douter, les meilleurs arguments à ceux qui
crieront aux gens de sa suite : « Qui nous déli-
vrera des Grecs et des Romains? »

Conclusion sur le XVIII° siècle.

Telle est en abrégé, dans ses principaux contacts avec la littérature, l'histoire de l'art français au xviii° siècle. Le siècle précédent était parti
de la variété et de la liberté pour aboutir à l'u-
nité et à la doctrine. Parti de la doctrine, l'art
du siècle nouveau s'en est vite détaché; il s'est
alors promené à sa guise, il a connu toutes les
fantaisies et tous les caprices; il a voulu tâter de
tout, jouir de tout, mais surtout de sa molle in-
dolence et de son propre dilettantisme. Flottant
au cours capricieux de la mode, il en a suivi, il
en a marqué tous les méandres, les remous, les
arrêts. Il ne s'est rien refusé que le sérieux, la
conviction, et un sentiment plus élevé de nos

rôle. Mais à qui la faute, sinon aux créateurs de la fameuse doctrine académique, en laquelle on ne pouvait plus croire, et qu'on ne sut d'abord par quoi remplacer? Le vide produit par la défection inévitable d'un faux dogme, fut aussitôt comblé par la mode. Et dès lors l'art ne se dirigea plus : il suivit.

Il suivit : mais qu'est-ce à dire, sinon que, infiniment plus français en cela que l'art du siècle précédent, ce fut surtout notre physionomie, nos mœurs, nos idées, nos modes de penser et de sentir, l'esprit français, enfin, qu'il refléta exactement, à l'époque la plus spirituelle, la plus mobile, la plus intéressante de notre histoire?

Et c'est pour cela qu'il eut, lui aussi, sa crise et sa Révolution, la première causée par un vague malaise et un obscur besoin de se régler ; la seconde, issue de causes plus générales, qui allaient détruire une société caduque et la remplacer par une nouvelle société. L'antique fut l'instrument de cette double réforme : car, en France, toutes nos révolutions, celles de l'art comme celles de la politique, sont à base d'antiquité. Le siècle qui avait connu de la liberté toutes les licences, allait donc finir par un doctrinarisme plus étroit que celui du siècle précédent. La marche inverse des deux époques aboutissait, de part et d'autre, au même résultat : une recrudescence de règle, une tyrannie d'unité. Encore

une fois la partie semble perdue pour un art simplement national, et tiré surtout de nos entrailles.
Car, dans les oscillations amples que fournissent
à l'art de deux grands siècles d'une part la nature
observée, de l'autre un idéal étranger, c'est jusqu'ici l'étranger qui a le dernier. Mais attendons.
Cette antiquité, qui nous fige toujours à point
nommé, ne serait-ce point parce qu'elle est mal
connue, mal comprise, qu'elle stérilise l'art sous
couleur de l'élever? Et dès lors, une antiquité
plus vivante, plus vraie venant à se révéler, l'art
aura-t-il à la redouter autant par la suite? Ne
sera-t-elle point plutôt pour lui, non pas un modèle à copier (là sera toujours l'erreur), mais un
exemple qui l'inspire? Le vrai antique, en effet
(si tant est que de *l'antique moderne* ou de *l'antique français* soit en art quelque chose de bien
définissable), le vrai antique, sur la fin du xviii*
siècle, où était-il, sinon là où nul, je crois, ne
s'avisa de le chercher alors, — et pour cause il
est vrai, — dans une strophe d'André Chénier,
dans un chœur de Glück, dans un dessin de
l'exquis Prudhon?

Quoi qu'il en soit désormais de la lutte qu'on
peut prévoir entre l'antiquité de David et le mo-
dernisme de l'époque qui va suivre, une chose
apparaît clairement : la Révolution, en assurant
momentanément le triomphe de l'idéal nouveau,
n'en avait pas moins mis à côté du mal le remède.

Dans ce bouleversement du vieux sol national, toutes les semences du passé, grosses d'avenir, avaient été jetées aux quatre vents. Plus d'une germera, et les lettres comme les arts nous offriront cet attachant spectacle : Chateaubriand formé par la Révolution, et le romantisme né dans l'atelier de David.

TROISIÈME PARTIE

LE DIX-NEUVIÈME SIÈCLE

TROISIÈME PARTIE

LE DIX-NEUVIEME SIECLE

La similitude de l'art et des lettres, déjà frappante avant la Révolution, l'est davantage après.
Les dernières barrières intellectuelles s'étant
abattues avec les dernières barrières sociales,
toutes les œuvres de l'esprit sont devenues mitoyennes. Ce qui était parenté entre les beauxarts, devient maintenant fraternité. Artistes et
littérateurs vont désormais travailler à la même
œuvre, combattre le même combat, user d'armes
analogues, au service des mêmes théories, désignées des mêmes vocables. L'art du xix⁰ siècle
passera par toutes les étapes de la littérature,
classicisme et romantisme, réalisme, naturalisme,
symbolisme, pour aboutir comme elle au cosmopolitisme et à l'anarchie d'aujourd'hui. Et quelle
précision dans ce parallélisme, quelle plénitude
de sens, sinon dans les termes eux-mêmes qui
désignent des tendances rivales, du moins dans

les œuvres qui, de part et d'autre, les caracté-
risent ! Lutte de tempéraments encore plus que
d'idées, soit : mais lutte incarnée dans des talents
si souvent jumeaux, que les artistes semblent se
modeler sur les écrivains, quand les écrivains
ne se modèlent pas sur les artistes.

Le rapprochement qui s'opérait jadis par degrés est devenu fusion. Comparer Poussin à
Corneille n'est pas sans doute établir une fausse
analogie. Mais l'analogie assez lointaine, et qui
voudrait la trop serrer de près risquerait de gau-
chir. Entre Watteau et Marivaux la ressemblance
se précise ; de Greuze à Diderot le rapport est
direct. Mais combien l'emporte encore en évidence la communauté d'art d'un Delacroix et
d'un Victor Hugo, d'un Paul Delaroche et d'un
Casimir Delavigne, d'un Courbet et d'un Flaubert,
d'un Manet et d'un Zola ? A ce point que de grands
écrivains se sont constitués les défenseurs opiniâ-
tres d'un art plastique exactement correspondant à
leur littérature, tandis que des artistes n'avouaient
pour leurs lectures de chevet que les œuvres
des poètes ou des romanciers qui mettaient en
action les sujets préférés de leurs pinceaux. Que
sera-ce, si l'on observe que la critique d'art a
séduit au passage, et quelquefois fixé, des écrivains de marque, et cela d'un bout à l'autre du
siècle, de Guizot à Taine et à Cherbuliez ? qu'en
outre, la plupart de ces critiques avaient reçu

une éducation artistique assez avancée, tels Mérimée, Th. Gautier, Charles Blanc, quand ils
n'étaient pas des artistes de profession, comme
Delacroix, Fromentin et Eugène Guillaume?
Que sera-ce enfin, si l'on remarque que l'œuvre
d'art, étudiée, décrite et transcrite à la plume,
devient, entre les mains de certains écrivains,
matière à littérature, et matière presque exclusive,
si bien que ces sortes de transpositions d'un art
à l'autre sont peut-être la partie la plus originale,
sinon la plus féconde, de l'œuvre d'un Th. Gautier ou des frères de Goncourt? Plus que jamais,
le parallèle de l'art avec la littérature s'impose.
Et peut-être serait-il moins malaisé de le déployer avec l'ampleur qu'il comporte que d'en
donner simplement, comme nous le faisons ici, un
raccourci suffisamment exact.

I. — *Classicisme et Romantisme*

(De 1800 à 1836 environ.)

L'art Empire. — Prudhon.

Le romantisme littéraire, fils direct de la Révolution, et le romantisme artistique, petit-fils
de David, par Gros son élève, s'étaient annon-
cés dès le début du siècle, l'un avec *le Génie
du Christianisme* (1802), l'autre avec *les Pesti-
tiférés de Jaffa* (1804). C'était, de part et d'autre, un beau chant du départ pour le siècle;
mais le siècle ne devait s'ébranler pour le suivre
que quinze ans après, au second appel. Dans
l'intervalle, l'art romantique naissant, et d'ailleurs inconscient, rentre dans l'ombre. Il semble
retourner au giron paternel comme Bacchus
après sa naissance prématurée, pour en jaillir
plus tard, adulte et victorieux.

C'est dès lors, durant quinze ou dix-huit années, « l'art Empire », ce froid succédané de
l'art David, comme c'est, en littérature, l'ère des

Delille, des Népomucène Lemercier, et de celui
que Chateaubriand appelait non sans complai-
sance, « le dernier écrivain de l'école classique de
la branche aînée », Fontanes. Les artistes, eux,
sont des classiques de la branche cadette. L'esthétique générale de David, érigée en pédagogie
étroite et tracassière, porte dès le Consulat une
estampille officielle, et fait partie du protocole.
Le grand public en avait eu un avant-goût non
trompeur lorsque le cortège triomphal des grands
corps de l'État, sorte de Panathénée franco-grec-
que, alla recevoir à Charenton les chefs-d'œuvre
que Bonaparte avait razziés en Italie, et que les
membres de l'Institut défilèrent en encadrant le
Laocoon, tandis que les artistes de l'Opéra, en
cothurnes, en chlamydes, une lyre au poing,
chantaient des chœurs de Gluck.

C'est dans ce style-là que toute une génération,
formée par David, s'évertue à sculpter, à peindre, à bâtir et à décorer. Ajoutons le goût personnel du maître, très prononcé en faveur de
l'antique et surtout du romain. Tout l'attirait
vers la patrie de César, plutôt que vers celle
d'Alexandre, et son origine italienne, et son cerveau latin, et jusqu'à cette ligne de visage qui,
maigre, faisait songer à l'onyx des camées, et,
grasse, à l'albâtre des bustes césariens. Quand
l'ancien cadet de Brienne, idéologue plus qu'il
ne croyait, eut foulé le sol vierge de l'Égypte

avec une escorte de savants, quand il eut fixé
l'aigle romaine aux bout de ses enseignes, et
assis l'État sur un code romain, du coup le champ
de l'art, si limité déjà par David, se circonscrit
encore. Et les thèmes de l'art officiel, le seul possible dans une société en reconstruction, tournèrent tous dans le cycle impérial. De là des allégories encore plus stéréotypées que celles de
l'ancien régime. De là cette foule d'attributs
guerriers partout prodigués avec une emphase
enfantine. De là enfin ce goût du sec, du roide
et du tendu, émanation directe de l'empereur,
goût qui passa des proclamations jusque dans les
bas-reliefs.

Tel est alors le style « héroïque ». La peinture elle-même va se faire lapidaire, tandis que
l'architecture adoptera, comme la sculpture, une
solennelle nudité. La colonne toscane, si dépour-
vue de grâce, sera prise pour le type de la grave
simplicité, à moins que des fûts antiques, en
marbres précieux et colorés, ne lui soient préférés dans les palais du maître, pour l'ancien
lustre qu'ils jettent sur un luxe tout neuf. Tout
est dorénavant aux trophées, aux casques et aux
glaives. Tandis que les poètes, imitateurs de
Lebrun-Pindare, font rimer gloire et victoire,
canon et Napoléon, l'ameublement et la décoration entre-croisent les mêmes rimes sous formes
de motifs rigides, découpés à l'emporte-pièce,

aux pieds des consoles d'acajou ou des colonnettes de pendules, comme aux ressauts des entablements, aux angles des corniches, au pourtour des tympans. Le cuivre doré, métal tout militaire, reluit en sphinx, en obélisques, en pyramidions : une ornementation de placage se range à l'alignement sous les lignes géométriques qui la couronnent. L'art, qui se sent à la parade, garde la tenue du soldat qui attend la revue. C'est en style de camée que Cartellier sculpte le quadrige triomphal de la colonnade du Louvre, plat comme une applique ; et c'est du romain appauvri, du pompéien phtisique, que les architectes Percier et Fontaine, raison sociale de l'architecture Empire, ont répandu avec une indigente profusion dans la grande galerie du bord de l'eau, sur la cheminée de la salle des Cariatides, et en vingt lieux officiels. Pendant ce temps, Bosio, le « Canova français », édulcorait encore le style de Canova dans les sujets doux, ou se guindait pour traduire en bronze, sur la colonne Vendôme, les exploits de la Grande Armée. Quant à la peinture, elle mettait en images l'histoire ancienne. L'art des « Bélisaire » avait repris de plus belle avec les continuateurs de David, dont un seul, l'énergique Lethière, faisait preuve de tempérament, à côté du glacial Pierre Guérin et du pseudo-classique Girodet-Trioson, un faux coloriste doublé d'un faux littérateur.

Et pourtant, cet art d'apparat se pique d'élégance, et même d'une sorte de fantaisie. Subissant à sa façon l'influence légère des souffles nouveaux, il s'infléchit dans le même sens que l'esprit public, essayant d'un mariage entre la forme antique et le sentiment moderne, entre le classique et le romanesque. Peut-être ce pédantisme hybride est-il ce qui *date* le mieux, vers l'Empire, les productions de l'art comme celles de la littérature. Les périphrases didactiques de l'abbé Delille reflètent déjà quelque chose de cet esprit : mais on le prend sur le vif chez Chateaubriand dans la partie des *Natchez* à laquelle il a plaqué la couleur épique. Le père du romantisme, qui craignait alors de trop innover, s'appliquait à suivre le conseil de son ami Fontanes, c'est-à-dire à « mettre la langue classique dans la bouche de personnages romantiques ». C'est donc parmi les romantiques sans le savoir, qu'il faudrait à la rigueur ranger des Davidiens comme Girodet, et Gérard lui-même, s'il fallait d'autre part appeler Napoléon un romantique à cause de son goût pour Ossian. En réalité, la même sentimentalité romanesque attirait déjà les classiques les plus décidés hors des voies de l'école, tant il est vrai qu'on ne résiste pas à l'esprit de son temps. Et la littérature commençait à mener l'art à grandes guides. Girodet peignait ses *Funérailles d'Atala* dès 1808, du même style, il est vrai, dont il traduisait Anacréon, soit en vers, soit en dessins aux deux crayons. Gérard nous offrira plus tard une *Corinne* de romance (1819). Tous deux, au début de leur carrière (1802), avaient lutté sur les lambris de la Malmaison à qui traduirait le mieux en style épico-classique des épisodes d'Ossian. « Je ne me connais pas à cette peinture-là », s'était écrié David stupéfait, à la vue de ces élucubrations. Qui pouvait en effet s'y reconnaître ? Le chef de l'école était pourtant mal venu à renier sa postérité légitime, quoique dégénérée.

Un artiste, un seul, baptisait d'une grâce toute française cette antiquité de convention, et renouvelait en peinture le miracle d'André Chénier. Pierre-Paul Prudhon, ce Chénier plus vaporeux et plus chaste, retrouvait par les voies ingénues de l'amour la poésie que l'auteur de l'*Aveugle* demandait surtout à un industrieux savoir. L'art compte peu de rencontres aussi complètes que celle de ce grec de Constantinople avec cet Athénien de Paris. N'était-ce pas le même rêve qu'ils poursuivaient de concert, obscurs tous deux, et s'ignorant l'un l'autre[1], lorsque, aux alentours de 1790, ils découvraient l'un la langue d'Homère,

---

1. Chénier est né en 1762. Prudhon, né en 1760, mort en 1823, a pu à la rigueur lire André Chénier en 1819, mais c'est peu probable.

S. Rocheblave. *L'art et le goût en France.* 16

et l'autre la statuaire antique, cette autre langue des dieux? Et ne sont-ils pas parvenus, à
l'insu l'un de l'autre, par des moyens où la
science le dispute à l'inspiration, à faire exprimer à l'antique des pensers nouveaux, des émotions nouvelles? Cette même statuaire qui a ré-
frigéré toute la peinture de David et de ses
épigones, quelle moite chaleur de vie ne com-
munique-t-elle pas, au contraire, à tout l'œuvre
de Prudhon! Ce n'est plus marbre ou porcelaine,
que ces figures à péplos qui remuent mollement
dans les grandes allégories du peintre, dans ses
bas-reliefs au crayon, dans ses fusains, ses ornements ou ses simples vignettes : c'est chair de
de divinités corrégiennes, qui s'humanisent, et
qui sourient. Qui dira le prix de ce sourire, moitié Joconde et moitié Faune du Capitole, que le
tendre artiste fait voltiger sur la face compassée
de la peinture impériale, et qu'il ose attacher,
dans sa candeur, aux lèvres de l'hôtesse de la
Malmaison? Celui qui a su pénétrer d'un tel
charme des sujets aussi banals qu'un Zéphyre
qui se balance ou une Psyché qu'enlèvent des
Amours, celui-là s'était fait une antiquité d'artiste,
c'est-à-dire une antiquité vivante, au lieu d'une
antiquité de doctrinaire ou d'archéologue. Non
que la grâce, où il triomphe, le limitât d'ailleurs aux sujets gracieux. Cette âme aimante a
exprimé le drame en peinture, comme elle l'a

éprouvé dans la réalité. Beaux drames, en effet, et d'une tendance déjà romantique, que des toiles comme *la Justice et la Vengeance divine poursuivant le crime* (1808), sans parler de ce *Christ en croix*, d'une si poignante impression. Le romantisme, ici, c'est d'abord la sombre énergie de la composition, l'acte ou le geste des personnages, qui n'ont rien de convenu, d'attendu, malgré ce que le premier de ces sujets peut offrir de littéraire. C'est aussi que le drame d'action est comme subordonné à un drame de lumière. Dans cette expression morale, en quelque sorte, de la lumière et de son accent, il y avait un exemple qui ne devait point être perdu pour Géricault, ni surtout pour Delacroix.

Au surplus, c'est Gros, et non Prudhon, qui exercera l'influence sur la nouvelle génération : Gros, dont le *Champ de bataille d'Eylau*, l'*Aboukir* et les *Pyramides*, exposés en bloc au fameux Salon de 1810, à l'occasion des Prix décennaux, renforcèrent encore l'effet des *Pestiférés de Jaffa* et ouvrirent entre la critique et les artistes la première querelle. Dès les approches de 1815, il était facile de voir que la lutte allait s'engager entre les disciples de Gros, manière moderne (car Gros a deux faces comme David), et ceux de David, manière classique. Le *Jaffa*, comme le *Léonidas*, allaient devenir deux drapeaux.

L'ART ROMANTIQUE
ET SES CONTACTS LITTÉRAIRES.

Les temps sont venus. L'orage qui couvait (qui l'eût cru?) dans le placide atelier de Guérin, éclate. Une grande toile grisâtre et verdâtre, hideuse comme la mort qu'elle peint, sublime d'horreur tragique, bouleverse toutes les idées reçues, au Salon de 1819, et fait acclamer maître un jeune artiste, hier inconnu. Le *Naufrage de la Méduse* a fait son apparition. Il sème l'épouvante. David est en exil, l'Académie aux abois. Derrière Géricault, les juges ordinaires du Salon sentent gronder une jeunesse batailleuse, rétive à la règle, celle que Musset nous représente « conçue entre deux batailles ». Les signes de révolte se multiplient. En vain le fougueux porte-drapeau, Géricault, tombe à trente-trois ans (en 1824), perte à jamais déplorable : il a pu compter dans ses rangs un volontaire comme Delacroix ; la vue de la *Barque du Dante* (1822) a consolé son agonie. Au salon de 1824 ils sont un groupe ; à celui de 1827 ils seront légion, hautement victorieuse. La même année paraît la *Préface de Cromwell*[1]. Art nou-

1. Parue en décembre 1827, chez Ambroise Dupont, avec

veau et jeune littérature foncent ensemble sur
le même ennemi. Cette fois ce n'est plus l'émeute,
c'est bien la révolution.

Faut-il définir l'art romantique ? La tâche,
comme pour la littérature romantique, sera malaisée, s'il s'agit de dire exactement ce qu'est
l'art nouveau ; très aisée, s'il s'agit seulement
de marquer ce qu'il n'est pas. L'art romantique,
en toutes choses, a pris le contrepied de l'art
classique ; il est une réaction, systématique
peut-être, il n'est pas un système. Les critiques
de la première heure ne le définissaient eux-
mêmes que par à peu près : « Depuis quelques
années, écrit Delécluze à la date de 1828, en
France on désigne par le mot *classique* tout
peintre sans imagination, qui fait profession
d'imiter machinalement les ouvrages de la statuaire antique... Enfin, on stigmatise particulièrement de ce nom les imitateurs maladroits
du peintre David. » Il ajoutait: « Romantique :
mot emprunté à la langue anglaise, où il veut
dire *sauvage, inculte, romanesque, faux.* On ne
sait pas encore au juste ce que l'on entend à
présent par la peinture romantique. Toutefois,
on peut juger que, dans leur théorie, *le coloris
et l'effet sont placés en première ligne parmi les*

la date de 1828 (Maurice Souriau, *La Préface de Cromwell,*
avant-propos).

*moyens d'imiter et d'agir sur les spectateurs,
tandis que l'expression des formes est négligée*
comme un accessoire insignifiant[1]. » Ces derniers mots trahissent les secrètes préférences de
l'ancien élève de David, devenu le critique des
Débats. Cependant, à tout prendre, la distinction est juste. L'art romantique est bien l'antithèse de l'art classique : antithèse qui a sa
source profonde dans ces deux principes ou plutôt dans ces deux convictions inébranlables : la
pluralité des types du beau (c'est-à-dire la négation du Beau absolu, de l' « idéal » classique
et la valeur éminente du sentiment personnel en
art.

Ne reconnaissons-nous pas, dans l'un comme
dans l'autre, l'esprit même du romantisme littéraire ? L'émancipation de l'artiste devait suivre
celle de l'écrivain. Elle était la conséquence
logique de cet « individualisme » qui, brisant
les moules étroits des anciennes doctrines, a
créé la pensée moderne. Du moment que l'on
cherchait sur quels « immortels principes » on
assoirait l'art nouveau à côté de la littérature
nouvelle, force était bien de reconnaître que les
anciennes règles ne reposaient sur aucun fondement solide, et que, là comme ailleurs, le seul
agent vital, c'était la liberté. Une grande durée

1. Delécluze, *Traité de peinture,* 1828.

de tradition pouvait faire illusion un instant ;
l'autorité personnelle d'un maître, l'ascendant
d'un talent despotique, devaient retarder quelque
temps l'effraction des dernières barrières. Mais
plus le flot montant sera contenu, plus sa force
sera enfin irrésistible. David, au surplus, avait
donné aux novateurs un exemple qui devait
tourner contre lui, lorsque sa peinture s'était faite
« civique » avec le *Marat*, puis « moderne »
avec le *Sacre*, avec les *Aigles*. Il avait beau
maintenant roidir sa doctrine, brandir ses
foudres du fond de son exil à Bruxelles, détour-
ner l'instinctif et génial Gros de peindre des
« anecdotes » (les *Batailles* de Gros, des anecdotes!), tout le trahit à la fois, mais surtout
l'intolérance et l'insuffisance de ses disciples,
malgré leur toute-puissance aux Salons et à
l'Institut. A leur *nescio vos* inintelligent, articulé
chaque jour d'une voix plus sénile, toute la
vaillante jeunesse répondit par des cris qu'il
fallut bien entendre et par des chefs-d'œuvre qu'il
fallut bien se résoudre à laisser voir. Et l'on
mesura, de part et d'autre, l'abîme qui s'était
creusé entre l'art d'hier et l'art d'aujourd'hui.
Hier, c'était un coin du passé antique, et encore
soigneusement sarclé, qui constituait l'unique
domaine de l'art : aujourd'hui, le monde. Hier,
quelques grands événements contemporains
pouvaient seuls tenter le pinceau, le ciseau ; et

encore n'était-ce que des « anecdotes », ou des laideurs qu'il fallait ennoblir par le nu héroïque, comme ce Napoléon nu-jambes, montant sa faction de César sur le fût d'une colonne de bronze: aujourd'hui, tout le passé national, toute cette Histoire dont Michelet va dire qu'elle est une résurrection. Hier la défiance pour les illusions du pittoresque et les amorces de la couleur : aujourd'hui les imaginations de la couleur locale et le flamboiement de la palette. Hier, les sujets choisis, la composition réglée, le ton uni : aujourd'hui la furie, le déchaînement, la soif de tout étreindre, pour faire palpiter le marbre, et rugir la toile. Se peut-il contraste plus complet ? A l'ancienne esthétique, celle des règles et du choix, la nouvelle répond : ni choix, ni règles. Mais au nom de quoi ce bouleversement ? Une seule réponse, affirmative celle-là, et non négative comme les autres : « Au nom de la vie .» Retenons-la, car tout le reste en dépend. Le principe qui fonde le romantisme artistique, identique à celui qui fonde le romantisme littéraire, est celui-ci: « Tout ce qui a vie a droit[1]. »

Mais encore, que faut-il entendre par « tout ce qui a vie » ? Est-ce vraiment « tout » ce qu'il y a dans la nature ? — Non seulement tout ce qu'il y a dans la nature, mais tout ce qu'il y a

----

1. Alfred Dumesnil, *La foi cherchée dans l'art.*

dans l'imagination. Sans doute on ne commen-
cera point par ce qu'il y a de plus outré dans
cette liberté, trop semblable à une gageure ;
mais au bout de deux ou trois générations, on y
arrivera. Le principe est posé. C'est la liberté
de l'art, la liberté absolue, avec toutes les
licences, tous les écarts possibles, voire toutes
les folies. Plutôt courir les chances de cet abus
que de l'autre. Rien de plus net, de plus logique
d'ailleurs. Tant de bandelettes liées autour de
l'art durant deux siècles de doctrine, ne pouvaient être enlevées une à une, mais devaient
craquer toutes à la fois dans un accès de révolte
du faux cadavre, qui maintenant saute et bondit.
La vie, la simple vie naturelle va griser l'art
comme une fièvre. Pour la première fois, il
quitte la serre chaude de l'atelier, où le renfer-
mé d'ambroisie classique tient lieu d'oxygène ;
il vit dans l'atmosphère commune, il respire l'air
de son temps à pleins poumons. En quête de
rajeunissement, tout lui est source de Jouvence.
Ici c'est l'histoire, peinte des couleurs de la
jeunesse, qui lui sourit d'une fraîche nouveauté,
avant d'être matière de science et d'art réfléchi,
ce qui viendra sous peu. Là, c'est la nouvelle
littérature, parée de son éclat étrange, comme
ces jolies sauvagesses dont Chateaubriand nous
peint la séduction. Ailleurs, il est attiré vers les
mondes fabuleux, réels ou imaginaires, soit qu'il

rêve de cet Orient qu'aucun explorateur de la peinture n'a découvert encore, soit qu'un caprice plus septentrional emporte l'artiste vers ces fictions germaniques ou anglo-saxonnes dont Gœthe, Shakespeare, Schiller, Milton, en attendant Hoffmann, puis Edgar Poe, sont les créateurs. Tout cela c'est littérature. Mais c'est art aussi, parfois au même degré de force, d'intensité. Tant la cohésion fut alors soudaine, profonde, complète, entre les diverses formes de la pensée, ce qui ne s'était pas vu chez nous depuis le moyen-âge. Rappelons donc brièvement, avant d'étudier l'art en lui-même, quels sont, parmi tant d'auteurs, ceux que les artistes romantiques ont le plus souvent ou volontairement imités ou instinctivement reflétés.

Trois noms priment ici les autres, Chateaubriand, Mme de Staël, Victor Hugo. Toutefois, quelle que soit l'accélération communiquée par V. Hugo à la révolution artistique, il ne vient qu'après les deux autres noms, soit en date, soit en influence. L'art romantique est déjà infus dans l'œuvre de Chateaubriand, mal déguisé sous son hermaphrodisme classique. Le dessin des personnages, des femmes surtout, a beau rester insignifiant et gracile comme dans les figurines de Canova, on sent par-dessous la *vaghezza* de l'âme; et c'est par cette *vaghezza* sentimentale que la peinture a d'abord été attaquée. Le

« mal du siècle », grâce à l'affinité mystérieuse qui fait les arts se pénétrer, a eu des conséquences plastiques. Comme Chateaubriand, les artistes ont porté leur cœur en écharpe. Des mots à long retentissement, des vibrations secrètes et profondes émanées du « christianisme des cloches », ont réveillé en eux une âme qu'ils ne se connaissaient pas. Cette âme, ils se sont appliqués à la traduire, parfois sur les thèmes fournis par celui-là même qui la faisait résonner. Faut-il rappeler l'*Enterrement d'Atala*, et son succès incroyable ? La poésie insinuée par l'exotisme séducteur des *Natchez*, par ces « nuits » du Nouveau-Monde, par ces couchers de soleil incandescents, où l'on voit l'astre former « une tangente d'or sur l'arc roulant des mers », toutes ces magnifiques voluptés de la parole ne pouvaient être perdues pour l'art. Encore moins la joaillerie hispano-mauresque de ce conte en cloisonné, le *Dernier Abencerage,* qui découpe chacune de ses pages en émaux étincelants. Ce sont bien, d'autre part, les pages du *Génie du Christianisme* consacrées aux cathédrales qui donnent naissance au « gothique troubadour »; lorsque, plus tard, le public risque de l'avoir oublié, Chateaubriand le lui rappelle avec insistance[1].

1. « C'est encore à cet ouvrage (le *Génie*) que se rattache

Mme de Staël, de son côté, a exercé sur l'art
une influence tout aussi profonde et peut-être
plus immédiate. Elle a donné le ton aux artistes
par le ton dont elle a parlé de l'art. Elle a découvert l'enthousiasme ; elle l'a installé en roi, en
dieu, dans tous les domaines de l'esprit. Elle a
fait de l'exaltation le synonyme de l'inspiration ;
elle a voulu que l'artiste, comme l'écrivain,
brûlât d'une passion cérébrale, qui est à la
flamme du cœur ce que la fièvre est à la santé.
Poussant à bout l'idée du *Génie du Christianisme*,
elle a posé dans l'*Allemagne* l'antithèse et même
l'hostilité de la poésie classique et de la poésie
romantique. Elle mettait le doigt sur le nœud
même de la question, dans cette ligne qui frappe
comme un éclair : « Les arts, en France, ne
sont pas, comme ailleurs, natifs du pays même
où leurs beautés se développent[1]. » Déjà, dans
Corinne, elle faisait discourir ainsi son héroïne
sur les statues et les tombeaux : « Les sentiments religieux des Grecs et des Romains, la
disposition de leur âme en tout genre ne pou-
vant être la nôtre, il nous est impossible de
créer dans leur sens, d'inventer, pour ainsi
dire, sur leur terrain. L'on peut les imiter à

le goût actuel pour les édifices du moyen âge... » (*Mémoires
d'outre-tombe*, passage écrit en 1837).

  1. *De l'Allemagne* ; chap. XI.

force d'étude ; mais comment le génie trouve-
rait-il son essor dans un travail où la mémoire
et l'érudition sont si nécessaires ? Il n'en est pas
de même des sujets qui appartiennent à notre
propre histoire ou à notre propre religion. Les
peintres peuvent en avoir eux-mêmes l'inspiration personnelle ; ils sentent ce qu'ils peignent,
ils peignent ce qu'ils ont vu. *La vie leur sert
pour imaginer la vie* ; mais en se transportant
dans l'antiquité, il faut qu'ils inventent d'après
les livres et les statues [1] ». Or ce n'est point là,
chez Mme de Staël, impression momentanée de
femme, aperçu jeté en passant. C'est le fond même
de tous ses ouvrages. Au nom de la vie encore
et de ses aspects multiples, elle arrache le lecteur à ses idées françaises pour le jeter en pleine
Allemagne, en pleine Italie : et, si l'Allemagne
donne surtout matière à dissertations animées,
l'Italie fournit des cadres si parlants à l'imagination, que beaucoup d'artistes dressent leur
chevalet en face d'une page de *Corinne*. L'antiquité même prendra, sous cette plume échauffée,
une couleur romanesque qui la déformera : et
cette faute est le meilleur exemple des exigences de l'art. Au reste, assez de choses
prêchent dans son œuvre le romantisme direct [2],

1. *Corinne*, livre VIII.
2. Par exemple ceci, à propos du pont Saint-Ange : « Le

pour que ce romantisme à rebours, en quelque sorte, ne soit considéré chez Mme de Staël que comme une involontaire, mais topique contre-épreuve.

Victor Hugo, venu plus tard, et lançant son manifeste lorsque Géricault et Delacroix avaient déjà gagné les batailles décisives, élargira encore pour l'art ce premier romantisme de sentiment, en y ajoutant ce que l'on pourrait appeler un romantisme de document. Sa principale action date de la formule fameuse : « Si le poète doit *choisir* dans les choses (et il le doit), ce n'est pas le beau, mais le caractéristique. » La théorie du *caractère*, et celle du grotesque, n'ont pas été, certainement, sans renforcer d'une autorité de doctrine les effets d'art que les peintres avaient déjà trouvés d'instinct. Toutefois, la véritable influence artistique de V. Hugo (si tant est qu'il n'ait pas suivi ceux qu'il prétendait guider), s'exercera surtout plus tard, soit sous l'espèce archéologique, soit sous l'espèce réaliste. En attendant, on peut noter la concordance entre les artistes et lui sur le principe essentiel : « Il est temps de le dire hautement,...

silence du lieu, les pâles ombres du Tibre, les rayons de la lune qui éclairaient les statues placées sur le pont et *faisaient des statues comme des ombres blanches regardant fixement couler les flots et les temps qui ne les concernent plus...* » (*Corinne*, livre II, vers la fin).

tout ce qui est dans la nature est dans l'art[1]. »

A ces influences françaises s'ajoutent des influences étrangères. On ne peut ici que les signaler d'un mot. Mais comment omettre le contre-coup ressenti par l'art des nouveautés d'Outre-Rhin et d'Outre-Manche, qu'auteurs, traducteurs, imitateurs, tentaient d'acclimater chez nous? Nous avions déjà Ossian. Voici Shakespeare, voici Gœthe, Schiller, Bürger, voici les lakistes, voici Byron. Le théâtre étranger force nos portes. Vigny se vante d'avoir fait escalader par cet Arabe (Othello) la citadelle du théâtre français », et d'avoir « arboré le drapeau de l'art aux armes de Shakespeare ». *Faust*, à peine traduit par Albert Stapfer, trouve en Delacroix un magistral interprète, dont Gœthe lui-même se déclarait ravi. Le même Delacroix puisera tout à l'heure à pleines mains dans Shakespeare, en compagnie de Chassériau et de bien d'autres. Quant à Hoffmann, dont les *Contes fantastiques* ont halluciné chez nous toute une génération, beaucoup de son humour passera dans les frontispices grouillants de Nanteuil, les compositions des Johannot. La critique commence enfin à faire le départ des influences étrangères dans notre littérature romantique[2];

1. Souriau, *op. cit.*, p. 43.
2. Joseph Texte, *Études de littérature européenne*, 1898. —

quiconque tentera un travail analogue pour notre
art, sera payé de sa peine.

LA MÊLÉE ARTISTIQUE. L'ART ET LES MŒURS.

Le *Naufrage de la Méduse* avait marqué l'affranchissement définitif de la peinture. Dès lors,
les hardiesses se précipitent. De l'atelier de
Guérin, « comme du cheval de Troie », s'élan-
cent, à la suite de Géricault, des assaillants qui
se nomment Delacroix, Ary Scheffer, Champmartin, etc. La *Barque du Dante* (1822) révèle
Delacroix armé de toutes pièces pour la lutte :
coloris vigoureux, composition savante, fière
anatomie, fougue et concentration de la pensée,
le futur chef du romantisme est là complet, dès
sa première toile, puissant dans un équilibre
qui s'altérera plus tard. Géricault, son laurier à
la main, peut mourir comme le coursier de
Marathon. Voici sur ses pas l'armée victorieuse.
Deux dates marquent les dernières et triom-
phales étapes: 1824 et 1827. Au salon de 1824,
à côté du *Massacre de Scio* de Delacroix, toile
heurtée, brossée par quelque Némésis furieuse,
vrai défi jeté au classicisme, une phalange

(Voir tout spécialement le chapitre sur *la poésie lakiste en
France*, et celui sur *l'influence allemande en France*)

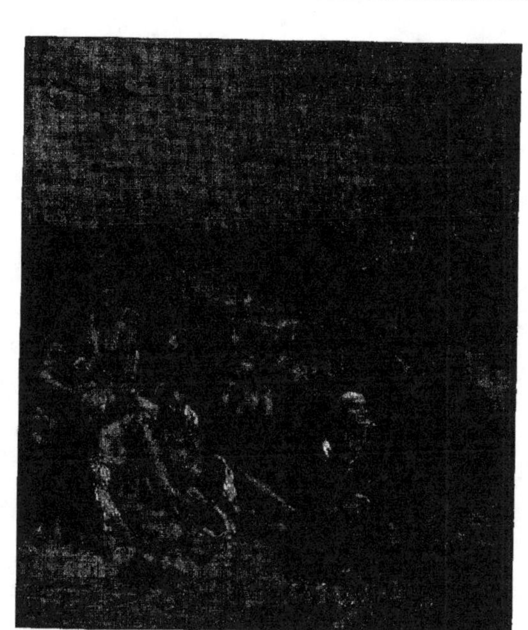

Phot. Alinari.

Scène des massacres de Scio
Tableau de Delacroix (Musée du Louvre).

Pl. XIII.   *L'art et le goût en France.*

d'artistes plus ou moins novateurs s'annonçait brillante : Ary Scheffer avec un sujet national, la *Mort de Gaston de Foix* ; Eugène Devéria avec une *Madone* romantique ; Champmartin avec un *Massacre des Innocents* haut en couleur ; Léopold Robert avec cet *Improvisateur napolitain* qui semble inspiré de *Corinne* ; David d'Angers avec sa *Mort de Bonchamp,* classique par le nu, mais romantique par l'accent et le geste. Ingres lui-même, sorti de la tradition académique avec son très noble *Vœu de Louis XIII,* était poursuivi par les quolibets des Davidiens et rangé d'office parmi les révolutionnaires.

En 1827, les vainqueurs achèvent d'écraser la « queue de David ». Delacroix expose son fulgurant *Sardanapale,* Louis Boulanger son *Mazeppa,* Ary Scheffer ses douloureuses *Femmes souliotes,* pendant que Decamps, en ses premières toiles exotiques, prélude à la conquête de l'Orient. Par contre, il est vrai, l'*Apothéose d'Homère* révélait un Ingres inattendu, et cet événement était gros de conséquences. Mais l'art de l'*Apothéose,* comme celui du *Sardanapale,* était un art nouveau. La comparaison se tournait en confusion pour les derniers classiques, les Wattelet, les Bertin, les Turpin de Crissé, etc. A peine pouvait-on mettre en ligne de compte quelques talents de tendance intermédiaire, Heim, Steuben, Drolling, Schnetz et Cogniet

alors à leurs débuts, petite troupe qui se grossira
bientôt de quelques transfuges du romantisme
et tentera plus tard de concilier les deux partis.

Ainsi la peinture romantique triomphait sur
toute la ligne. En trois enjambées elle était au
but. Elle distançait la littérature, qui attendait
encore son manifeste ; mais elle aidait par là
même à l'éclosion de ce manifeste, elle y pré-
parait l'esprit public, en attendant que le concours des artistes imposât à la foule une œuvre
littéraire qui fût sœur jumelle de sa doctrine.
Ce sont les ateliers qui ont fourni la « claque »
d'*Hernani*[1]. Rapins et littérateurs étaient d'ailleurs montés au même diapason. On a tiré l'épée
pour le *Massacre de Scio*. L'art était partagé
entre deux factions qui échangeaient les vocables
de classique et de romantique comme des injures. Parmi les œuvres, la passion ne permet-
tait guère le choix ; il s'agissait de parti, plus
encore que de talent. L'*Athalie* de Sigalon,
l'*Inès de Castro* de Saint-Epvre, suscitaient autant d'enthousiastes que le *Virgile aux Enfers*
de Delacroix. Les noms de Racine, de Dante,
de Shakespeare, servaient de boucliers et de
massues. La mêlée devenait artistico-littéraire,
se compliquait souvent, s'obscurcissait. Une ou
deux volontés nettes émergent seules de ce

1. Voir Th. Gautier, *Histoire du romantisme.*

tourbillon : l'abolition de tous les poncifs est la première ; l'adoption de toutes les nouveautés est la seconde. On voulait un art pareil à l'époque où l'on vivait : des figures de chair et de sang, et non des mannequins posés sur des socles ; de la passion, voire tourmentée et convulsée ; du drame et de la couleur, du drame surtout. Victor Hugo faisant tout aboutir au drame, dans sa fameuse Préface de *Cromwell,* reproduisait l'idée favorite des artistes.

Ce débordement de vie, cette sorte de grouillement fébrile érigé en loi de l'art, avait encore l'avantage de rapprocher la peinture de la foule, d'agir sur ses nerfs, d'intéresser la masse des spectateurs aux choses artistiques; de mettre en quelque sorte le parterre aux loges. Cette tendance démocratique, qu'on retrouve aussi dans les œuvres littéraires, va se fortifier d'un élément nouveau, l'art populaire, et, pour trancher le mot, l'art à bon marché. On ne saurait trop s'aviser de l'étroit lien qui unit l'art à l'industrie d'art, parfois jusqu'à l'en faire dépendre. Une invention d'apparence purement ouvrière, le transport d'un crayon sur une pierre savonneuse, fut à la fois le véhicule de l'art romantique à ses débuts, et l'agent le plus actif de ses déformations successives. La *lithographie* découverte, l'entre-deux de l'art fut trouvé. C'est dès lors l'action instantanée non seulement de l'art

sur la foule, mais inversement de la foule sur
l'art. C'est la répercussion à l'infini, la vulgari-
sation à outrance, avec sa conséquence, la vulgarité, et l'unisson possible de toutes les formes
de l'esprit public avec toutes les formes d'un
art *non classique*. Comment en effet l'art de la
ligne s'accommoderait-il d'un procédé dont
l'essence est de l'altérer ? Dès lors, tout ce qui
est expéditif, pittoresque, trouvait l'instrument
fait exprès pour l'exprimer. Et, si la reproduc-
tion des œuvres dramatiques devenait le lot naturel des lithographes, à eux encore l'idée d'ac-
compagner les œuvres romanesques, ou les
traductions exotiques, d'un commentaire perpétuel en images. L'*illustration* était créée, l'illustration au bois ou à la pierre, celle qui est por-
tative, modique, et qui passe du cabinet de
lecture au boudoir. Faut-il montrer les conséquences incalculables de cette innovation industrielle ? C'est tout l'art « gothique troubadour »
qui prend corps; c'est Walter Scott, Byron,
Manfred, Lénore, le Roi des Aulnes, Werther,
Mignon, imposés aux yeux sous la forme du
jour; c'est la scène du dernier roman, de la
dernière pièce, fixée à la mode de 1830 ; c'est le
sujet-pendule, l'en-tête de romance, le keapsake
Paris-Londres, voire le journal de modes, in-
fluant sur le goût public. Ce sont encore de véri-
tables artistes, comme les Devéria, détournés

de l'art sérieux et lent vers les improvisations
fugitives et lucratives. C'est, enfin, le combat
pour un idéal d'art rendu chaque jour plus difficile, parmi cet esprit positif du siècle qui
s'accentuera constamment par la satire et la
caricature, de Charlet à Grandville, de Grandville à Gavarni, de Gavarni à Daumier, de Daumier à Forain.

La révolution de 1830 et le triomphe des
idées bourgeoises devaient incliner davantage
encore l'art romantique à la démocratie. Gustave
Planche, le plus clairvoyant, sinon le plus im-
partial des juges d'alors, se plaignait que les
mœurs politiques eussent envahi jusqu'au domaine de l'art. Mais quoi? pouvait-on rêver
encore, après 1830, d'un art chambré dans
l'Académie? De toute façon, ce qu'on appelait
la « peinture romaine » était finie. La ruine de
toutes les majestés y était pour beaucoup ; l'esprit critique naissant y était pour quelque chose.
« Le succès des *Sabines* et des *Horaces,* dit fine-
ment G. Planche, reposait sur une foi puérile,
sur un respect ridicule pour les études de collège. Les travaux de la critique allemande et
française ont ramené le peuple souverain à sa
vraie taille. Aujourd'hui que nous les avons me-
surés, nous les voulons bien tels que Shakespeare nous les a montrés dans *Jules César* et
Coriolan ; mais autrement nous n'en voulons

plus. De chair et d'os, parlant, agissant comme nous, animés de nos passions, ignobles et salis par les mêmes vices, rongés par les mêmes désirs, d'or et de boue, à la bonne heure[1] !... » Quel commentaire de ces lignes que la *Barricade* de Delacroix, exposée justement au salon de 1831 ! Une fille du peuple, débraillée, marchant pieds nus à travers la mitraille et brandissant un drapeau, voilà ce qu'était devenue l'antique allégorie de la Liberté. Le cadavre de l'ouvrier en chemise parmi les pavés, le bourgeois armé et le gamin au pistolet qui encadrent cette apparition, la foule qui hurle derrière, voilà le drame tout cru, la vérité chaude de sang. Toile populaire et inspirée, vraie et symbolique tout ensemble, sans que le symbole ait rien coûté à la vérité. Triomphe de l'art nouveau en un sens, mais exemple de casse-cou; car il fallait Delacroix pour emporter une telle gageure. Lui seul pouvait ainsi faire tressaillir l'idéal aux flancs du réel. Cette Liberté, Barbier nous la rendra en vers, et ce Gavroche, V. Hugo l'illustrera de sa prose épique. Mais en art, que produira cette audace de génie, sans le génie ? Viennent les imitateurs, et la « sainte populace » sera la canaille, et la « fille du peuple » deviendra Marianne, un nouveau poncif.

1. G. Planche, *Revue du Salon de 1831.*

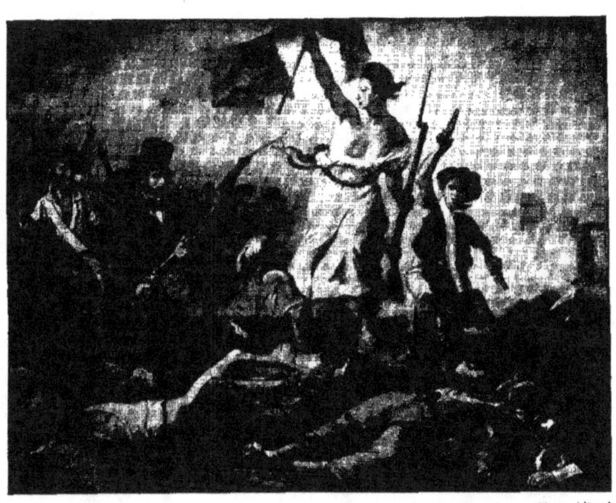

LE 28 JUILLET 1830, OU LA LIBERTÉ GUIDANT LE PEUPLE
Tableau de Delacroix (Musée du Louvre).

L'art et le goût en France.

Le malheur de l'art romantique fut, en effet,
qu'il tomba vite de l'inspiration à la routine. Les
imitateurs, ces traîtres de toute école, eurent
tôt fait de révéler son faible. Dès 1827, les amis
éclairés de l'art romantique jetaient le cri d'a-
larme : plus d'études, la peinture est lâchée, la
composition molle, la science nulle. Si on évitait
de peindre le nu, c'est qu'on ne le savait plus.
« La couleur n'est pas plus, chez la majorité
des novateurs, un sentiment intime, que le dessin ne l'était chez les élèves de l'école du
style[1]. » Les artistes n'ont fait que changer de
conventions ; ils en ont adopté seulement de
plus faciles. Delacroix reste Delacroix. Les
autres se partagent ses défauts.

LA QUERELLE DU DESSIN ET DE LA COULEUR. INGRES ET DELACROIX.

C'est alors que la nécessité de fortifier les
études suscite au romantisme l'utile adversaire
qui va remonter les ressorts de l'enseignement.
Ingres[2] se désignait pour ce rôle avec l'*Apothéose d'Homère*, tableau qui devance par la date

1. Jal, *Salon de 1827*.
2. Dominique Ingres, né à Montauban en 1781, mort en
1867.

et qui égale en signification le manifeste de
Nisard, *Contre la littérature facile.* Déjà les travaux exécutés par Ingres durant ses longues
années de séjour à Rome, de 1807 à 1824, dénon-
çaient des études scrupuleuses, tenaces, souli-
gnées de je ne sais quelle ambition hautaine et
froide. Il ne cherchait pas, certes, l'applaudis-
sement de la foule, l'artiste qui dans son *Roger
délivrant Angélique,* ramenait à la précision flo-
rentine la tumultueuse description de l'Arioste,
qui enfermait en des lignes si sûres le corps
infléchi d'*Œdipe* interrogeant le sphinx, qui
dans ses *Odalisques* posait et résolvait en pleine
lumière le problème du modelé sans accidents,
fondu dans un dessin impeccable. Cette attention sérieuse et têtue avait prouvé qu'elle se
prêtait mal aux scènes de genre (*Henri IV et ses
enfants*) ; la sérénité d'un sujet religieux, *Jésus-
Christ remettant les clefs à saint Pierre,* avait
mieux servi ses graves qualités. *Le Vœu de
Louis XIII* avait fait entrer son auteur à l'Institut, vers la quarante-cinquième année. Il y trouva
les davidiens encore nombreux. Toutes les espérances se tournèrent aussitôt vers lui ; il ne
les trompa point. L'*Apothéose d'Homère*, la première œuvre d'Ingres après son retour à Paris,
rétablissait ouvertement, dès 1827, tout ce que
la nouvelle école affectait de mépriser. Ce n'était
plus, il est vrai, la peinture davidienne en style

de bas-relief, le faux grec, et l'emphase académique : c'était l'école romaine réintégrée comme
exemple, Raphaël désigné comme le maître à
suivre, les lois de la composition remises en vigueur, le dessin prôné comme l'art de la peinture, la couleur traitée comme un accessoire,
l'élévation du style et la pensée assignée comme
le but suprême de l'art. Un grand talent, soutenu d'une volonté plus grande encore, tel était
le double enseignement qui arma l'auteur de
l'*Apothéose* d'une soudaine autorité. Bientôt le
Saint-Symphorien montrait chez ce disciple de
l'*École d'Athènes* un observateur de l'*Incendie
du bourg,* cette grande page où Raphaël essaie
de lutter avec Michel-Ange ; et, la note dramatique venant renforcer ici les bonheurs ordinaires de sa composition, Ingres parut s'élargir,
quand il ne faisait que confirmer ses exclusions.
Bref, à dater de là, Ingres, maître redouté d'un
atelier en vogue, influent au Salon, tout puissant à l'Institut, voulut couper court aux succès
du romantisme, et notamment, sauf en ce qui
concerne Delacroix, à ses faveurs officielles. Une
réaction commençait. Il était trouvé, ce chef
après lequel soupirait Gros, lorsque ce grand
artiste, bourrelé de remords en songeant à ses
audaces, gémissait sur le triste exemple qu'il
avait donné, et tombait dans une pénitence
finale qui le mena au suicide. L'école était scin-

dée en deux. Alors éclate la fameuse querelle
« du dessin et de la couleur ».

Querelle artistique doublée d'une querelle littéraire aussi, et qui résume nettement le débat
du romantisme et de ses adversaires. L'art est-il
dans le dessin? est-il dans la couleur? La ligne
est-elle plus expressive que l'effet? est-elle plus
exacte? C'est l'éternel dissentiment du dessinateur et du peintre, du froid observateur et du
coloriste passionné, de l'école romaine et de l'é-
cole vénitienne, d'Ingres et de Delacroix[1]. En
fait, la nature ne fournit pas de « lignes »; la
forme tourne, et les contours s'absorbent les uns
dans les autres; pourtant, comment nier que le
dessin soit « la probité de l'art », et, qui plus
est, sa base? D'autre part, la nature abonde en
effets lumineux, pittoresques, dramatiques : ce
n'est point le contour d'un arbre qui nous frappe,
mais son caractère: c'est l'énergie d'un geste, la
passion d'un regard, qui nous peignent une personne. S'il s'agit d'une grande scène, quel rôle
prépondérant que celui du mouvement général,
du jeu de la lumière et des ombres! Ne sera-ce
point assez que le contour principal, ou plutôt
ici la silhouette d'ensemble, vive, palpite, et pro-
fère le cri que notre oreille croit entendre? Sans
doute, à condition toutefois que les lignes parti-

1. Eugène Delacroix, né en 1798, mort en 1863.

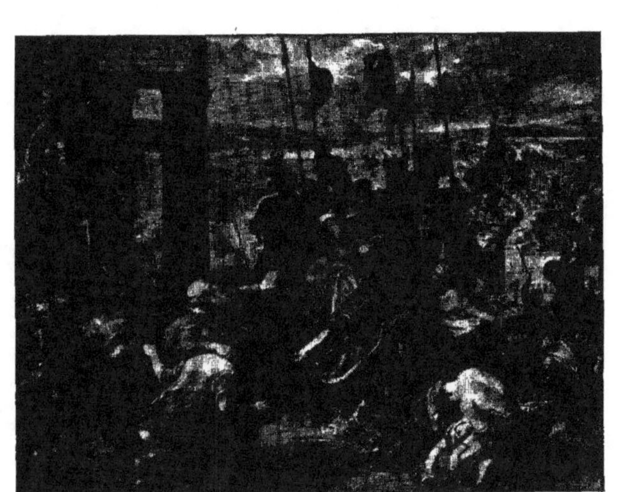

Phot. Alinari.

PRISE DE CONSTANTINOPLE PAR LES CROISÉS
Tableau de Delacroix (Musée du Louvre).

L'art et le goût en France.

culières ne soient pas trop incorrectes, et que l'effet ne soit pas obtenu aux dépens de l'exactitude. Il est un dessin animé qui est une peinture ; il est une peinture colorée qui conserve le dessin. La grande mésintelligence entre Ingres et Delacroix provient moins de l'erreur partielle dont chacun s'applaudit que de l'opposition farouche de leurs tempéraments. L'un est froid, l'autre passionné ; l'un docte, l'autre enthousiaste ; l'un exécute comme il a médité, lentement, méthodiquement ; l'autre souffre douloureusement d'une longue gestation, puis couvre la toile avec emportement et furie ; l'un décrit avec exactitude, achève avec minutie, et son scrupule ne va point sans grandeur ; l'autre enflamme l'idée principale, suggère le reste, est éloquent à mots entrecoupés. L'un cherche la beauté pure ; mais à force de l'épurer, il la glace. L'autre, à défaut de la beauté, fait briller son éclair[1].

Quelle matière à parallèles, genre La Bruyère, que l'antithèse qui se poursuit trente ans entre ces deux hommes, ce grand talent et ce grand génie, depuis l'*Apothéose d'Homère* opposée à l'*Entrée des Croisés à Constantinople*, jusqu'à l'*Apothéose de Napoléon* et au *Triomphe de la paix*, achevés et exposés en même temps dans les salons de l'Hôtel de Ville en 1854 ! Chacun

1. (Victor Hugo). Voir Souriau, *op. cit.*, p. 163-5,

d'eux réfléchit une des grandes faces de l'art, une seule, en cela incomplet et partial. Toutefois, si l'on considère les œuvres plus que les idées, et la puissance plus que la doctrine, nul doute alors : Ingres est un grand professeur avec des parties de maître, Delacroix est un maître tout entier et un créateur incomparable. Penseur profond, âme tourmentée, il est à lui seul le romantisme fait art. Du bout de son pinceau, il remue l'humanité jusqu'aux entrailles. Il a vraiment, seul en son temps, le don de la magie, des évocations à la Shakespeare, soit qu'il crée ces femmes douloureuses, terribles, comme sa *Médée*, qui arrachaient à Victor Hugo ce cri : « Soyez fières, vous êtes irrésistiblement laides! » soit qu'il écrive la légende des siècles à sa façon en des pages telles que la *Bataille de Taillebourg*. Bientôt la toile, si ample soit-elle, est étroite à sa vaste pensée. Il lui faut les plafonds, il lui faut les coupoles. Là seulement il se donne l'essor. Du haut de la galerie d'Apollon au Louvre, de la coupole du Luxembourg et du Salon du roi au Palais-Bourbon, Delacroix plane infiniment au-dessus d'Ingres et des petitesses de la *Stratonice*, Véronèse moins bruyant et Rubens plus ému. En vain les succès d'Ingres ont-ils passé pour une revanche de l'idéalisme sur un certain « matérialisme » romantique. S'il s'agit des romantiques du second ordre, ce jugement

est vrai, encore qu'Ingres représente en regard
d'eux moins l'idéalisme qu'une correction classique à la Delavigne ou à la Ponsard. Mais s'il
s'agit du chef de l'école, l'erreur est évidente :
le grand peintre idéaliste de cette époque, c'est
Delacroix ; et j'ajouterais volontiers qu'il est le
seul de ce siècle, si nous n'avions eu depuis, dans
un autre ordre de sentiments, un Puvis de Chavannes.

LA SCULPTURE ROMANTIQUE. DAVID D'ANGERS.

Tandis qu'en peinture la dispute s'élevait entre le dessin et la couleur, en sculpture la question se posait entre l'antique et le moderne. Nos
sculpteurs aussi cherchaient un rajeunissement.
Mais fallait-il abandonner tout à fait l'antique ?
Les uns, partisans d'une sorte de conciliation,
tentaient d'accentuer le mouvement des lignes
ou de leur communiquer plus de souplesse, tout
en se guidant sur le canon traditionnel : et le
quadrige du Carrousel, de Bosio, le *Spartacus*
de Foyatier, le *Courrier de Marathon* de Cortot,
sont des gages très estimables de cet achemine-
ment vers plus de liberté. Pradier, par contre,
plus réputé et plus fécond, aurait plutôt figé la
plastique qu'il n'aurait accordé les deux tendances, s'il ne s'était trouvé à ses côtés des artistes
plus incomplets peut-être et même plus malha-

biles, qui, nonobstant de graves lacunes, tirè-
rent du marbre ou du bronze des accents analogues à ceux de la peinture.

Il y a donc une sculpture romantique, malgré
le contraste apparent de ces deux mots. Mais
c'est seulement un peu tard, autour de 1830,
qu'elle naquit; et elle dura peu. Elle n'en offre
que plus d'intérêt, à cause de la rareté ou de la
singularité de ses spécimens. Les sculpteurs
purement romantiques se trahissent à leurs sujets : la littérature moderne, le moyen-âge et la
Bible, les fournissent presque tous. Dès l'apparition de *Notre-Dame de Paris* (1831), le marbre
va compter avec Phébus de Châteaupers. Jehan du
Seigneur, qui exposait cette année-là un *Roland
furieux*, nu, et épileptique, donnera au salon de
1833 un *Quasimodo et Esméralda*, avec un *Satan
terrassé par le Rédempteur*, grande machine où
un énorme rocher jouait le principal rôle. En
1836, sous prétexte de gothique, il exposait un
Dagobert en qui la critique était unanime à reconnaître le « roi de carreau ». Etex, qui devait
finir par la sculpture géométrique, débutait avec
un *Caïn* hirsute et tapageur (1833), et une *Fran-
çoise de Rimini*. Antonin Moine, artiste intéressant et malheureux, que des insuccès trop immé-
rités conduisirent au suicide, sculptait en style
miltonesque l'*Ange du Jugement dernier* (1836).
Préault, le type du sculpteur romantique, au ci-

seau truculent, avait des trouvailles funèbres,
comme son célèbre masque du Silence, ou des
effets shakespeariens, comme cette *Ophélie noyée*,
au musée de Marseille, qui retient sinistrement
le regard du visiteur. L'exotisme littéraire produisait le *Chactas* de Duret (1836), bronze
curieux, où la recherche du type ethnique et certains détails de l'attitude gardent encore aujour-
d'hui leur saveur[1]. Dans ces mêmes années,
Rude préludait avec Barye au grand élan qui
tout à l'heure va soulever l'école entière, le premier avec son *Pêcheur napolitain*, qui n'est encore qu'une timide hardiesse (1833), le second
avec ses grands fauves qui rugissent déjà très
haut, quoique le public inattentif les confonde
encore avec les lions bêlants de Fratin.

Mais le sculpteur le plus en vue, celui dont le
nom est inséparable du mouvement romantique,
tant à cause de ses relations littéraires qu'à cause
du caractère de ses œuvres, c'est David d'Angers[2], l'artiste exalté par Vigny, célébré par
Hugo, et si étroitement uni au cénacle, qu'il l'a
fait tout entier revivre en effigie. Romantique,
certes, il l'était de cœur et de tête, celui qui

1. Par exemple la position des pieds placés l'un sur l'autre.
Ce geste, qui surprenait G. Planche, est, paraît-il, familier aux
Indiens.

2. Né en 1792 à Angers, mort en 1856. — Voir H. Jouin,
David d'Angers, 2 vol. in-4 (Plon). Du même : *David d'Angers
et ses relations littéraires*, 1 vol. in-8.

dressait en marbre ou coulait en bronze Hugo
olympien, Balzac puissant, Gœthe profond, Cuvier pensif, Canaris héroïque, Paganini tourmenté, Géricault robuste, Lamartine beau, beaux
aussi Théophile Gautier au profil gaulois, Gustave Planche au profil grec, et toute cette gale·
rie de bustes qui atteint une centaine, sans parler des médaillons, qui dépassent sept cents! Ce
qui revit dans la partie iconographique de son
œuvre, c'est l'époque même du romantisme,
idéalisée et transfigurée, il est vrai, par l'enthousiasme de David, mais pourtant si exactement
saisie, et diversifiée avec une telle finesse, que
la littérature elle-même s'éclaire au commentaire
du sculpteur. La recherche de l'individualité,
nul ne l'a poussée aussi loin que David en ses
médaillons. Autant d'accidents différents que de
profils. Un détail suffit pour donner à chaque
physionomie sa marque : aux artistes, le mouvement de la chevelure, aux penseurs le développement du front ou l'enfoncement de l'œil, aux
natures penchées une certaine inflexion du cou,
à tous enfin un je ne sais quoi qui les distingue
et les ferait deviner. C'est par là que David, aidant la nature à faire son propre commentaire,
était romantique au sens artistique du mot. Il ne
l'était pas moins au sens littéraire, quand il traduisait en gestes de sculpture des métaphores
parfois heureuses : Fénelon appliquant la main

sur le cœur du petit Dauphin, Cuvier plongeant
la main dans les entrailles du globe. Son œuvre
fourmille d'inventions ingénieuses. Par malheur,
David d'Angers est aussi un élève de l'autre
David par sa superstition du nu et son goût pour
le style « héroïque ». La sculpture monumentale, qui devient avec lui facilement sentimentale, l'a parfois trahi, à Marseille par exemple
(*Porte d'Aix*). Ses statues funéraires sont très
inégales. Si le monument de la comtesse de
Bourck (1823) est d'une poésie qui rappelle à la
fois les stèles spiritualistes de l'Attique et une
Harmonie de Lamartine, la statue du général
Foy (1825), représenté tout nu, drapé dans une
toge avec un geste de tribun à « favoris », est du
faux moderne. Au moins le fronton du Panthéon,
découvert en 1837, respecte-t-il la vérité historique, en reproduisant les costumes d'un Bichat,
d'un Malesherbes. Le Napoléon allant arracher
les couronnes que la Renommée semble lui faire
attendre, est encore une de ces actions parlantes
qui n'appartiennent qu'à David.

Au total, la sculpture proprement romantique,
beaucoup plus hybride que la peinture romantique, ne pouvait faire révolution directe dans
l'école. Mais elle en a si frénétiquement secoué
toutes les chaînes, que les plus rouillées se sont
rompues. Le fruit de cette belle folie, Rude et
Barye le recueilleront.

II. — *Du Romantisme au Réalisme*

(De 1836 à 1880 environ).

L'année 1836 marque un arrêt brusque dans
la fortune de l'art romantique. Au Salon, des
refus retentissants annoncent que, dans l'esprit
du jury tout au moins, il y a quelque chose de
changé. D'autre part, nous savons par Chateaubriand qu'à la même date le gothique a tant fati-
gué, « qu'on en meurt d'ennui ». L'art, parti plus
tôt que la littérature, trouve aussi plus tôt qu'elle
sa journée des *Burgraves*. Refusés, non seulement Préault et Antonin Moine, mais Louis
Boulanger, Paul Huet, Marilhat, Théodore Rousseau, et Delacroix en personne avec une *Scène
d'Hamlet*! Les auteurs de ces exécutions s'appellent Blondel, Heim, Bidault, etc., tous membres
de l'Institut. Ingres, dit-on, eut du moins le bon
goût de ne pas voter.

C'en était fini de l'art romantique selon la for-

mule de 1819. La vogue en est épuisée. Eug.
Delacroix, toujours hors de page et maintenant
hors d'école, va poursuivre son ascension d'un
vol toujours croissant. Comme Victor Hugo, il
sera seul. En face de ses anciennes troupes va se
dresser une puissance naguère encore faiblement
organisée pour la défense, et maintenant armée
pour la domination, l'Institut. Depuis 1825, Ingres a rallié les hésitants autour de son drapeau.
Dix ans ont suffi à renouveler l'ancienne « quatrième classe de l'Institut », devenue depuis 1816
l' « Académie des Beaux-Arts ». Gros, Guérin,
Gérard disparaissent coup sur coup. Dès le commencement du règne de Charles X, Horace Vernet, David d'Angers, Pradier sont appelés, encore
très jeunes, à l'Académie. L'école des Beaux-
Arts, désormais isolée des bâtiments de l'Institut, mais non de son influence, en assure le recru-
tement au moyen de ses professeurs ; l'École de
Rome, placée dans la main même de l'Institut,
le complète au moyen de ses anciens élèves. En
1832, au lendemain des *Enfants d'Édouard* et du
Cromwell, Paul Delaroche est élu à l'Académie.
Il est suivi de près par Schnetz et Granet, deux
anciens pensionnaires de Rome, dont l'un devait
y retourner comme Directeur. Pendant près d'un
quart de siècle (de 1816 à 1839), le secrétaire
perpétuel de la compagnie est Quatremère de
Quincy, un savant doublé d'un théoricien ultra-

classique. A la mort de Percier, en 1838, sur les quarante membres de l'Académie des Beaux-Arts, treize ont été reçus sous Charles X, et quinze depuis 1830[1]. Ingres a eu la main dans vingt élections. Il est maintenant Directeur de l'École de Rome. L'influence d'un homme va de nouveau peser sur l'art. La peinture entière, façonnée au triple travail de l'École des Beaux-Arts, de l'École de Rome et de l'Institut, va s'acheminer, par la force des choses, vers ces solutions moyennes, ces conciliations bourgeoises, qui sont aussi celles de la presse libérale, des salons bien pensants et de la littérature Louis-Philippe.

LES TRANSFORMATIONS DU ROMANTISME.

En même temps, le romantisme se décompose. Dans son impétuosité, il a lancé tout son feu en quelques années. Cette généreuse flamme a fondu d'abord toutes les matières qu'on lui jetait en pâture : grâce à elle, on a pris pour une fusion ce qui était un amalgame. Le refroidissement venu, on a pu étudier les effets de l'éruption. Et voici qu'au lieu d'un art nouveau, sorte de bronze

1. *L'Académie des Beaux-Arts,* par le comte H. Delaborde, chap. v et vii.

de Corinthe forgé par l'incendie, on n'a trouvé que des fragments d'arts différents, agglutinés comme par rencontre. Au lieu d'une synthèse, une analyse ; au lieu d'un corps, une désagrégation.

Mais l'assemblage momentané avait été fécond ; la dissociation devait l'être plus encore.

Il n'est pas difficile, en effet, de distinguer dans le romantisme artistique (comme dans l'autre) plusieurs éléments, différents jusqu'à l'hostilité, et qui, se paralysant l'un l'autre au moment de leur naissance commune, devaient gagner chacun à s'isoler, à se détacher de la masse. Ces divers principes ne pouvaient devenir générateurs qu'après leur mise complète en liberté.

Laissons de côté l'inspiration et le génie, choses individuelles, beaux accidents qui ne sauraient être érigés en preuves. Voyons l'esprit même de l'art romantique. Qu'est-ce, d'une part, que cette curiosité pour l'histoire, cet élan sur les pas de Michelet, au moment où celui-ci opère son miracle de « résurrection » ? De pittoresque qu'elle est simplement au début, cette curiosité va devenir morale, et de morale scientifique. Elle va douer notre art d'un sens qui lui manquait, le sens du passé. Et non pas de notre passé seulement, mais de tous les passés. Voilà donc rendue possible, non seulement la création de cette grande chose qui s'appelle la Commission des

monuments historiques (née dès 1837), avec
l'œuvre immense de Viollet-le-Duc, mais encore
la recherche à la fois artistique et scientifique de
l'antiquité, étudiée sur place cette fois, chez elle,
et de préférence en pays grec. Les premiers travaux de Labrouste sur Pæstum, qui provoquè-
rent un violent conflit entre l'Institut et l'école
de Rome, sont de 1829[1]. L'école d'Athènes
(1847) est au bout de ce mouvement.

D'autre part, s'il s'agit du présent, quelles
conséquences ne va pas engendrer la nouvelle
esthétique, avec son souci non du « beau », mais
du « caractéristique », avec son dédain des formules, son mépris du « style », et sa passion du
vrai? Les artistes, au lieu de fermer les yeux devant une certaine nature ou de les baisser devant
certaines œuvres (Ingres recommandait à ses
élèves de baisser les yeux devant les toiles de
Rubens), les ouvriront tout grands au contraire,
pour s'accoutumer à voir juste, donc à peindre
et à sculpter vrai. Croira-t-on qu'avant Géricault
ce qui manquât le plus à nos artistes fût le sens
du monde extérieur? Le mot si profond de Théophile Gautier : « Je suis un homme pour qui le
monde extérieur existe », c'est au romantisme
qu'il faut en faire honneur. Et dès lors, comme on
ne voit pas simplement avec les yeux mais avec

1. Voir le comte H. Delaborde, *op. cit.*, p. 232 et suiv.

l'âme, et comme on ne peint pas simplement avec des couleurs mais avec du sentiment, voilà la « vérité » en art diversifiée à l'infini. Se bien pénétrer des choses, et les rendre comme on les voit, comme on les sent, *presque sans choix*, car en art « il n'y a de différence qu'entre une chose bien faite et une chose mal faite »[1], n'est-ce pas là tout le réalisme en germe, et non moins la théorie de l'art pour l'art?

Et enfin, si l'art n'est plus parqué, comme la tragédie classique, dans une antiquité de convention, à des époques de convention, et si tout pays est capable de provoquer l'émotion artistitique, pourquoi refuser au climat de l'Afrique le pittoresque qu'on accorde au climat de la Grèce ? pourquoi l'artiste, suivant nos armées sur le sol vierge de l'Algérie comme Gros suivait en Égypte le général Bonaparte, ne planterait-il pas son chevalet devant la tente du Bédouin, devant l'école arabe, devant la mosquée à l'heure du muezzin ? Pourquoi enfin, sans changer de contrée, ne se demanderait-il pas si les coteaux modérés de l'Ile-de-France, les lignes gracieuses de la Touraine, les verdures gonflées de la Normandie ne remplaceraient pas avec avantage, pour des yeux français, les éternelles plaines de la campagne romaine, et le sempiternel

1. (*Préface de Cromwell.*)

« paysage historique », cher à Victor Bertin ?
On le voit donc : sens du passé, sens du présent, science, couleur, réalisme, orientalisme découverte de la nature « naturelle », tels sont les principaux éléments qui, dégagés presque simultanément du romantisme en dissolution, vont créer en art des combinaisons nouvelles.

L'ART « JUSTE-MILIEU ».

La première est ce que l'on peut appeler l'art « juste-milieu ». Si la réaction d'Ingres triomphait en haut lieu, du romantisme il restait pourtant quelque chose, savoir la remise en honneur du sentiment individuel et de l'expression. Pouvait-on d'autre part accorder ces deux antagonistes, la couleur et le dessin ? On le tenta. Des romantiques de la première heure, comme Ary Scheffer, tempéraments plus poétiques que vigoureux, laissèrent leur âme plastique épouser des formes momentanées : artistes fuyants, instructifs à étudier, qui se cherchent toute la vie avec inquiétude, et meurent sans s'être trouvés. Même incertitude chez Léopold Robert, coloriste trop vernissé, mais styliste intéressant, qui, l'âge aidant, eût peut-être inauguré une grande peinture de « genre », s'il n'avait mis fin à ses

jours très prématurément[1]. D'autres, incontes-
tablement teintés de romantisme, mais surtout
bons et solides talents d'école, Léon Cogniet,
Jean Gigoux, tendaient nettement à rajeunir
la peinture d'histoire : pleins de mérite l'un
et l'autre, mais tous deux exposés à donner les
dimensions d'une « grande machine » à des
anecdotes. D'autres encore, nés peintres de
chevaux et cocardiers, comme Horace Vernet,
prenaient la facilité pour le style, peignaient
Raphaël au Vatican (1833) en couleurs de chro-
molithographie, et *Judith* (1847) retroussant ses
manches avec un geste de grisette. A l'école de
Rome, dans le calme des études presque désin-
téressées, un éclectisme plus intelligent était en
honneur. Les solutions mi-parties s'adaptaient
mieux au cadre italien et aux scènes de la vie
italienne, ce spectacle perpétuel. Deux très aima-
bles artistes, l'un plus recueilli, l'autre plus
observateur, Granet et Schnetz, découvraient
l'Italie familière et la peignaient avec harmonie,
justesse, l'un à l'ombre amicale de ses cloîtres,
l'autre au plein jour de la rue. Granet sut d'ordinaire ne point forcer sa note. Schnetz, lui,
voulut dilater son talent, et se trompa. Tel autre,
Alaux, s'est perdu et comme noyé dans le sien.

---

1. Né en 1794, il se suicida en 1835, la même année que
Gros.

Les grandes entreprises, batailles ou plafonds,
ont fait lire en gros caractères les défauts de cet
art mixte qui n'a qu'une demi-vérité, une demi-
couleur, une demi-conviction. Si la *galerie des
Batailles*, à Versailles, ne suffit pas à faire éclater sa faiblesse (peut-on comparer les meilleures
pages de Bouchot, de Couder, avec les frémis-
santes scènes d'Eugène Delacroix ?), il suffira
d'un coup d'œil jeté sur les plafonds du Louvre
exécutés sous Louis-Philippe, pour comprendre
combien la peinture d'alors a poussé l'art du
compromis jusqu'à la nullité.

Faut-il faire exception, pour le triomphateur
des Salons, Paul Delaroche ?[1] Il fut si rudoyé
jadis par Gustave Planche qu'on serait un moment tenté de le défendre. Et pourtant ce n'est
point le public qui avait raison contre le critique. Aujourd'hui que l'art d'un Scribe est jugé,
celui d'un Paul Delaroche ne saurait ne pas l'être.
Sans doute ses scènes sont ingénieusement arran-
gées ; le détail en est adroit, la pantomime dis-
crète et claire : le *Cromwell,* le *Charles I*ᵉʳ, la
Jane Grey, le *Strafford,* ont tout ce qu'il faut
pour captiver la foule, flatter son goût, lui représenter une histoire selon son intelligence, et des
drames selon son cœur. Cette facture propre,
finie, pourléchée, ne devait pas moins aguicher

1. Né en 1797, mort en 1856.

des yeux bourgeois. Mais quoi ! voilà donc tout ce qu'un peintre en renom, presque un chef d'école, parvenait à tirer de la grande initiation historique que donnaient alors à la France un Michelet, un Thierry, un Guizot ? Un soldat lançant de la fumée au visage de Charles Ier prisonsonier, Jane Grey apitoyant les âmes sensibles du spectacle de ses jolies épaules, voilà sur quels titres artistiques un homme adroit fondait sa popularité ! Casimir Delavigne lui-même était plus vigoureux, et Ponsard plus sincère. Les *Enfants d'Édouard* du peintre sont inférieurs à ceux du dramaturge. Tout l'art de Paul Delaroche tient dans l'*Assassinat du duc de Guise,* sa meilleure toile, celle où il a été le plus près du sérieux. Quant à sa décoration de l'*Hémicycle de l'École des Beaux-Arts,* c'est de la petite peinture à grande échelle, et une galerie de portraits sans accent plutôt qu'une composition.

L'art de Paul Delaroche n'en était pas moins exactement coupé sur le patron de ce qui plaisait au gros public, de ce qui lui plaira toujours en France. Médiocrement artiste, le Français aime l'image coloriée, la « scène » qui rappelle une lecture, le tableau instructif. Il tient au « sujet » ; il aime les œuvres portatives en conversation, celles autour desquelles on met de la littérature, de la morale, de l'histoire. Le *Moïse* de Michel-Ange lui cloue la langue ; le *Mazarin*

de Paul Delaroche la lui délie. L'art s'abaisse
ainsi au parlage des demi-instruits, en attendant
qu'il tombe au suffrage universel. Un seul artiste,
dans la même gamme, a pu donner l'illusion
d'une conception forte, unie à cette tenue « pres-
bytérienne » du style qui faisait le succès de
Delaroche par son contraste avec Delacroix :
mais Thomas Couture, avec son grand tableau
des *Romains de la décadence*, n'a compté qu'une
victoire sans lendemain (1847). Comme jadis
Dévéria, dans sa *Naissance d'Henri IV*, il s'est
épuisé à cet effort et s'est enterré dans sa première œuvre.

L'ORIENTALISME.

Tandis que la peinture académique cherchait,
comme la philosophie officielle, un rajeunissement illusoire dans « l'éclectisme », et tentait à
sa manière un accord boiteux entre le vrai et le
beau, une autre peinture élancée, de l'ancien romantisme, émigrait vers des cieux tout neufs.
L'Orient, entrebâillé par la baguette de l'enchanteur Chateaubriand, s'ouvrait aujourd'hui à portes battantes, après la guerre de l'indépendance
grecque. Désormais la Grèce, non pas celle des
pédants, mais la Grèce des enthousiastes, violée,
martyre, portait la double auréole de la souf-

france et de la liberté. Tous les arts généreux en frémirent. Delacroix, enchaîné à Paris par la pauvreté, brossait de verve le *Massacre de Scio* ; Byron allait s'ensevelir sous les murs de Missolonghi (1824); Victor Hugo écrivait les pièces vengeresses de ses *Orientales* (1828); David d'Angers ciselait un digne pendant à l' « enfant grec » de Victor Hugo, avec sa *Grèce enfant au tombeau de Botzaris* (1834). Plus tard le vieux sculpteur, fidèle à l'enthousiasme de sa jeunesse, voudra terminer sa vie par un pèlerinage en Grèce (1852), et foulera avec dévotion le sol qui portait encore Canaris.

L'orientalisme est né.

Jusque-là, l'orient n'apparaît dans les arts qu'à travers les drôleries des mascarades, des tréteaux, ou les fantaisies des romans de la bibliothèque bleue. On connaît les turqueries de Molière, de Lulli, les persaneries de Montesquieu. Watteau en a fait profiter ses arabesques peintes, Huquier ses gravures. Les bals masqués de Cochin le fils, la littérature grivoise de Caylus et de ses compères de l'académie du *bout du banc* nous montrent déjà quelques traits plus vrais. On voit que ces amateurs ont parfois effleuré les sources. Le gentil peintre Le Prince, de son côté, a croqué des scènes russes, asiatiques, presque orientales ; mais il travaille pour boudoirs, et il a toujours dans l'œil le ciel d'occi-

dent. Chateaubriand, dans l'*Itinéraire*, nous
montre en pleine lumière de Grèce le pacha de
Tripolitza : c'est déjà une scène à la Decamps.
Après la page révolutionnaire du *Massacre de
Scio*, V. Hugo, fureteur pittoresque, dévalisera
les « divans », les « ghazel » et les « pantoum »
arabo-persans pour enrichir ses *Orientales* de
pierres fausses, au moins aussi brillantes que des
pierres vraies. Son Orient est en partie espagnol, en partie né des *Mille et une nuits*. Qu'importe? Ossian n'était-il pas une supercherie, et
le *Théâtre de Clara Gazul*, publié d'hier (1825),
une mystification? Chacun le sait, et l'imagination
n'en repart que de plus belle. Les artistes voudront
dessiner des giaours, peindre des « spahis »,
représenter d'après nature les adieux de l'hôtesse
arabe. Decamps court chez les Turcs, Delacroix
chez les Marocains, Marilhat chez les Égyptiens.
Cependant Alger nous a ouvert ses portes
(1830). L'état-major compte dans ses rangs un
peintre qui sera l'historiographe des campagnes
d'Afrique, Horace Vernet. Les pays du soleil
sont désormais terres conquises à l'art, à la poésie. Lamartine accomplira en toute sécurité, puis
écrira son fastueux *Voyage en Orient* (1835) : et
des Thermopyles aux Dardanelles, de Constantinople au Caire, du Caire à Alger, d'Alger à
Mogador, toutes les plages brûlantes de la Mé-
diterranée, nouvelles sirènes, chanteront aux

artistes leur chant barbare et d'autant plus séducteur.

La découverte de l'Orient est pour l'histoire
de l'art français un de ces « points tournants »
dont l'importance n'est égalée que par la découverte du moyen-âge. Le moyen-âge nous révélait une société civilisée, mais morte, qui fut
nôtre jadis, mais dont nous avions perdu le sentiment. L'Orient mettait nos artistes en face
d'une société barbare, mais vivante, dont l'imprévu déroutait toute esthétique, et qui provoquait chez eux le jeu purement artistique de
leurs facultés, la sensibilité de l'œil et l'éveil
de l'imagination. En débarquant, ils laissaient
dans la felouque le bagage oiseux d'académies
et de figures d'école qui les chargeait. Lumière,
forme, couleur, tout les frappait d'un aspect
nouveau, vif, éclatant, les prenait aux sens et à
l'âme. Les paysages aux transparentes profon-
deurs, les villes aux silhouettes blanches pro-
filées sur l'azur foncé, les forçaient à renouveler leur palette ; les scènes de mœurs aigui-
saient leurs qualités d'observation, tandis que
l'étude des types, la noblesse naturelle des
gestes, le port original de costumes invaria-
bles depuis des siècles, leur révélaient la nature
dans ses diversités ethniques, et leur montraient
chez des contemporains une antiquité primitive.
Ici toute doctrine devenait fausse, et surtout

gênante. Étudier, étudier encore sur nature, et
s'imprégner de l'ambiance, voilà ce que firent
nos orientalistes, voilà ce qui régénéra leur art.
Désapprendre l'école, c'était apprendre le vrai,
et gagner le style par surcroît. Quiconque sait
atteindre l'âme des choses sous leur épiderme,
n'a pas besoin qu'on lui apprenne à « styliser »;
tôt ou tard il se fera un langage qui ne sera qu'à
lui, pour dire comme personne ce que tous auront observé comme lui.

Ce serait en effet une erreur de croire que,
parce qu'ils ont surtout copié ce qu'ils avaient
sous les yeux, nos peintres orientalistes se res-
semblent. Ils se peignent dans leurs peintures,
comme on se trahit dans le portrait d'autrui. Delacroix, dans ses *Femmes d'Alger*, sa *Noce juive*,
ses *Convulsionnaires de Tanger*, a peint l'Orient
fatal et morne, aux chamarrures éclatantes, à
l'âme sourde et bestiale : de la couleur sur un
vide moral. Decamps, talent robuste, tout lumière
et toute santé, réfléchit en son amusant miroir
les scènes populaires, montre des bazars, des
bouchers, des patrouilles turques, remue en un
fouillis pittoresque gamins, chiens et animaux,
non sans tracer, d'un pinceau hardi, déjà magistral, quelque paysage de vigoureux caractère.
L'humour français, assaisonné des chaleurs du
coloris, se retrouve en ses « singeries », morceaux excellents que Chardin aurait accepté

de signer. Marilhat, qui s'intitulait l' « Égyptien Marilhat », était plutôt un ouvrier de la brosse, épris du relief et de la ressemblance matérielle. Tout autre fut Chassériau, ce créole de Panama, talent riche et bizarre, qui semble poursuivre un « rêve athénien au pays mahométan ». Préoccupé de la ligne, hanté d'un idéal de noblesse qu'il avait puisé peut-être à l'école d'Ingres, mais plutôt encore dans sa propre âme, Chassériau a peint des Arabes prêts pour le marbre. Il y avait de l'Éginète chez ce beau coloriste, qui éveille l'idée d'un Leconte de Lisle de l'orientalisme. A ces noms s'ajoutent d'eux-mêmes ceux de l'élégant Berchère, du fin et nerveux Fromentin, puis, plus près de nous, du fier Regnault et de Benjamin Constant à la chatoyante palette. Pour ces derniers artistes, l'Orient a été une seconde École des Beaux-Arts, institutrice de tout ce que ne pouvait leur apprendre la première. Les conséquences de cette initiation se sont si bien fait sentir partout, qu'on peut compter parmi les plus directes le renouvellement de la peinture religieuse ; ou, pour parler plus exactement, la transformation du costume et des couleurs dans les scènes du Nouveau Testament. Des Juifs d'Alger, des Bédouins, des Arméniens ont profilé depuis leurs silhouettes autour de la crèche de l'Enfant-Jésus, ou dans le cortège de l'Entrée à Jérusalem. D'Horace Vernet à Bida, les artistes nous ont fait

une Bible africaine ou syrienne, en attendant
que James Tissot, émule de Ford Madox Brown,
nous fît un Évangile palestinien. Nous voilà bien
loin de la Bible antiquisante du Poussin.

La sculpture. Rude et Barye.

De son côté la sculpture ne faisait pas de
moindres découvertes. Nourri d'antiquité dans
une académie de province, mais surtout imbu
jusqu'aux moelles de ce réalisme bourguignon
qui fit vers le xvᵉ siècle la gloire de la sculpture
dijonnaise, le fils d'un modeste artisan, François
Rude[1], rompit enfin l'attache de l'école, et fit
éclater à l'Arc de triomphe une sculpture frémis-
sante de vie. C'est la grande page sculpturale
du siècle que cette *Marseillaise* hurlant un chant
de liberté : fragment unique d'une épopée que
l'artiste avait projeté d'inscrire complète, aux
quatre piédroits du monument. La déroute de
l'académisme date de ce morceau colossal (1836).
On ne sait qu'y admirer le plus, de la sûreté de
la main ou de la fougue de la pensée. L'incomparable maîtrise de l'accent, la cohésion parfaite
du tout, défiant les petitesses de l'analyse, pro-
clamaient qu'elle pouvait donc exister, cette

1. Né à Dijon en 1784, mort en 1855.

sculpture moderne que demandait Michelet, glo-
rification symbolique d'un siècle démocratique,
histoire lapidaire aux proportions grandioses où
le peuple eût épelé les grands faits de l'humanité. Ici, en effet, l'œuvre du sculpteur va rejoindre celle de l'historien et du chantre de l'Arc de
Triomphe. Et il ne s'agit pas seulement d'une
rencontre. La *Jeanne Darc* de Rude, le mausolée de Fixin, ce saisissant *Napoléon s'éveillant
à la postérité*, nous montrent que dans la poitrine
de Rude habitait une âme vraiment populaire,
la grande âme des foules. Par elle, Rude retrouvait d'instinct la vraie tradition de la sculpture
française, celle du sentiment collectif accusé
par le relief d'une réalité intense. Et non seulement il rendait, du coup, à la sculpture toute sa
popularité d'autrefois, mais il renouvelait un art
sans y prendre garde, par l'entraînant exemple
d'une mâle sincérité.

Rude ne montrait pas moins l'inanité de certaines définitions. Sous quel vocable, en effet,
ranger un tel artiste? Romantique, ne l'était-il
point par la passion enthousiaste, par l'élan du
geste, la crânerie de l'allure ? N'était-il point
antique par la beauté, la solidité de ses nus ?
L'idéalisme le plus inspiré ne rayonnait-il point
sur le visage de son Gaulois barbu, de l'adoles-
cent qui s'élance, tandis que le réalisme le plus
fougueux imprimait son accent sur cette *Mar-*

seillaise, Méduse patriotique au cri de Mégère,
qui rompt la pierre de son enjambée masculine?
Rude connaissait Homère : il y paraît à l'Arc de
Triomphe, comme en la série des bas-reliefs
d'une *Histoire d'Achille* exécutés en Belgique.
Il n'était pas étranger non plus à la grâce de
Platon, l'auteur de l'*Eros dominateur* et de cette
Hébé dont il voulut faire son testament artistique.
Mais, plus sensible encore à la vie, à l'héroïsme
modernes, il a su tantôt les élever jusqu'au symbole sublime par des créations vivantes qui ne
s'écartent jamais de la nature observée, tantôt
les saisir au vol et les emprisonner tels quels
dans le bronze. Son *Maréchal Ney* figure le cri
et le geste de la Grande Armée, incarnés dans
dans un homme qui par son nom est légende,
et par son accoutrement réalité, de la botte au
bicorne. Rude touche ici à la limite de son art.
Il se sauve de la froideur, fruit ordinaire d'une
exactitude trop rigoureuse, par l'action qui se
dégage de la silhouette. Ce roidissement de tout
l'être, qui se prolonge en un sabre brandi, est
d'une éloquence guerrière qui emporte tout.
Ainsi Rude transfigurait — en les copiant mi-
nutieusement — ces « bottes et ces culottes »
qui faisaient le désespoir de David d'Angers.

Partir de la nature vivante et l'élever à l'idéal
par la force de la conception, voilà Rude. En
lui aboutit le meilleur de la révolution roman-

tique[1]. L'idéal n'est plus à la base des études ;
il ne se trouve qu'au sommet. D'où la préoccupation de faire vrai d'abord, vrai ensuite, vrai
toujours. Un pas de plus, et nous touchons avec
Barye[2] au fond de la doctrine nouvelle. La nature
vivante ne suffit plus ; c'est l'étude anatomique
qui devient le fondement. Géricault travaillait à
l'amphithéâtre. Barye passe sa vie au muséum.
C'est le temps des Cuvier, des Geoffroy Saint-
Hilaire. Rebuté par l'École des Beaux-Arts,
l'ancien ouvrier ciseleur s'éprend des animaux
de ménagerie. Alors que les peintres n'avaient
guère représenté chez nous que les animaux
domestiques, ou des chasses à la Carle Vernet,
quand Bosio et Lemot connaissaient seulement
le cheval en sculpture, Barye découvre les
fauves. Il étudie l'histoire naturelle avec passion.
D'autres font de la phrénologie. Lui dessine,
dissèque, palpe, mesure au compas les sque-
lettes de la galerie d'anatomie, applique enfin
le principe qu'un ferme esprit, Emeric David,
venait de proclamer : « le dessous avant le des-
sus ». Puis, remontant de l'intérieur à la surface,
il se rend maître de l'expression, du poil, de la
griffe, du rictus. Admirable création de l'artiste,
qui a refait de bout en bout toute une sculpture

1. Voir, sur *François Rude*, le très beau livre de Louis de
Fourcaud.
2. Né en 1796, mort en 1875.

animale qui manquait à la France, et telle
qu'aucune nation moderne, ni aucun peuple
ancien, sauf l'Assyrie, ne peut nous en opposer
une semblable ! L'œuvre de Barye est la plus
originale du siècle. Sa beauté a quelque chose
d'éternel. Car Barye, non plus que Rude, ne
s'est pas borné à copier. Tout entier à son dessein, de rendre l'être complet, et d'incarner une
espèce, une race, en un seul individu, il a su
choisir parmi ses accents ceux qui étaient expressifs de son objet, et y subordonner le reste.
Il y a chez lui (la remarque n'est pas de nous,
mais d'un maître, Eugène Guillaume), malgré
l'exécution très serrée de la forme, des simpli-
fications voulues qui font de chaque individu un
type, et lui confèrent une autorité de « représentant ». Entre le *Lion au serpent,* de 1831,
et le *Lion assis* du Louvre (1847), la marche en
ce sens est frappante. Ce *Lion assis,* point cul-
minant de la sculpture animale chez Barye, est
un modèle d'architecture en même temps que
de vie. En d'autres temps, il pourrait servir de
« canon »; mais le canon, point de départ vrai,
aboutit toujours en sculpture à une convention
fausse. Aussi faut-il recommander la méthode de
Barye, plus encore que ses œuvres, quelle que
soit l'excellence de celles-ci.

Cette méthode est à ce point supérieure
qu'elle a conduit Barye à modeler le groupe

humain avec une perfection analogue. Réduire
Barye à ses tigres, à ses crocodiles, à ses jaguars,
ou à ces surtouts de table, grands par la pensée, petits par l'exécution, que les jurys d'antan
renvoyaient dédaigneusement à « l'orfèvrerie »,
ce n'est pas le diminuer, certes ! mais c'est le
restreindre. Barye en outre a marié, avec quelle
puissance ! l'homme à l'animal dans son *Thésée
et le Minotaure,* et dans le *Centaure et le Lapithe,*
deux morceaux qui valent les plus belles métopes
d'Olympie. Il s'est élevé plus haut encore,
jusqu'à cette beauté sereine, à cette force au
repos qui est la marque des œuvres consacrées
au temps, dans les quatre groupes que lui com-
manda Lefuel pour les pavillons du Louvre : *la
Guerre*; *la Paix* ; *la Force assurant le Travail* ;
l'Ordre protégeant les Arts et l'Industrie. Autant
de sujets rebattus ; autant de poncifs possibles
pour un sculpteur élevé à l'école littéraire de
Canova, ou même de David d'Angers. Mais
Barye est avant tout, lui, un génie sculptural,
chose rare chez les sculpteurs eux-mêmes. C'est
un Dorien de France. Il a le sérieux de l'école
d'Égine avec une ampleur de forme que cette école
même n'a pas. Sans imiter d'ailleurs les Grecs,
il les rejoint, il les retrouve. Il est de leur famille,
ferme comme eux, idéaliste comme eux. A la
vigueur immense de chaque personnage répond
« le calme idéal, la sûreté de soi... Et ce calme

gagne le spectateur, le laisse dans une admiration qu'aucune inquiétude ne vient troubler.
C'est par là que Barye est un grand statuaire :
chez lui, la vie physique décèle une vie morale
élevée, intense, soutenue par un développement
corporel imposant. Ces deux énergies, il les a
toujours associées l'une à l'autre[1] ».

Placés au centre du siècle, Rude et Barye
résument et concentrent en quelque sorte, dans
un art qui est la condensation des autres arts,
les grands mouvements de ce siècle. Rude a
retenu la moelle du romantisme, mais en l'enrichissant de fort et substantifique réalisme.
Barye s'est satisfait de science et de méthode,
mais comme un savant, qui généralise les détails,
dégage la synthèse, et poursuit l'être à travers
les êtres. Œil d'anatomiste, cerveau de penseur,
il n'est point sans analogie avec ces organisa-
tions supérieures qui s'appelèrent Cuvier, Claude
Bernard. Comme eux, c'est à la mort qu'il a su
arracher les secrets de la vie, pour faire ensuite
rayonner cette vie sur des créations immortelles.

L'ARCHITECTURE. — L'ARCHÉOLOGIE ET L'ART.

Pendant que la peinture et la sculpture subis-

1. Eug. Guillaume, *Notices et discours.*

saient si profondément l'influence du siècle,
l'architecture pouvait-elle y échapper entièrement? Les mêmes causes qui transformaient les
arts plastiques ne pouvaient manquer d'affecter
l'art de la construction. Les mouvements et les
simples « bâtiments » des époques précédentes avaient de même réfléchi l'esprit général de leur temps. Pourtant, on dit volontiers
que ce siècle n'a point eu d'architecture. Si l'on
entend par là que le xixe siècle n'a point inventé
de toutes pièces un style architectural, l'erreur
sera moindre. Mais les styles d'architecture sont
lents à se former, plus lents à disparaître. Ce
n'est point par années qu'il faut compter avec
eux, c'est par générations, quelquefois par
siècles. Il en est de l'art de construire en pierre
comme de l'art de construire avec des mots.
Quand une langue a sa syntaxe, elle s'y tient.
Nous voyons les Grecs élaborer les « ordres »
durant des siècles ; puis, ceux-ci fixés, s'y tenir.
Notre architecture, de même, n'a guère plus
changé que notre langage ; elle n'a même changé
qu'avec notre langage. A notre époque latine correspond l'architecture romane ; à l'essor
de la langue populaire correspond l'architecture
française ou ogivale ; à la constitution d'une
langue savante correspond, dès la Renaissance,
la restauration de l'architecture antique, qui a
régné près de trois siècles, de Du Bellay à Le

Brun-Pindare, ou, si l'on préfère, de Philibert
de Lorme à Percier et Fontaine. Comment une
architecture nouvelle aurait-elle jailli du sol dès
la *Préface* de *Cromwell*? On n'improvise pas en
pierre comme sur la toile. Et si le romantisme
échevelé du *Massacre de Scio* n'est applicable
qu'à la peinture; s'il lui a fallu s'assagir et s'enrichir d'éléments solides pour mettre sa marque
sur l'art moins mobile de la sculpture, à plus
forte raison n'a-t-il pu atteindre qu'en dernière
épreuve la massive architecture, la douairière
des arts, assise sur trois siècles de tradition.

Il n'y a donc pas une architecture romantique.
Mais il y a une architecture du XIXe siècle, fille
de la rénovation artistique qui a suivi la Révolution. Le romantisme a eu pour effet, en architecture, de rendre désormais impossible des pratiques d'art surannées, et de rendre possibles toutes
les autres. Négatif dans son principe, il a été, il
sera surtout extrêmement fécond dans ses conséquences. Déjà le temps commence à les dégager.

Toute notre architecture monumentale, depuis
la Renaissance jusqu'à la Restauration, a reposé
sur les « ordres », a été une adaptation plus ou
moins habile des formes de l'antiquité. Coulée
dans le moule académique, cette architecture
morte, sans aucun rapport avec notre vie nationale, ne se réclamait d'aucun autre principe
que d'un principe d'imitation, lui-même irrai-

sonné. De là un enseignement des formes archi-
tectoniques purement abstrait, et partant stérile.
L'erreur en était arrivée à ce point qu'un très
habile artiste, Gabriel, n'avait conçu ses deux
grands bâtiments de la place de la Concorde que
comme un décor. Il en avait construit les façades,
divisé les hauteurs, avant de savoir ce qu'il met-
trait derrière. Rien de plus explicite qu'une telle
méconnaissance des lois de l'habitation et de l'expression propre d'un grand bâtiment. C'est de
cet enseignement sans racines françaises et
même sans logique élémentaire, que sont sortis
des monuments aussi mal conçus et aussi peu
utilisables que le Panthéon, ou ces « temples
grecs, bâtards du Parthénon », que persifle justement Alfred de Musset, et dont la destination
jure avec la forme. Tel, le palais Bourbon ; telle,
cette église de la Madeleine qui, acceptable encore comme *Temple de la Gloire*, ainsi que
Napoléon l'avait conçu et commencé, — sorte
de Walhalla antico-napoléonienne en l'honneur
de la Grande Armée, — choque le bon sens par
sa transformation en *église royale* grâce à un
remaniement du fronton et de la décoration in-
térieure. Placage d'ordonnances, formules arbi-
traires, correspondances nulles entre le dehors
et le dedans, voilà ce qu'avait produit à la longue
le classicisme entêté, aveugle, de nos artistes,
lorsque parut Viollet-le-Duc.

Viollet-le-Duc[1] a ruiné ce principe anti-artistique et anti-français, ce qui rend déjà son nom considérable. Il a fait mieux. Il a mis à la place le vrai principe de l'art de bâtir, qui est l'appropriation des moyens aux fins, et la correspondance de l'expression extérieure aux organes intérieurs d'un bâtiment. Et ces deux choses, il les a parallèlement accomplies en prenant pour base commune de son enseignement théorique et pratique l'art jusqu'alors le plus grand et le plus méconnu, le plus national et le plus délaissé, le plus logique et le plus homogène que le monde ait connu depuis l'époque de Périclès, j'entends l'architecture française du moyen-âge. La connaissance du moyen-âge architectural, la conquête de ses méthodes artistiques qui sont la logique, la finesse et la perfection mêmes, enfin l'application d'un principe nouveau (c'est-à-dire très ancien), soit à la restauration des vieux édifices, soit à l'édification d'autres monuments, — voilà le coup de maître de Viollet-le-Duc, et, on peut le dire sans exagération, le coup de maître du génie artistique français, au lendemain du romantisme. Ce qui était dans *Notre-Dame de Paris* (1831) instinct poétique, admiration romanesque, s'est transformé en science, en

1. Né en 1814, mort en 1878. — Un très bel ouvrage, de M. Paul Gout, a marqué en 1914 son centenaire.

doctrine féconde, en œuvres d'une lointaine portée, grâce au labeur de cette admirable Commission des monuments historiques, fondée par
Guizot en 1837, qui arrêta net le vandalisme de
nos architectes ignorants, et qui permit à nos
grandes cathédrales de recouvrer leur ancienne
beauté, sous la main de restaurateurs qui s'appelèrent Viollet-le-Duc, Lassus, Emile Boeswillwald, et dont les auxiliaires, dans l'archéologie
et dans les lettres, furent un Arcisse de Caumont, un Vitet, un Mérimée, un Didron, un
Gailhabaud, un Montalembert. La cause du
moyen-âge artistique était désormais gagnée
auprès du public lettré. Mais, ce qui valait mieux
encore, Viollet-le-Duc avait fait de Notre-Dame
un chantier où, reprenant pièce à pièce tous
les rouages de la plus savante architecture qui
existât jamais, il démontrait, *in anima viva*, que
l'œuvre d'architecture est un organisme complet,
qui doit se transformer avec la vie des peuples
suivant les temps et les lieux, et non je ne sais quel
art de façade, calqué sur Vignole, qui s'applique
mécaniquement à tous les édifices, quelles que
soient les mœurs et la société. Observant en même
temps que presque tous les arts en honneur
au moyen-âge étaient perdus (on ne savait plus
ni composer un carton de vitrail, ni fabriquer
des verres colorés, ni forger le métal au marteau),
cet esprit prodigieusement inventif s'appliqua

à retrouver, ou à renouveler ces industries anciennes, et il y réussit. Sous ses doigts créateurs,
tout refleurit à miracle. Sa facilité d'assimilation
était si grande, que des motifs de flore, de décoration néo-médiévale, jaillissaient en abondance
sous son crayon dans les démonstrations qu'il
faisait à l'atelier. Un grand mouvement d'art
industriel, dont nous voyons aujourd'hui la suite,
eut dans ces improvisations de Viollet-le-Duc sa
source cachée. Si ce mouvement fut long à s'accuser, ce n'est point la faute de Viollet-le-Duc,
mais celle d'une réaction jalouse, qui, contra-
riée dans ses errements habituels, sut faire en
sorte que ce maître de l'art, malgré la faveur
déclarée de Napoléon III, ne put occuper une
chaire créée pour lui comme il était créé pour
elle, et qu'un enseignement aujourd'hui norma-
lement donné par le fils de son meilleur disciple, et suivi avec ferveur, échouât alors devant
les sifflets[1].

C'était beaucoup d'avoir aboli la superstition
classique en architecture, et d'avoir ressaisi la
tradition française de nos vieux « maîtres de
l'œuvre ». Ce n'était pas assez pour fonder une
architecture nouvelle, celle d'un siècle d'industrie et de démocratie. Cette seconde tâche, La-

---

1. La chaire de Viollet-le-Duc est occupée depuis 1893
par M. Paul Boeswillwald, à l'École des Beaux-Arts.

brouste l'assumera. L'architecte de la bibliothèque Sainte-Geneviève, de la salle de lecture
à la Bibliothèque nationale, a été le pionnier
d'un art nouveau, dont le xxᵉ siècle verra vrai-
semblablement l'épanouissement complet. Résolument, il a rompu avec les routines de l'école :
et, plutôt que d'assujettir à la conception classique des édifices qui répondent à des besoins
inconnus jusqu'à nos jours, il ne s'est inspiré,
dans ces grandes salles destinées au travail silen-
cieux, que des nécessités imposées par ce travail
même. De là des hardiesses de deux sortes,
d'une part dans les formes et les proportions
des halls, de l'autre dans la nature des matériaux employés. Pour la première fois le sup-
port de fer joue un rôle dans un monument
public. Plus élancée, moins encombrante que le
pilier traditionnel, la colonnette métallique
surhausse à une altitude exceptionnelle un plafond vitré, arrondi en coupoles rayonnantes,
laissant largement planer l'air et la lumière sur
la foule qui s'empresse autour des larges tra-
vées. Timide encore à Sainte-Geneviève, le principe nouveau s'affirme victorieusement à la rue
de Richelieu. Ce n'est pas moins qu'une révolution, qui complète celle que Viollet-le-Duc avait
inaugurée.

L'autre superstition à laquelle s'attaquait Labrouste, non moins tenace que la première, était

celle de la « noblesse » des matériaux. Il en allait encore, avant lui, dans notre architecture, comme dans la langue avant Victor Hugo. Il y avait le parler noble et le parler bas. L'architecte de la tradition, Mansart, parlait Vaugelas, c'est-à-dire ne connaissait que la pierre ou le marbre. Pour « le reste ! »... il avait le geste dédaigneux de Charles-Quint dans *Hernani*. Mais pourquoi l'industrie ne jouerait-elle pas son rôle dans le siècle de l'industrie ? Les Grecs n'auraient-ils employé que le marbre du Pentélique s'ils avaient connu la métallurgie ? Quelle carrière d'ailleurs va fournir assez de tambours de colonnes pour abriter ces foules qu'un mode de locomotion nouveau va disperser en d'incessants voyages, pour ces usines, ces ateliers qui s'accroissent, ces marchés qui s'enflent, ces entrepôts de toute nature d'où sortira bientôt l'idée des Expositions universelles ? A ce langage imprévu des choses, la bâtisse doit s'accommoder. Et si le classique n'y suffit, que le moderne y subvienne. Fer, fonte, acier vont recevoir leurs lettres de naturalisation artistique. C'est bien la « tempête au fond de l'encrier », dont parle l'auteur des *Contemplations*, la tempête des épures. Plus de matériaux sénateurs, plus de matériaux roturiers ! L'ère de l'architecture industrielle est ouverte. C'est l'heure où un amateur de lettres, qui devait finir à l'Académie française, débute

par un volume de poésies où il chante les che-
mins de fer [1].

Ces tentatives originales ne nuisent d'ailleurs
en rien à l'étude de l'art ancien, au contraire.
Une émulation scientifique du plus haut intérêt
s'établit entre les architectes à tendances antiques et les architectes à tendances modernes.
Tous, à vrai dire, ont traversé l'antiquité, seule
enseignée à l'école des Beaux-Arts. Mais cet
enseignement archéologique, forcé à son tour
de se retremper aux sources, et de s'armer de
méthode pour se défendre, donne lieu, dès la
mission de Morée (1828), à d'admirables travaux.
Une fois la Grèce ouverte à nos antiquaires,
la curiosité de ceux-ci déborda sur les îles
grecques, les côtes d'Asie Mineure, l'Égypte,
et toutes les terres orientales qui tentaient à la
même heure le pinceau de nos peintres. L'archéologue espérait découvrir quelque nouveau
chef-d'œuvre, digne de la Vénus de Milo récemment apportée en France ; l'architecte rou-
vrait le grand ouvrage de Le Roy, si longtemps
délaissé, et relevait le plan des temples dévastés.
Labrouste fait des études approfondies sur les
temples de Pæstum, Duban sur les constructions
pompéiennes ; Vaudoyer, Duc rivalisent de zèle
avec eux. L'archéologie pure est enseignée au

1. Maxime du Camp, *Chants modernes*. 1855.

S. ROCHEBLAVE. *L'art et le goût en France.*   20

Cabinet Royal des médailles par Raoul-Rochette ;
bientôt le même savant deviendra secrétaire
perpétuel de l'Académie des Beaux-Arts, et
Beulé, un ancien membre de l'école française
d'Athènes, héritera de lui ses doubles fonctions.
Cependant l'école d'Athènes, à côté des épigra-
phistes, reçoit aussi des architectes ; et dès lors
des « restaurations » s'ensuivent, documentées,
précises, où la science et l'art contractent le
mariage préconisé jadis par Caylus. Les explo-
rations, les missions se multiplient. Armée de
l'instrument d'analyse créé par Otfried Müller,
cet heureux correcteur de Winckelmann, la
critique projette son lumineux réflecteur sur
tous les coins de l'antique bassin méditerranéen.
Sur les pas d'Abel Blouet, de Raoul-Rochette
et de Beulé, vont s'élancer bientôt les Mariette,
les Renan, puis Eugène Guillaume, Olivier
Rayet, en attendant que MM. Perrot et Chipiez
fassent la synthèse de tous les arts de l'antiquité.

Tout ce mouvement, encore accru des découvertes linguistiques qui s'y rattachent (Cham-
pollion, de Rougé, Renan, etc.) exerce une influence marquée sur l'histoire de l'art français,
ou, pour parler plus exactement, sur l'esprit de
son enseignement. Tous les jugements sur l'art
antique sont bouleversés ; les cadres historiques
de Winckelmann, et même ceux d'Otfried Müller,
sont à refaire. L'esthétique abstraite, qui avait

pour base le prétendu idéalisme *a priori* des
Grecs, s'écroule avec fracas, entraînant dans sa
chute la doctrine autoritaire de Quatremère. Les
statues du Parthénon détrônent le traditionnel
Laocoon, et le remettent à sa vraie place, sur les
confins de la décadence. L'archaïsme de la vieille
école attique montre le réalisme foncier des
vieux imagiers grecs, et prouve l'évolution de la
sculpture grecque, tandis que les chapiteaux
d'Égypte, d'Asie-Mineure ou des îles prouvent
celle de l'architecture. Savants et artistes com-
prennent enfin que l'art grec, loin de s'être im-
mobilisé dès le début dans une perfection cano-
nique et doctrinaire, s'est cherché longtemps
dans l'art étranger, a tâtonné, a pris conscience
enfin de lui-même, et dès lors s'est toujours
adapté à cette loi de la vie qui fait de l'art,
comme de la littérature, la traduction directe,
expressive des sentiments, des croyances et des
aspirations d'un grand peuple. Bref, il n'en
allait pas autrement de la Grèce que du Moyen
âge lui-même, découvert inopinément par Viollet-le-Duc. Or, comme nous ne sommes ni des
Grecs, ni des hommes du moyen âge, force était
bien, en admirant les leçons de leur art, de
leur laisser cet art lui-même. Plus l'antiquité
vraie se révélait à nos yeux, plus s'imposait cette
vérité, qu'il ne fallait pas imiter l'inimitable.
Elle était un exemple à étudier, non un modèle

à copier, une abstraction à contrefaire. Pas plus
que nous ne bâtissons de cathédrales gothiques,
ni ne pastichons Bossuet, nous n'érigeons de
Parthénons ou ne sculptons de Victoires Aptères.
Voilà du coup l'antiquité placée où elle doit être,
au premier rang pour l'enseignement, au dernier pour l'imitation. L'objet propre de l'art,
c'est la vie : et l'on ne fait pas de la vie avec du
passé. « Les anciens étaient les anciens, disait
Fontenelle, dans une querelle analogue ; et nous,
nous sommes les modernes. » Le grand bienfait
de l'archéologie contemporaine, c'est d'avoir
placé la Grèce si haut dans notre admiration,
qu'elle a découragé nos artistes de la recommen-
cer.

Cependant cette admiration elle-même a été
très féconde. La pureté de la ligne grecque, une
fois entrée dans les yeux de nos peintres et de
nos sculpteurs, leur a causé ce tourment déli-
cieux sans lequel l'artiste n'est qu'un artisan
supérieur. En même temps une antiquité familière, amicale, populaire nous souriant d'une
fraîche nouveauté, beaucoup de peintres, délaissant les drames poncifs de l'école, s'appliquèrent
à nous montrer des scènes de mœurs vives et
enjouées. La peinture de « genre » trouvait là
un rajeunissement ingénieux, *cum grano salis*.
Ingres lui-même ne l'a pas dédaigné, et Gleyre,
Hamon, Gérôme, d'autres à la suite, l'ont pra-

tiqué avec esprit, avec bonheur. Homère décourageait, à juste titre : voici la charmante Anthologie. Le « sonnet sans défaut » dont parle Boileau vaut cent fois la *Pucelle*.

LE PAYSAGE.

Ainsi, de toutes parts, la « doctrine » tombait en morceaux. Les diverses murailles de la Chine que les conventions académiques, les abstractions d'école avaient élevées entre la nature et l'artiste, d'abord, puis entre les genres euxmêmes, pour les garder d'une communication indiscrète, tombaient par larges pans, laissant voir à travers leurs brèches le ciel tout neuf et la nature drue. Une bande enthousiaste s'élança à l'assaut de ces couleurs fraîches, fascinée par « l'or des genêts et la pourpre des bruyères » : la dernière bastille, le « paysage historique », était enfin emportée, autour de 1840 : Jean-Jacques Rousseau triomphait avec Théodore Rousseau.

On ne peut raconter ici les destinées du paysage depuis Watteau[1]. Rappelons seulement que, pendant l'épidémie davidienne, un professeur qui fut le David du paysage, Valenciennes,

1. Voir André Michel, *Notes sur l'Art moderne*, début.

avait fixé les lois du paysage, suivant un canon pédantesque et solennel, dont le Poussin
mal compris faisait l'autorité principale. Les
fabriques, les monuments « héroïques », les personnages « mythologiques », l'heure du jour
elle-même, y étaient prescrits en articles rigou-
reux; et Claude Lorrain, au cours de ces théo-
rèmes, recevait de bons coups de férule. L'Académie avait fortifié ce nouveau dogme en insti-
tuant, en 1816, le prix de paysage historique.
Victor Bertin, Xavier Bidault et Wattelet sont le
produit d'un enseignement qui faillit, par contre-
coup, étouffer Théodore Rousseau et faire avor-
ter Corot. Mais enfin ce dernier joug, plus
absurde que tous les autres, parut insupportable. Géricault déjà, dans son voyage en Angleterre, avait découvert les paysagistes anglais;
Delacroix, peu après, écrivait sur Bonington
une lettre demeurée célèbre. Au salon de 1824,
les paysages mouillés de Constable, les caressantes lumières de Bonington avaient frappé de
timides novateurs comme Edouard Bertin et
Aligny, et plus encore le précurseur de la nouvelle école, Paul Huet, que Gustave Planche dé-
fendait alors avec acharnement contre l'officiel
Gudin. Dès 1836, Rousseau triomphait par un
refus éclatant, qui attirait sur son admirable
Descente des Vaches toute l'attention que lui
refusait le jury. Mais celui-ci dut enfin se rendre.

En 1841, toutes les portes s'ouvraient à nos
paysagistes. Ils étaient une pléiade déjà ; leurs
rangs se grossirent encore ; ils augmentent toujours. Les caractériser ici, les différencier, la
plume de Théophile Gautier y suffirait a peine.
De Jules Dupré à J. François Millet, de Cabat
à Cazin, de Brascassat à Français, de Troyon ou
de Rosa Bonheur à Duez ou à M. Roll, quelle
phalange, et combien variée, sans parler de Dau-
bigny, de Diaz, de Chintreuil, de Courbet, et
du mélodieux Corot ! Par eux, une grande explosion de sève française s'est fait jour, qui a,
— fait capital, inouï chez nous depuis la Renaissance — rattaché nos artistes à la terre natale,
dégagé la poésie de nos divers terroirs, et relevé
le sentiment languissant à une hauteur de sincérité que l'Angleterre elle-même, notre initia-
trice, peut nous envier aujourd'hui.

Envisagée au double point de vue artistique
et national, la rénovation du paysage présente
une signification considérable. Une cathédrale
de France bien analysée a ruiné le préjugé de
l'architecture antique. Une clairière de Fran-
chart bien observée met à néant le paysage historique. L'artiste qui se délecte parmi ces jeux
de la lumière et de la verdure, voit-il des
fabriques, des faunes, des ægipans, des Diane,
ou des *Tanaquil prédisant à Lucumon son élévation future* (paysage de Victor Bertin) ? Non,

mais des rochers hérissés, des percées lumi-
neuses, des eaux dormantes, du soleil, du clair-
obscur. Si quelque être trouble le silence auguste, c'est le paysan de La Fontaine, l'homme
à la houe de Millet, ou encore l'angélus lointain
qui donne subitement aux travailleurs inclinés
l'aspect d'une poésie lamartinienne. Dès lors, à
quoi bon courir la Suisse, battre l'Italie en quête
de motifs, pour peindre une fois de plus et
Narni, et Némi, et Tivoli, avec ou sans pifferari?
Voici la forêt de Fontainebleau, presque vierge,
avec ses habitants presque incultes, aux portes
de Paris. Bas-Bréau, Barbizon, simples hameaux,
invitent l'artiste à fuir l'école pour entrer en
communion avec la nature : « Plonge-toi dans
son sein » ! lui crie le poète. Et il s'y plonge.
Le littérateur fait de même. Encore une source
retrouvée.

La concordance de la littérature et de l'art,
en effet, est remarquable. Le paysagiste, devancé
par les romantiques dans la description émue,
colorée, de la nature, va se rattraper. La littérature, de son côté, se pique d'émulation, et
semble emprunter à l'artiste tantôt sa façon d'es-
quisser, tantôt sa façon de peindre. Une large
veine naturaliste, presque panthéiste, circule
dans Michelet, dans V. Hugo : chez George
Sand, ce n'est plus une veine, c'est un fleuve.
Si Théodore Rousseau, ou Charles Jacque,

avaient écrit en vers, l'auraient-ils fait d'autre
sorte que V. Hugo, dans les vers qu'il consacre
aux environs du modeste Tréport?

Tu vois cela d'ici. Des ocres et des craies ,
Plaines où des sillons croisent leurs mille raies ;
Chaumes à fleur de terre et que masque un buisson ;
Quelques meules de foin debout sur un gazon ;
De vieux toits enfumant le paysage bistre ;
Un fleuve qui n'est pas le Gange ou le Caystre,
Pauvre cours d'eau normand troublé de sels marins...
Des poules et des coqs, étalant leurs dorures,
Causent sous ma fenêtre, et les greniers des toits,
Me jettent, par instant, des chansons en patois [1].

Millet, qui s'indignait du « patatras de la chute des
arbres » quand l' « administration » émondait le
Bas-Bréau, aurait pu s'écrier lui aussi, comme
l'épique Grand-Bûcheux des *Maîtres Sonneurs* :
« Je n'ai jamais vu tomber un vieux chêne, ou
seulement un jeune saule, sans trembler de pitié
ou de crainte, comme un assassin des œuvres du
bon Dieu ». C'est qu'il entre du mystère, disons
même de la religion, dans la tendresse de Millet, comme de George Sand, pour la nature,
pour la terre (« la Bonne Terre », dira Fr.

1. *Contemplations,* t. I. *Lettre* (non datée, probablement
vers 1840).

Fabié). C'est bien l'Isis gauloise qu'ils ont célébrée dans l'âme paysanne : « une véritable organisation rustique, un de ces types
purs comme il s'en trouve encore aux champs,
types admirables et mystérieux, qui semblent
faits pour un âge d'or qui n'existe pas, et où la
perfectibilité serait inutile, puisqu'on aurait la
perfection ». Ces traits, qui peignent la *Jeanne*
de George Sand, évoquent une vision sociale
dont heureusement Millet, simple artiste, ne
s'est pas préoccupé. Il n'en est pas moins vrai
qu'ici littérature et peinture se complètent. Parfois même ces deux arts ont tendu à se confondre,
jamais avec bonheur. La philosophie de Che-
navard, dans ses fameux cartons destinés au
Panthéon, est plutôt pâle; certaine idylle fou-
riériste de Papety, qu'on peut voir au musée de
Compiègne (*Rêve de bonheur*), est plus proche
de la niaiserie que de la béatitude. Enfin Courbet
montrera bientôt combien l'artiste a tort de
forcer son talent, et de prétendre prêcher par
le pinceau. Sans réclame, sans boniment, un
Dupré, un Rousseau, un Corot, un Millet en
disent long, dans leurs toiles muettes, sur la
communion de l'homme avec la nature, et sur
cette Arcadie terrestre qui demeure le rêve incor-
rigible de l'humanité.

Le réalisme. Courbet.
L'art du Second Empire.

Toutes ces nouveautés, nées simultanément dans une période d'une douzaine d'années, à dater d'environ 1836, dépassent infiniment en portée la date de 1848, et vont en réalité toucher le seuil du siècle que nous avons franchi. Les promoteurs de ces divers mouvements sont tous vivants en 1870; quelques-uns produisent encore après 1880. Quant aux deux grands chefs de l'école classique et romantique, ils vivent encore, Delacroix jusqu'en 1863, Ingres jusqu'en 1867. C'est dire combien il est difficile de rassembler en faisceau des formes d'art à ce point divergentes. C'est expliquer en même temps comment, de ce point central du siècle où nous voici placés, il suffira de deux enjambées pour achever l'étape.

Nous avons vu comment le romantisme, en se désagrégeant, avait fourni aux divers arts un germe fécond que chacun de ceux-ci avait développé suivant sa nature propre. Délaissant le lyrisme pur ou les formes simplement conventionnelles, chacun avait tiré à soi quelqu'un des matériaux récemment mis au jour, histoire, science, archéologie, nature, et l'avait transformé

en sa substance. Un rajeunissement s'en était
suivi, fruit d'une assimilation, qui s'opérait grâce
à une nourriture solide, parfois grossière. Les
éléments nouveaux dont l'art avait fait désormais ses principes constitutifs étaient à base de
réalité, non à base d'idéal. Le réalisme était
donc latent au fond du romantisme, et le passage
du romantisme au réalisme est si naturel, et
même si insensible, qu'à peine peut-on parler
d'un changement de nature : il n'y a qu'un changement de dose dans les éléments. Osera-t-on
ajouter que les longues querelles du réalisme et
de l'idéalisme paraissent aujourd'hui très vaines,
et risquent de ne reposer que sur des malen-
tendus? Pas plus l'idéalisme que le réalisme ne
sont dans les sujets, ni même dans la manière
de les traiter : ils sont dans l'artiste, et tiennent
beaucoup moins à son vouloir qu'à sa nature particulière. S'il est vrai que l'art c'est « l'homme
ajouté à la nature », cette addition est la seule
pierre de touche de l'art, et encore est-elle souvent à deux faces. Tel artiste est à la fois idéaliste et réaliste. Beaucoup de ceux que nous
avons nommés, Rude, Barye, Rousseau, sont les
deux à la fois. C'est qu'en effet (et ceci compli-
que la question d'une question nouvelle) leur
génération fut telle aussi, comme la littérature
de leur temps. On n'échappe point à l'atmosphère dans laquelle on vit. Il est des généra-

tions lyriques, partant idéalistes à outrance :
ainsi celle de 1820. Il en est qui sont à la fois
exactes et passionnées : ainsi celles de 1840,
avec son caractère d'art mixte et novateur. Il
en est enfin de résolument pratiques et posi-
tives : à celles-là le réalisme sert d'idéal ; et
l'art ne saurait manquer de réfléchir un tel
caractère. Tout le réalisme latent dont nous par-
lions tout à l'heure, va se ramasser, faire bloc, et,
grâce au bruit mené autour d'un artiste de grand
talent, afficher un air de doctrine qui fera momentanément fortune.

Entre 1850 et 1853, la philosophie « huma-
nitaire » s'est noyée dans le sang ; l'art « humani-
taire » est vieux jeu. Le militarisme nouveau
n'offre encore rien pour l'artiste : il a laissé
choir, dans les entreprises de la force, les
rayons dont Raffet, Charlet avaient entouré la
légende napoléonienne, et les littérateurs avec
eux. Le temps des grognards est fini ; celui de
la caserne commence. La nation va se consoler
de la perte de sa liberté en s'enrichissant. Un
mouvement brusque fera verser l'esprit public
du côté où il penchait déjà, vers la matière.
Ainsi Courbet[1], qui se cherche avant 1848, et qui
se trouve aussitôt après. Le paysan madré qui

---

1. Né en 1819 à Ornans (Doubs), mort en Suisse, à la Tour
de Peilz, en 1877.

avait débuté par une *Lélia* eut tôt fait de comprendre son temps. Au salon de 1850-1851, il exposait, entre autres morceaux, trois de ses toiles les plus célèbres, *L'enterrement à Ornans*, les *Casseurs de pierres*, les *Paysans de Flagey*. En 1853, les *Baigneuses*, les *Lutteurs* et la *Fileuse*; dans les dix années suivantes, les *Demoiselles de la Seine*, le *Retour de la conférence*, la *Femme au perroquet*, etc. En 1855, exclu partiellement de l'Exposition universelle, il ouvrait son Exposition particulière, avenue Montaigne, avec force tapage. Bientôt il prenait la plume. « Le fond du réalisme, écrivait-il, c'est la négation de l'idéal et de tout ce qui s'ensuit. C'est par là que l'on arrive en plein à l'émancipation de la raison, à l'émancipation de l'individu, et finalement à la démocratie. » Proudhon venait à la rescousse de son ami avec un livre posthume (*Du principe de l'art et de sa destination sociale, 1861*), qui n'éclaircissait pas beaucoup ce galimatias. Autour de la question, les critiques, grands assembleurs de colères, épaissirent la confusion, en compliquant la querelle artistique d'une querelle littéraire. Si Proudhon, Baudelaire, Champfleury, Thoré-Bürger, et surtout le démocrate Castagnary, partisan d'une peinture « laïque », tenaient pour Courbet, d'autre part le peintre d'Ornans avait contre lui les répugnances des délicats comme Th. Gautier, ou des vrais

puissants, comme Victor Hugo. Maxime du Camp,
déjà remis de son accès de positivisme, et toute
la critique officielle, étaient naturellement contre lui. Courbet put ainsi occuper de sa personne
toute une génération, jusqu'au delà de 1870
(déboulonnement de la colonne Vendôme). Sa
vanité y trouvait son compte. Sa réputation d'artiste, par contre, y a un peu perdu. Quant à ses
idées qu'il croyait révolutionnaires, elles sont
plutôt enfantines.

La peinture, pour Courbet, est un art *concret*.
L'abstrait est interdit au peintre. Il doit se défendre d'une idée ou d'un sentiment, comme
d'une trahison envers son modèle. Ce modèle est
d'ailleurs pris au hasard, ou, mieux encore,
choisi, s'il s'agit de personnes, parmi des échan-
tillons plutôt communs (*Les Casseurs de pierres*),
ou volontairement avilis (*Le retour de la conférence*), ou d'une matérialité bestiale (*Les Baigneuses*). Peindre cela, c'est peindre la nature
naturelle (ce que Zola appellera la *Bête humaine*).
Courbet n'en voit pas d'autre ou ne veut pas en
voir d'autre. Son art est un choix à rebours.
Mais, s'il a méconnu et la nature et la peinture,
il a bien connu son talent, un des plus forts qui
soient dans d'étroites limites. Artiste, il l'a été
d'une façon non point toujours relevée, mais cependant rare, par la stricte fidélité de son pinceau,
et l'énergique rendu du modèle. Ouvrier excel-

lent dans cette lutte de l'image et de l'objet,
il eût pu s'élever très haut, si la conception
chez lui eût été jointe aux qualités souvent
magistrales de l'exécution. C'est pour cela que
Courbet, insupportable dans ses toiles à gageure, qui marquent pourtant une date dans
notre art, est très intéressant dans le portrait
(L'*Homme à la ceinture de cuir*; *Portrait de Baudelaire*), et retrouve tout le bénéfice de ses qualités robustes dans ses paysages (*Halte de cerfs,
Bords de la Loue*, etc.), précisément parce qu'il
n'y reflète rien qui ne soit vrai, et que la « nature
naturelle », ici, suffit pour nous charmer. Courbet est donc bien, par ses qualités et ses défauts,
le pur réaliste, celui qui se défend d'ajouter quoi
que ce soit à son modèle, et qui se déclare créateur parce qu'il se refuse toute création.

C'est par là qu'il est significatif d'une époque.
Sa peinture va rejoindre la littérature que créait
Flaubert avec *Madame Bovary* (1857). L'imper-
sonnalité est sans doute moins laborieuse chez le
peintre. Mais, par le goût de l'observation, par le
choix des modèles, l'art de Flaubert est le frère
de l'art de Courbet. Avec des nuances, il serait
facile de prolonger le parallèle de l'art réaliste
avec la littérature du second Empire, de comparer l'art de Carpeaux et de Clésinger, avec celui
de Feydeau, du Taine de *Frédéric-Thomas
Graindorge*, de Dumas fils, etc. Maupassant

et Zola sont au bout de celui-ci, Manet au bout de celui-là. Parmi les divers courants qui se font jour alors dans les lettres comme dans les arts, le plus fort de beaucoup est le courant réaliste. La vie mondaine, une morale facile, trop d'argent trop facilement gagné, le goût d'un luxe voyant qui sent son parvenu, une fièvre d'amusement, Paris se couvrant de constructions chères, la *contagion*, enfin, comme l'appelle Augier, voilà l'esprit qui gagne tout, met partout sa marque, jusque sur ces têtes vides où l'art de Carpeaux a fait luire le sourire aigu du désir et du plaisir. C'est à ces signes de frivolité sensuelle et d'élégance pimentée, à cette soif de jouir ingénument déclarée, que se reconnaîtront toujours la peinture et la sculpture « Second Empire ». Quant à l'architecture, elle trouvera son expression dans les richesses inutiles du Ministère des Finances, et dans l'harmonieuse incohérence de l'Opéra, où triomphe l'opulence d'un escalier. Œuvre de pleine décadence, où tout est prodigalité, même le talent.

A côté de ce courant dominateur, comment noter tous les courants secondaires, les contre-courants, les remous ? L'historien y perdrait sa peine ; le nomenclateur seul y suffirait. Car non seulement toutes les formes d'art créées au début du siècle se sont maintenues, mais elles se sont multipliées. Ce n'est plus la complexité de l'art,

c'est sa dispersion, en attendant l'éparpillement
final qui ne saurait tarder. Comment cependant
ne pas mentionner au passage quelques noms
déjà consacrés par le temps? C'est Baudry, élégant et charmant, qui développe son talent élas-
tique de la *Vague et la Perle* jusqu'à cette harmonieuse décoration de l'Opéra, qui est une
synthèse française et piquante des divers styles
classiques. C'est Hippolyte Flandrin, le décorateur de Saint-Germain-des-Prés et de Saint-Vin-
cent-de-Paul, auquel il ne manqua ni l'âme ni la
science, pour être salué maître dans l'art de Le
Sueur, mais seulement une plus forte personnalité.
C'est Meissonier, le plus parfait artiste de notre
école, et le plus grand en petit. Voici maintenant les peintres en vogue, corrects, jolis, d'un
académisme nouveau, châtié, sucré : Dubufe
père, Cabanel, Bouguereau. Des survivants, Horace Vernet, Jean Gigoux, prolongent jusqu'à
nous un style d'un autre âge. Parmi les jeunes
maîtres de demain, même variété : c'est J.-Paul-
Laurens, ferme et tragique peintre d'histoire;
Bonnat, au relief espagnol; Elie Delaunay, fin
coloriste et délicat psychologue; Fantin-Latour
et Henner, deux rêveurs, deux pures étoiles
égarées dans un ciel froid... Mais où s'arrêter
dans l'énumération, surtout si l'on voit que la
sculpture, avec l'élégant Cavelier, le fougueux
Falguière, le gracieux Dubois, l'exquis Chapu,

le nerveux Frémiet, le sévère Guillaume, est presque aussi irréductible à l'unité que la peinture? Phalange d'artistes très belle encore, mais qui compte autant de drapeaux que de têtes. Ce sont des colonels de toutes armes, qui se déploient en tirailleurs de ci, de là, sans se préoccuper d'être suivis. Pendant ce temps le gros de l'armée artistique, massé n'importe où, en avant, à droite, à gauche, devient une simple foule; et désormais, selon la psychologie des foules, elle suit la mode en aveugle, et court d'instinct au bruit.

Après Courbet.
Impressionnisme et dilettantisme.
Les écrivains d'art.

L'art bruyant, voilà ce qu'a inauguré Courbet, pendant qu'autour de lui d'autres inauguraient la littérature bruyante. Désormais la peinture (car c'est surtout d'elle qu'il s'agit) se fera tapageuse et volontiers scandaleuse. Les polémiques se monteront au ton d'une presse maintenant sans frein. La politique elle-même se nichera dans la critique d'art. Quant à l'artiste, occupé d'amasser le public devant ses toiles, et de se faire remarquer dans ces capharnaüms qu'on appelle les Salons, il cherchera à frapper fort, sinon à frapper juste. Le public, lui, verra sur-

tout dans l'art un spectacle de plus, offert à sa
vorace curiosité. De là son amour du nouveau,
voire du scandale. Les formules retentissantes le
captivent, les singularités l'amorcent. Les auda-
cieux, qui ne s'étaient jamais vus à pareille fête,
auront des attentions pour les badauds. Courbet
n'était pas à la fin de sa carrière, qu'il était déjà
délaissé : son réalisme fatiguait. On avait déjà
mieux, l'*impressionnisme,* mot peu français, chose
peu artistique : mais l'art comme la langue n'en
est plus à un barbarisme près. Ce ne sont plus
les choses qu'on va peindre : c'est l'impression
momentanée qu'elles produisent sur l'œil, quand
elles sont noyées dans l'air ambiant, et sujettes,
pour nos sens imparfaits, à toutes les déformations de la lumière. L'école du *plein air* est fondée. On plante le chevalet dans la rue, en face
d'un buveur, et c'est le *Bon bock*; ou sur les
bords d'une rivière, et ce sont les *Canotiers d'Ar-
genteuil.* A ce jeu, Manet, en dépit de son fort
talent, détruit l'une des deux choses que Courbet
avait laissées debout, le dessin. En revanche, il
ne restaure pas la couleur, car, ce qu'il voit
bleu, un autre le verra violet, et dix yeux don-
neront dix impressionnismes.

Pourtant cette nouveauté, prolongement et
aboutissement forcé du réalisme de Courbet, a
laissé sa marque dans l'art, et n'a pas été uniquement négative. Il était bon d'étudier les person-

nages dans leur atmosphère, et d'observer « l'ambiance des sujets », suivant le jargon dont les littérateurs ont abusé autant que les artistes. Il était bon aussi d'étudier, sur documents en quelque sorte (ainsi feront Zola, les Goncourt), cette vie contemporaine que le roman, le théâtre, vont nous servir en « tranches ». Un Bastien-Lepage, s'il eût vécu, nous eût montré que la rigueur du dessin n'était pas incompatible avec les effets de plein air, et que la vulgarité des modèles n'exclut pas toujours l'expression, voire une certaine poésie.

Mais tout cela est laid. L'art est-il désormais brouillé avec la beauté? On peut répondre qu'une époque a l'art qu'elle mérite. D'ailleurs, le *dilettantisme,* né d'hier, ne crée-t-il pas toutes sortes d'échappatoires? Voici, en art comme dans le roman, la *modernité,* ou la recherche du détail inédit, pittoresque, dans la peinture des élégances douteuses : du Lancret, mode 1880, commenté par de jeunes revues, échauffées de littérature d'atelier. Voici le *japonisme,* avec ses enfantillages gracieux, son art décoratif imprévu, brillant, sautillant. Voici les grâces du xviiiᵉ siècle, restaurées par la passion des collectionneurs, à l'heure où renaît le pastel, qui aura bientôt ses expositions spéciales. Voici le bibelot, voici l'aquarelle, et toutes ces fantaisies d'art où se reconnaît le goût raffiné de la Française, de la Parisienne. N'est-ce rien que tout cela?

C'est beaucoup. C'est même trop pour un art
sain et vigoureux. A ces modes changeantes, à
ces caprices mièvres et multiples, se reconnaît
l'influence d'une certaine littérature très fine,
mais un peu malade, celle qui s'est proposé pour
but presque unique de noter des *sensations*. De
Stendhal à Th. Gautier, de Th. Gautier à Baudelaire, de Baudelaire aux frères de Goncourt —
en passant par Edgar Poe, que Baudelaire a
francisé — l'affinement a été s'aiguisant toujours davantage : la sensibilité, exaspérée par des
attouchements de plus en plus délicats, est devenue sensitivité, et la sensitivité, névrose. Plus
rien de naturel, de simple, ne peut approcher
de pareils organismes sans les blesser, sans
provoquer chez eux des réactions ou des sug-
gestions nerveuses sans rapport normal avec
l'objet. Leur réceptivité n'est qu'une analyse
morbide, j'allais dire une décomposition. La
traduction qu'ils donnent de ces contacts dou-
loureux avec les choses est saccadée, vibratoire,
lancinante. Les procédés de style, dans le *Journal* des Goncourt, relèvent presque de la patho-
logie. Leur transcription en peinture n'est guère
différente. Le « pointillisme », le « tachisme », etc.,
ne sont pas moins des maladies que des singularités. Il y a une sorte d'hystérie esthétique dans
certaines manifestations de l'art, produits évi-
dents d'une éducation trop exclusivement délicate.

Ainsi, d'une part les grossièretés voulues, de l'autre les raffinements alambiqués sortent tour à tour du réalisme, comme le réalisme était sorti du romantisme ; et ces nouvelles formes d'art, altérations diverses de la nature et du vrai, ne s'en réclament pas moins du vrai et de la nature, tout comme la littérature, qui présente une marche parallèle à la leur. On ne dispute plus sur la question de l'« idéal » dans l'art, cette controverse est surannée : ni même sur le « classique » en art ; le sens du classique est perdu. La critique d'art, à vrai dire, y a fort contribué pour son compte. Les doctrinaires ont disparu ; les convaincus se font rares. Il reste les polémistes et les dilettantes : les uns qui voudraient guider et ne le peuvent guère, les autres qui pourraient et ne le veulent plus. Il reste encore les historiens, un Charles Blanc, un Paul Mantz, qui se font de plus en plus réservés, et les théoriciens philosophes. Mais un Taine, qui exerce une forte prise sur quiconque lit et pense, n'en a aucune sur l'artiste, qui maintenant pense peu et lit encore moins. Et c'est d'ailleurs heureux pour l'art, qu'un système à la Taine risquerait de raidir, de fausser ou d'étouffer. Plus de règle, plus de doctrine, aucune esthétique, mais des sens très déliés, et des instincts partout à l'affût, voilà, à peu près, l'état de l'art en 1880. Par là s'explique l'anarchie de la fin du siècle.

III. — La fin du XIXe siècle.

Influences sociales. Art et démocratie.

L'art dès lors est un chaos. Beaucoup s'en affligent, et concluent à la décadence. C'est trop se hâter. Il est des anarchies inévitables ; il en est même de salutaires. Toute la question est de savoir si l'art souffre d'une impuissance constitutive, ou s'il subit une crise qui n'est d'ailleurs particulière ni à l'art, ni à la France.

Quand on considère l'état de liberté complète, ou, pour emprunter le mot d'un critique, l'état d' « indétermination », où le romantisme a placé l'art comme la poésie, au début du siècle ; quand on suit les étapes de cet art nouveau, livré sans guide à son instinct, à travers les générations si diverses qui ont précédé la nôtre, on ne peut s'étonner que le résultat obtenu au prix de tant d'efforts soit un émiettement total. Plus d'école, mais une poussière de talents ; plus de corps, mais des individus. L'individu,

c'est-à-dire l'infinitésimal, voilà la dernière expression de l'art dans notre constitution démocratique, qui est, elle aussi, l'âme française in-
finitésimale. A quoi bon nier l'évidence? Depuis
quelque quarante ans surtout, l'art ne vit ni
d'idées générales, ni d'aspirations communes,
ni d'efforts résolument orientés: il vit d'indivi-
dualités isolées, d'essais parcellaires. Et pourtant,
toutes les libertés, pratiquées aujourd'hui sans
obstacle, rendraient possible quelqu'une de ces
imposantes manifestations de l'art où la plus
extrême diversité se fond en une harmonie grandiose. Comment donc expliquer que, jamais
moins d'obstacles ne s'étant opposés à l'éclosion
de chefs-d'œuvre, et jamais l'artiste n'ayant eu
un contact plus direct avec la nature, avec la
vie, qui sont la matière première de toute œuvre
sincère et durable, ce soit justement à cette
heure que les chefs-d'œuvre se fassent le plus
longtemps désirer? L'objection serait de force
et pourrait prouver contre cette liberté labo-
rieusement conquise, si l'on ne répondait aussitôt que l'art, né de cette liberté, ne saurait
trouver sa source en lui-même, et qu'il ne saurait avoir d'autre nourriture, d'autre vie, d'autre
âme enfin, que celles même de la nation. Quand
l'âme de la nation tressaillera d'une émotion
commune, l'art saura faire écho à cette émotion.
Mais si c'est le chaos que la pensée française,

si ses aspirations sont l'anarchie même, si l'élite intellectuelle est noyée dans la masse, comment exiger qu'un art fondé sur l'observation soit empreint d'un caractère que n'a point l'original sur lequel il se règle? Veut-on qu'il se fasse menteur pour nous plaire? Ou croit-on que l'artiste vive dans un monde séparé du nôtre, et qu'il puisse facilement poursuivre un rêve d'idéal parmi notre charbon et notre fumée? Un art académique, une tradition purement conventionnelle peuvent, certes, vivre en tout temps, et se superposer à toutes les sociétés; mais s'il s'agit d'art vivant, comment ne pas voir qu'un art noble ne peut éclore aux époques dépourvues de grandeur morale, et qu'ici, suivant le mot de Taine, il faut demander compte aux « facteurs » de la qualité du « produit »?

L'art subit donc profondément certaines influences sociales. Il subit aussi des influences industrielles. La nécessité de faire vite, de tout subordonner à des conditions nouvelles de construction, d'éclairage, d'aération, à des combinaisons inédites de formes et de matières, stimule les audaces du peintre, du décorateur, du céramiste, de l'ornemaniste. Dans cette émulation, on ne peut se distinguer sans quelque excentricité. Voilà la singularité prise pour la règle, ou à peu près. Des inventions mécaniques, d'autre part, ont leur répercussion sur l'art entier. La photographie rend, depuis un demi-siècle, des services si grands à l'histoire de l'art, qu'elle l'a totalement transformée. Mais à l'art qui se fait, qui dira si elle est plutôt profitable ou funeste ? Tous les arts de la gravure sont déjà frappés au cœur. Le burin n'est plus ; le « bois » végète ; l'eau-forte, seule, a conservé du crédit, surtout chez les peintres, à cause de sa rapidité. Chez les graveurs de profession, on compte ceux qui s'inquiètent encore de savoir dessiner. Par contre, il y a du procédé photographique, de l' « instantané », dans le tableau à personnages, dans le paysage, même dans la sculpture ! Et pourtant, qui voudrait maudire une invention qui est à mi-chemin de l'art, et qui, dans son principe réaliste, est déjà comme un art consultatif ?

Influences littéraires et artistiques.

Heureusement, l'art n'est pas étroitement asservi à l'influence du « milieu » ; et la doctrine de Taine, trop systématique, reçoit un démenti de plus. L'artiste, ailé comme le poète, se réfugie comme lui dans un « milieu » où il puisse respirer à son aise, s'il étouffe dans notre atmosphère. Il y a donc constamment, à côté d'un art qui suit le courant du siècle, un art qui

le remonte ou qui s'en évade. La littérature fait
de même. Et c'est ainsi qu'à côté de ces
« grèves », de ces « jours de paie », de ces
scènes d'ouvriers, de ces cafés chantants, etc.,
qui sont la pâture ordinaire d'une peinture sortie de l'*Assommoir* ou de *Germinal,* on peut remarquer un autre art dont les accointances avec
une littérature raffinée sont évidentes. Les Par-
nassiens, à égale distance du romantisme débridé
et du gros réalisme, n'ont pas été sans influence
sur cet art, par leur souci de la forme pure, et la
délicate orfèvrerie de leurs couleurs. Les sym-
bolistes, de leur côté, ces heureux ennemis de
l'allégorie poncive, en rajeunissant les mythes
antiques, en revêtant les plus vieux sentiments
de l'humanité de formes imprévues et précieuses,
ont tracé aux arts du dessin de nouveaux canevas
à remplir. Ce second romantisme, plus subtil
que le premier, a ravivé tel nom presque oublié,
qui a bénéficié d'une gloire posthume : Alfred
de Vigny s'est réveillé notre contemporain. Un
Leconte de Lisle, un Hérédia, sculpteurs de
visions au relief de marbre, ou créateurs de ma-
giques sonorités, ont pu suggérer un art qui
alliât la rareté de la pensée à la fierté du contour. Leur poésie était déjà une plastique ; la
plastique s'est faite poésie à son tour. L'école
décadente elle-même n'a pas été inutile. S'il est
sorti en ces dernières années des *Fleurs du mal*

plus de mouches vertes que de papillons ; si
Stéphane Mallarmé et Verlaine n'ont pas manqué d'inspirer aux artistes plus de bizarreries
que de beautés, le vague même et le décousu
de leurs cantilènes n'ont pas laissé cependant
d'avoir pour les artistes une valeur de confuse
évocation. Et il en a été de même pour toutes
les nouveautés qu'ont découvertes successivement la troupe bigarrée des jeunes revues, le
théâtre septentrional, le roman psychologique
ou exotique. Des « états d'âme » singuliers,
changeants comme les modes des habits, ont été,
d'hiver en hiver, inventés, essayés, plagiés,
abandonnés, tirant successivement ou simultanément leur origine, ici, d'un poème de Keats
ou de Spencer, là d'une pièce d'Ibsen, là d'une
nouvelle de Loti, ce Chateaubriand fin de siècle.
Un être hybride, mi-partie artiste, mi-partie
littérateur, est sorti de là, dandy mixte et critique amphibie des dix dernières années du
siècle, l' « esthète ».

Les mêmes artistes qui s'imprégnaient ainsi
de littérature raffinée ne s'éprenaient point —
est-il besoin de le dire — de peinture et de
sculpture « classique ». Leurs préférences allaient
aux primitifs, seuls modèles à la fois savants et
naïfs, clairs et énigmatiques. L'influence des primitifs, visible dès l'époque d'Ingres, est devenue
très considérable dans les dernières années, au

point d'avoir profondément modifié l'art contemporain. Le moyen âge a trouvé dans ce besoin
de fraîcheur, d'ingénuité, qui s'est fait de plus
en plus impérieux chez nous, un regain de popularité. Mais c'est surtout l'Italie ancienne et
l'Angleterre d'aujourd'hui qui ont profité de cet
engouement. Le doux Botticelli en a séduit un
grand nombre, avec ses corps pliants comme
des écharpes, et le doux zézaiement de ses formes; Mantegna a retenu les esprits plus serrés,
Carpaccio les palettes plus chaudes; les Flan-
dres de Memling et l'Allemagne de Dürer ont
eu plus d'un dévot; mais en particulier l'Angleterre préraphaélite a chez nous failli faire école.
Plus fréquent à nos expositions, Burne-Jones
aurait certainement teinté de ses couleurs moel-
leuses l'évolution idéaliste qui s'est achevée
depuis sous les auspices d'influences décidé-
ment françaises. Enfin l'esthétique mystique
d'un Ruskin, et sa « religion de la beauté », se
sont répandues de proche en proche, gagnant
l'Europe après la France, et l'Amérique après
l'Europe.

Ainsi s'est élargi à l'infini le cercle de l'art
présent. Si multiples sont les influences qu'il
subit, si contradictoires les aspirations parmi
lesquelles il se débat, si fortes et si générales
les impulsions dont il est frappé et qu'il communique à son tour, qu'on peut bien l'accuser

d'être incohérent, certes, quoiqu'il ne soit pas
plus incohérent que la littérature présente, que la
musique présente et en général les idées présen-
tes, non seulement en France, mais à l'étranger : quant à prononcer que cette incohérence
est définitive, ou qu'elle doive demeurer stérile,
c'est ce que trop de symptômes démentent pour
qu'on soit seulement tenté de le penser.

VITALITÉ DE L'ART FRANÇAIS.

Rarement, en effet, l'art français a donné, autant qu'à la fin du xixᵉ siècle, des preuves
d'une vitalité, sinon plus homogène et plus robuste, du moins plus diverse et plus originale.
On en pourrait donner des preuves tirées de la
prodigieuse abondance de sa production, des
imitations multiples qu'il a suscitées hors de
France, de l'empressement que mettent les artistes étrangers à fréquenter chez nos maîtres, ou à
briguer les récompenses de nos Salons. Nous
laissons de côté ces divers arguments, tirés seulement de l'apparence des choses, pour en donner seulement trois qui nous semblent tirés du
fond.

Le premier, c'est cette véritable renaissance de l'idéalisme qui a marqué la peinture
autour de 1880, et qui est due en notable par-

tie au grand artiste mort presque avec le siècle, Puvis de Chavannes[1]. L'un des premiers, Puvis de Chavannes, réagissant contre le réalisme borné de sa génération, a compris que l'artiste est un interprète bien plus qu'un traducteur; que l'œuvre d'art n'est pas un simple miroir de ce qui est, mais un foyer où se concentrent tous les rayons de poésie épars dans la multitude des choses; que la création en art est un dégagement, et non une imitation; et qu'enfin l'artiste n'est complet que s'il fait vivre dans le monde que chacun voit un monde que lui seul a conçu. De là ces tranquilles et fortes pages de légende, claires et profondes comme l'éternel rêve de l'humanité, ou ces symboles d'une auguste simplification, où tout un monde de sentiments tient en quelques silhouettes, quelques gestes, parmi une lumière empruntée aux Champs-Élysées de Virgile. Le Panthéon, l'Hôtel-de-Ville de Paris, Amiens, Lyon, Marseille, Boston, disent la gloire de Puvis de Chavannes,

> ... celui dont le génie
> N'est fait que de douceur et de clarté bénie[2].

L'effet de ses œuvres sera mieux senti encore dans le recul de la postérité.

---

1. Né à Lyon en 1824, mort à Paris en 1898.
2. Léon Dierx.

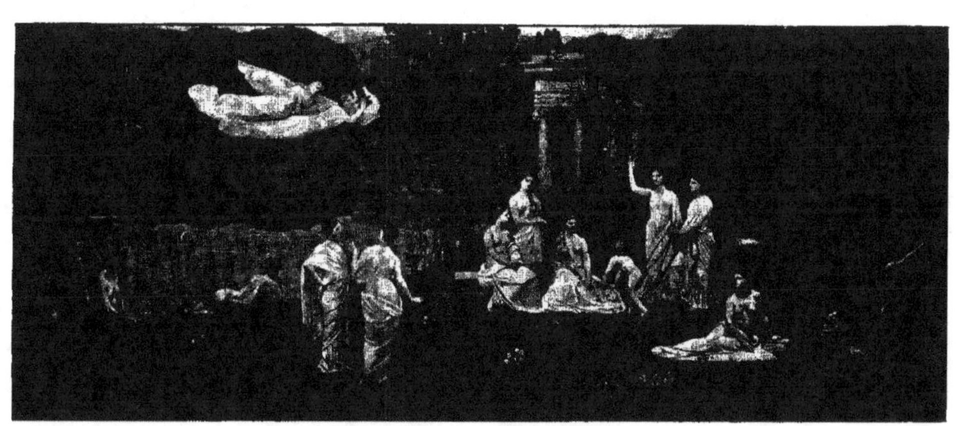

Phot. Braun, Clément et Cie.

LE BOIS SACRÉ, CHER AUX MUSES ET AUX ARTS
par Puvis de Chavannes (Palais des Beaux-Arts, à Lyon).

Le second argument, c'est la verdeur de notre école de sculpture, sans contredit la première du monde. A l'ombre des maîtres cités plus haut, et dont quelques-uns, comme Frémiet, continuent directement la tradition de Barye et de Rude, grandit tout un peuple d'ardents ouvriers, qui ont prolongé la gamme de la sculpture jusqu'à la plus expressive acuité. Du magistral Gardet jusqu'au fiévreux Rodin, souvent créateur dans l'inachevé, longue est la théorie de nos bons sculpteurs, vaillants héritiers de nos antiques ymagiers, et qui, comme eux, taillent leur rêve à coups de ciseau, ou incrustent « un plomb brûlant sur la réalité ».

La troisième preuve de la vitalité de notre art, et non la moindre, est la résurrection des arts décoratifs. Enfin nous voyons lever la moisson que Viollet-le-Duc a semée. Après s'être égarées hors de France, — en Belgique, en Angleterre, — d'où elles nous sont revenues fortifiées, les idées du grand restaurateur médiéval sont retournées vers leur pays d'origine, où elles fécondent maintenant tous les arts. Bientôt le mariage entre l'art et l'industrie sera complet. La décoration de nos appartements, le travail du bois, du cuivre et du fer, l'ornementation des meubles se ressentent d'une interprétation nouvelle de la flore ou de l'être humain, pris comme motif de décoration. Le grès, l'étain repren-

nent leur ancien rang artistique. Un céramiste
comme Carriès, mort à la peine, un verrier
comme Gallé, créateurs au sens total du mot,
sont des noms à inscrire à la suite de Palissy.
L'habitation, forcée de suivre l'ameublement,
comme le cadre s'adapte au tableau, change
à son tour d'aspect et de forme. Voilà donc
la rénovation de l'architecture privée entraî-
née par le mouvement des arts décoratifs.
Cette fois la marche est rationnelle : du dedans
la transformation passe au dehors. La liberté de
l'architecte n'étant limitée que par celle du décorateur, l'accord ne peut manquer de se faire un
jour entre artistes poursuivant un but commun.
L'architecture de l'avenir, dont le xixe siècle a
longtemps désespéré, s'annonce peut-être au
moment où ce siècle vient de s'achever.

L'ART « EUROPÉEN ».

Il faudrait d'ailleurs se garder de croire que
cet état général de l'art, et même les renaissan-
ces partielles que nous venons d'indiquer,
soient choses particulières à la France. Pas
plus que sa littérature, son art n'est sous-
trait aux grands courants d'idées et de sentiments, — actions ou réactions, — qui circulent
d'un continent à l'autre, et mettent en branle la

machine intellectuelle de l'humanité. Le fait
capital de ce dernier quart de siècle, c'est, pour
toutes les choses du goût et des idées, une tendance à s'*européaniser*. Mais, est-ce assez dire
encore? L'Amérique, loin de se laisser distancer,
a fait une victorieuse apparition sur le champ
de bataille de l'art, — et pas sur celui-là seulement. L'art « européen » aura désormais Lon-
dres et New-York pour pôles. Paris semble jusqu'ici destiné à en demeurer le centre. C'est
qu'en effet, durant les deux derniers siècles, il
n'a pas été strictement national, nous avons dit
ailleurs pourquoi. Faussement classique, en tout
cas imbu d'un esprit académique partout pris
pour la vraie tradition du bon goût, il ne s'est
pas fait tort de ce fait aux yeux de l'étranger, au
contraire. D'autre part, au cours du xix° siècle,
si l'art a rompu l'attache académique, ç'a été pour
suivre de grands courants de pensée qui n'é-
taient point spéciaux à la France, quand ils ne lui
venaient pas directement de l'étranger. De toute
façon, notre art, comme notre littérature, n'ont
pas été jusqu'ici trop « nationalistes », et de là
leur succès. Qu'on ne s'y trompe point, cependant.
En ce qui concerne l'art, les choses pourraient bientôt changer, si l'on n'y prenait garde. Dans cet art
« cosmopolite » que sont en train de nous faire
les Salons internationaux et les Expositions Universelles, plusieurs nations briguent avec la nôtre

l'honneur de conduire l'art « européen ». L'Angleterre se distingue parmi nos rivales : nous avons d'ailleurs vu que, par deux fois en ce siècle, l'influence de ses peintres a été directe sur les nôtres. La Belgique est au premier rang pour la peinture « forte » et les arts du métal ; l'Amérique a des audaces qui, là comme ailleurs, lui réussissent. Enfin l'Allemagne, en pleine et magnifique effervescence artistique, annonce par des signes non équivoques qu'elle disputera le pas à la France artistique comme elle le fait à l'Angleterre commerciale. C'est à la France de maintenir sa primauté de goût sur les autres capitales de l'art. C'est ainsi que les prémisses litraires posées jadis par Mme de Staël reçoivent, à cent ans de distance, leur conclusion artistique. « Il faut avoir l'esprit européen », disait l'auteur de l'*Allemagne*. Le problème, pour notre art comme pour notre goût d'aujourd'hui, est de devenir « européen » sans cesser pour cela d'être « français ».

TABLE DES PLANCHES HORS TEXTE

Pages.

TABLE DES MATIÈRES

TROISIÈME PARTIE
Le dix-neuvième siècle.

CHARTRES. — IMPRIMERIE DURAND, RUE FULBERT.